精神分析における
解離と
エナクトメント

対人関係精神分析の核心

ドンネル・B・スターン［著］

一丸藤太郎［監訳］

小松貴弘［訳］

創元社

日本語版への序文

　私の2冊目の著書である『精神分析における解離とエナクトメント──対人関係精神分析の核心 (Partners in Thought: Working with Unformulated Experience, Dissociation, and Enactment)』が日本語に翻訳されたことを、心から光栄に思っています。数年前には、最初の著書である『精神分析における未構成の経験──解離から想像力へ (Unformulated Experience: From Dissociation to Imagination in Psychoanalysis)』も日本語に訳されました。これらの著作が翻訳されたのは、この両著書の翻訳プロジェクトを企画して推進してくれた、私の長年の友人である一丸藤太郎氏のたゆみない努力のおかげに他なりません。最初の著作を訳してくれたのは、一丸氏、小松貴弘氏、そして一丸氏の仲間たちでした。そして今回の翻訳を担当してくれたのは、一丸氏と小松氏です。私はお二人の献身的な仕事ぶりに心から感謝しています。彼らの仕事ぶりは非常に注意深いものであり、英語版の原書の編集者たちも私も見逃していた、多くの細かいミスを見つけてくれました。

　大部分の精神分析は、西洋文化の個人主義に根ざしており、西洋流の思考スタイルで貫かれています。伝統的な精神分析は、心の中の世界をその基礎としてきました。多くの場合、心の外の世界は、心の中の世界を形作る役割を果たしているに過ぎないと考えられてきました。

　しかし、1930年代を出発点に、ニューヨークのある精神分析家のグループがそれに変化をもたらし始めたのです。そのグループに属していたのは、ハリー・スタック・サリヴァン、エーリッヒ・フロム、フリーダ・フロム＝ライヒマン、クララ・トンプソンといった人たちですが、彼らは一緒になってウィリアム・アランソン・ホワイト研究所を設立しました。それよりも重要なことに、彼らは精神分析の新しい考え方を確立したのでした。その考え方は、当初は、サリヴァンによる「対人関係 (interpersonal relations)」というフレーズで知られるようになりました。それは、人々の心の中で生じることばかりでなく、人々の**間に**生じるこ

とを指しています。その後、1960年代初めには、この新しい考え方は「対人関係精神分析（interpersonal psychoanalysis）」と呼ばれるようになりました。当初から、対人関係精神分析の本拠地は、ウィリアム・アランソン・ホワイト精神医学・精神分析・心理学研究所でした。一丸氏と私が出会ったのも、この研究所です。私たちは二人とも、1970年代の半ばから終わりにかけて、ホワイト研究所で精神分析の訓練生でした。そこで私たちは友人になったのです。

　対人関係精神分析の独自性は、心の中の世界にもっぱら焦点を当てるのではなく、心の中の世界と心の外の世界との間に生じる**関係**にも焦点を当てることにあります。このことは、対人関係精神分析と対象関係論との結合から生まれた関係精神分析（relational psychoanalysis）にも引き継がれています。そうした点で、対人関係精神分析および関係精神分析は、日本文化に似ています。心の外の世界と心の中の世界は、互いに絡み合い、互いに影響を与え合っています。確かに、心の中の世界が心の外の世界を形作るとともに、心の外の世界が心の中の世界を形作ります。その影響は、どちら向きにも作用するのです。

　未構成の経験は、対人関係の観点から無意識を理解する一つの方法です。無意識をすでに出来上がった経験の貯蔵庫とする考え方に代わり、私は無意識を潜在的な経験として、つまり、これから経験になっていく可能性を持った状態として理解しています。未構成の経験は、明確な形を与えられることを待ち受けているのです。明確な形が生まれるのは、未構成の経験が意識の中に入ることによってであり、そうしたことが起きるのは、解釈の働きによります。意識的な経験は**すべて**、解釈の産物なのです。私が解釈と呼ぶものは、精神分析における解釈に限定されません。私が解釈と呼ぶのは、日常的に、あらゆる瞬間に生じている種類の解釈です。解釈学的な哲学においては、あらかじめ決まった形で与えられているものなどありません。あらゆる経験が解釈の産物であり、ほとんどの場合、私たちは自分がそうした解釈を行っていることに気づいていないのです。解釈学の観点からは、人生は絶え間なく続く解釈的な理解の過程です。そうした解釈は、非常に単純な性質の知覚から、新しい思いつきをつかまえる非常に複雑な過程にまで広がっています。

　未構成の経験は、潜在的な経験ですから、さまざまな形のものになり得る可能

性があります。そこには制約があります。現実こそが、経験がなり得る可能性に対する、制約の枠組みです。しかし、現実は多面的であり、時には互いに矛盾した解釈すらも、そうした制約の範囲内で両立し得る場合があります。したがって、どの瞬間の経験も、現実化し得る多くの可能性の中の一つなのです。

　そうであるとすれば、多くの可能性のうちのどの部分が、つまり未構成の経験の可能性のうちのどの部分が明確な形を取るようになるかを左右するものは、何でしょうか？

　ここで私たちがたどり着くのが、未構成の経験についての考え方の中の、とりわけ対人関係的／関係的側面です。その対人的な場の性質が、未構成の経験の可能性のうちのどの部分が意識的な経験として明確化されるのかを左右するのです。そうした理由から、私たちは臨床的な注意の焦点を、対人的な場に、すなわち患者と分析家の間の関係に当てるのです。私たちは、対人的な場の自由を高めるためにできる限りのことをします。なぜなら、それによって、患者も分析家もより自由に経験することが可能になるからです。私たちが分析的関係性においてより多くの自由を生み出すことができれば、それは同時により多くの自由な経験を生み出すことにつながります。

　こうして、わたしたちは本書の主題にたどり着きます。分析的関係性を最も深刻に制約するのは、患者あるいは分析家、またはその両者の心の中で解離されている経験から生じる制約です。本書においては、そうした制約を「エナクトメント」と呼びます。エナクトメントとは「解離の対人関係化」です（本書の第4章を参照してください）。そして、精神分析療法や心理療法は、解離を解消することや、解離が引き起こすエナクトメントを解消することであると考えられます。北米では、今日、対人関係精神分析および関係精神分析が大きな影響力を持つようになりました。古典的な立場の精神分析でさえもその影響を受けています。その結果、そうした立場の文献においても、エナクトメントや対人的な場といった諸問題に関心が向けられる機会が増えています。

　この短い前置きでは、こうした考え方についての説明はここまでにしたいと思います。なぜなら、それを説明することこそが本書の目的だからです。何より、私はこうした考え方が日本で新しい読者に出会うことに喜びを感じています。本

書が、日本の心理療法家のみなさんに役立てば幸いです。

2014年7月

ドンネル・B・スターン，Ph.D.

謝　辞

　本書のさまざまな章のさまざまな原稿に目を通してコメントをしてくれたことに対して、ギレーヌ・ブーランジェ、フィリップ・ブロンバーグ、リッチ・シェフェッツ、ビル・コーネル、フィル・カシュマン、ミュリエル・ディメン、スチュワート・クレイン、ロバート・グロスマーク、エイドリアン・ハリス、ベッツィ・ヘーゲマン、アーウィン・ハーシ、アーウィン・ホフマン、ジル・ハワード、ルース・インバー、ヘイゼル・イップ、シェリー・イッコヴィッツ、ローレンス・ジェイコブソン、マニー・カフタル、ピーター・レセム、ハワード・B・レヴィン、シャロン・マリナー、ラッセル・メアーズ、ロバート・ミルナー、ジェイムズ・オーグルヴィー、ロイス・オッペンハイム、ジャン・ペトルセリ、バーバラ・パイザー、スチュアート・パイザー、ブルース・ライス、ハリー・スミス、スティーヴ・スターン、ドン・トローゼ、スティーヴ・タブリン、クレオニー・ホワイトに感謝します。また、国際関係精神分析・心理療法学会に対して、第4章「目が目そのものを見ること」に関する討論を主題とした、2007年11月のオンラインでのシンポジウムを企画してくれたことに感謝します。このシンポジウムは、ペギー・クラストノポールとブルース・ライスによって組織、運営され、ダン・ショー、オーナ・ギュラルニック、スーザン・サンズ、エステル・シェーンがパネリストとして参加してくれました。

　私はまた、さまざまな機会に本書のいくつかの章を国内の専門家の聴衆を前に発表できたことに、とりわけそうした発表の後の討論に感謝しています。それが私に、そうした交流による刺激がなければ考えることがなかった、私自身の考えの要点を明らかにしてくれたからです。優れた編集者にして友人でもあるフィリップ・ブロンバーグとの今も続く対話が、いつも私の考えを明確化して刺激してくれました。もう一人のよき友人、フィリップ・ブランバーグには、彼が示した絶えざるサポート、関心、情熱ゆえに、そしていつでも喜んで原稿を読んでく

れ、彼の意見を聞く前にははっきりと理解していなかった諸問題について私に考え抜かせる疑問を提示してくれたことに、特別な感謝を捧げます。私の立場のように、私自身が自分の著書を発表するシリーズ企画の編集者である場合には、私には私自身の編集者がいません。誰かにその仕事を引き受けてくれるように頼むのは大変です。私はフィルにそうしてくれるように頼んだことは一度もありませんでしたが、しかし事実上、彼はその役割を果たしてくれました。そして誰よりも、私は妻のキャス・ヒフトに感謝したい。彼女も精神分析家であり、あらゆる機会に本書に目を通して私を助けてくれました。本書が実現したのは、長年にわたる彼女の励ましのおかげです。

イントロダクション

　本書は、気づいたときには、いつの間にか一冊の本として書き上げられていた。1997年に『精神分析における未構成の経験』を出版した後、私はエナクトメントと解離という考え方と、自己の多重性の概念に興味をひかれるようになった。こうした関心は、『精神分析における未構成の経験』の中にもすでにはっきりとあった。実は今になって振り返ってみて気づいたのだが、前著においてはもっぱら転移と逆転移という用語を使っていたものの、私は前著においても本書と同じように、解離とエナクトメントを結びつけていたのだ。しかしながら、前著においては、その結びつきはおおむね暗黙的であり、したがって十分には考え抜かれていなかった（スターン, D.B., 1997, 第10章から第12章を参照せよ）。

　『精神分析における未構成の経験』を出版した後の数年間、解離とエナクトメントの結びつきが、私の関心の中心を占めていた。けれどもその間、私は別の主題についても書いていた。だから、解離とエナクトメントを扱った仕事が蓄積されつつあることはわかっていたが、それが一冊の本にまとまるとは思いもよらなかった。しかし、ふと気づいたときには、一冊の本がすでにほぼ書き上がろうとしていたのだ。

　ともかく、それが実情であった。本書に収められた諸論文は、主題的なまとまりを持ちながら、それぞれに異なる視点からその主題に取り組んでいる。そのため、本書は、最終的な結論に向けて展開しながら、主題を直線的に説明する性質のものではない。本書は、解離とエナクトメントの関係に、多様な方法でアプローチする論文集である。

　本書の第1章では、以下に続く章をしっかりと基礎づけると思われる、いくつかの考え方を明確に示すことに努めた。それらを最も意味深くつなぐ考え方は、

関係の性質と無意識的な過程におけるその位置づけについての、ある特定の見方である。私は、無意識的な精神生活を、未構成の経験として概念化する。それは漠然とした心的素材であり、適切な状況において、明確化された意味、あるいは現実化された意味になる。未構成の経験は潜在的な意味であり、その点で、無意識的空想の概念を基礎とした諸理論において想定される、十分に形成された意味とはまったく別のものである。

　第1章では、未構成の経験から生じてくる意味は、その意味が現れてくる関係性のあり方によって影響を受けるという見方が提示される。患者と分析家は、まったく文字通りの意味で、**考えるパートナー**（partners in thought）である。なぜなら、ほとんど意識することなく彼らが二人の間に作り出す対人関係の場、あるいは関係の場、あるいはまた、そうした場で生じる諸変化は、彼らが共にする経験の形態と性質にすべて関係するからである。このことは、本書全体を通じて私たちがこれから見ていくように、患者と分析家がそれぞれ相手について経験することと二人の間の関係に当てはまる。そればかりでなく、このことは、彼らが互いに相手と共にいて感じ、考え、認知することの**すべて**に、そして時には彼らが他の場所で経験することにも当てはまる。換言すれば、面接の内容は、それが明白に分析関係に関わっているかどうかにかかわらず、意識的かつ無意識的な臨床過程の産物である。

　このことを主張するたびに、私はある但し書きを付け加えずにはいられない。あるいはおそらく、ここで私が付け加えたいと思う内容は、この問題に見通しをもたらしたいという私の意図の表れと考えるべきなのだろう。臨床面接の内容はその過程の産物であると言っても、それは事柄の一部でしかない。過程のほうもまた、その内容の継起の産物なのだ。例えば、私は本書で、私たちが臨床の作業において生み出す語りは、臨床過程の思いがけない表れであるという立場を取る（第5章）。しかし、私はその章において、このように思いがけず生じた語りが、それに続く臨床過程の形態と性質に影響すると注意深く述べてもいる。例えば、分析家が分析的関係性についての新しい理解を得るのは、無意識的な臨床過程の表れであるだろう。しかし、今度はその新しい内容（つまり新しい理解）が、同様に無自覚のうちに、それに引き続く臨床過程の展開に影響を及ぼすのである。問

題をあまりに過程あるいは内容のどちらか一方の視点だけから見ると、臨床状況を曲解してしまうだろう。過程も内容も、その役割は部分的なのである。

しかし、上に述べたこととともに、次のことも述べねばならない。私には、分析家が意識的に選択した解釈による臨床的現実の構築が、私たちの領域において過度に重視されてきたように思える。そして、臨床的現実が思いがけない臨床過程からの無自覚の産物であることが、過小評価されてきたように思える。本書はこのことに対する修正の試みである。臨床過程は、分析家と患者の両者が関与する無意識的諸要因に絶えず影響されている。だから、私が重視するのは、絶え間なく思いがけない構築を行う過程における私たちのあり方を理解しようとする分析家の試みである。この観点を追求する際、一つの修正案として、私は先行する内容による新しい過程の創造よりも、過程による内容の創造のほうをより重視する。しかし、はっきりさせておきたいことだが、過程と内容は時には促進的に、時には妨害的に、相互に影響を及ぼし合っていると、私は認識している。

未構成の経験についての再考

最近になって、私は未構成の経験の考え方についての概念化を改めた。この変更は、ごく最近になって、本書に含まれる論文のほとんどを書き終えた後に生じた。私は『精神分析における未構成の経験』において、私たちが言葉で内省できる経験だけが構成可能であり、そのようにして構築した経験のみを構成された経験と呼ぶべきだと主張した。しかし、私が最近仕上げたばかりの、改めて行った概念化においては、構成された意味は言葉によるものに限定されない。現在の私は、言葉による意味も言葉によらない意味も、**どちらも**構成することが可能であるという立場を取っている。私は、言葉による意味の構成を**明確化**（articulation）と呼び、言葉によらない意味の構成を**現実化**（realization）と呼んでいる。

けれども、こうした新しい考え方は、本書には明瞭な形では登場しない。その代わりに、それらは現在準備中の新しい著作の中核をなしている。しかし、それでも、未構成の経験の考え方に私が提案する予定のこうした変更は、本書全体に

暗黙のうちに行き渡っている。なぜなら、本書に収められた諸論文を書くことで、私は未構成の経験の考え方を変更する必要に迫られたからである。私の心を最も強く捉えたのは、最終的にエナクトメントを打ち破り、その力動を意識的で内省的なやり方で経験することをしばしば可能にした臨床上の諸事象は、非言語的な性質を持っていたことであった。

　私の話を少し説明させてほしい。私は本書において、結局エナクトメントを中断させるのは、言葉による洞察ではなく、相手と自分自身についての新しい**認知**(perception)であると、繰り返し述べている（第3章から第6章、とりわけ第4章を参照せよ）。本書においては、このような新しい認知が非言語的なものであることを主題的には論じていない。しかし、このことは私には常に明白であったし、自らそれを明確化した後では、そのように考えずにいることはできなかった。もし私がセラピー作用に関連づけている事象、つまり新しい認知は非言語的なものであるという立場も取るなら、いったいどうすれば、構成の過程は言語的なものであらねばならないという考えを維持できるだろうか？

　解離とエナクトメントが私の関心の中心を占める以前にも、私は経験の構成において言葉ばかりを重視し過ぎていると、長らく感じていた。そのうえ、もちろん私はずっと、誰もがそうであるように、臨床的に重要な諸事象の多くは言葉とは別に生じることを知っていた。「新しい認知」によってこれまでの限界が乗り越えられたことで、言葉によらない意味の構成を概念化できるように、意味を構成する過程を定義し直す時期がきたことは明らかであった。

　しかし、この主題やそれに関連する他の主題の探究は、現在準備中の次の著書を待たねばならない。あなたが今手にしている本書では、来るべき見解の変更を予告して、以下の章の中にこの変更が暗黙のうちに表れているのに出会う心の準備を読者に提供することで、私は満足しなければならない。

章立て

　第1章には、これまで述べてきたことに加えて、解離とエナクトメントに関わ

る数多くの臨床例の最初のものが含まれている。この最初の臨床ヴィネットを読み進める中で（それは、これ以後に出てくるものと異なり、創作であるが）、ほとんどの読者は投影同一化のことを思い浮かべるだろう。そこで私は、この導入的な例の後に、投影同一化ならびに現代のクライン派およびビオン派の見解と、本書の主題であるエナクトメントと解離についての対人関係的および関係的な見方とを比較検討する。

　第2章では、真のあるいは本物の対話に関する解釈学的な理念を提示する。それは、対話による理解の創造であり、ハンス＝ゲオルク・ガダマー（1965/2004）が「地平の融合」と呼ぶものである。本物の対話とは、精神分析状況の理想的なあり方を説明する方法の一つである。実際、精神分析は多くの時間そのように進む。しかし、真の対話はエナクトメントによって損なわれるのである。エナクトメントは、真の対話を**妨害するもの**と定義され得る。そこで第2章では、エナクトメントによって損なわれ、ひとたび私たちがエナクトメントに巻き込まれるとそれを回復しようと努めることに大いに苦労する、対話のコンテクストに関する解釈学的な説明を行う。

　この主題に続いて、第3章では、解離とエナクトメントの結びつきを解釈学の観点から検討する。あらゆる理解はコンテクストに依存するという立場から出発して、私は、臨床的な目的にとって最も重要なコンテクストの一つは自己のあり方であると主張したい。私たちの他者理解や自己理解のあり方は、私たちのそのときの自己のあり方に左右される。したがって、分析家のさまざまな自己のあり方の間に解離があると、被分析者の言動を理解するのに適切なコンテクストを利用できなくなり、被分析者についての理解が制限されたり損なわれたりする。このような障害は、私たちが無意識的な相互エナクトメントとして理解するものになり得る。こうした状況のもとでの臨床的な理解には、解離を乗り越えることが必要であり、それがエナクトメントを終息させる。私は、このような筋道に沿って転移と逆転移について考えることが持つ意味の含みのいくつかを、分析家の解離とそれが結果的に解消する成り行きを説明する詳細な事例とともに示す。こうした考え方の利点の一つは、それが解釈学的循環を精神分析に適用した説明になるということにある。

第4章は、おそらく解離とエナクトメントに関する私の考え方の中核である。この章が取り組むのは次の疑問である。第3章で私が主張したように、エナクトメントに巻き込まれることが患者との私たちの関わりの性質が見えなくなることを意味するのなら、**いったい私たちはどのようにして逆転移を理解できるのだろうか？**　どうすれば目は目そのものを見ることができるのだろうか？　私は第3章において、相互エナクトメントは分析家と患者の解離の絡み合いの産物であるという考え方を導入する。そして、第3章において提示したエナクトメントについてのそうした説明を、私はここで拡張する。第4章で提示するのは、相互エナクトメントの場合には、分析家も患者も、相手について異なる別の見方や、葛藤を生じる見方を経験できず、相手を単一の見方でしか理解できないという見解である。こうした相補的な解離は、患者か分析家のどちらかがこのような「一つの見方への没入」を乗り越えて、相手についての多重的で葛藤的な認知が可能にならなければ、克服できない。そのような葛藤は、一人の人物の心の内部に納められるようになるまで、エナクトメントとして患者と分析家に硬直したやり方で経験される断片に分裂したままである。私は、葛藤はある種の達成として理解されるべきだという立場を取る。エナクトメントは、パーソナリティ内の過剰な葛藤の産物ではなく、葛藤が少な過ぎるがゆえの産物である。

　第5章が焦点を当てるのは、精神分析においてどのようにして語りが創造されるかということである。そこで提示されるのは、シェーファー（1983, 1992）やスペンス（1982）とは別の見解であり、未構成の経験の概念を基礎として、どのようにしてエナクトメントが語りの形成を妨げ、心理療法を私たちに不可欠なものにするかを示す見解である。本書の書名は、この章のタイトル、「考えるパートナー」から取られている。「考えるパートナー」とは、解離とエナクトメントが生じると不可能になり、解離とエナクトメントが解消すれば再び生じる、私が「立ち会うこと」として説明することに基づいた、生産的な臨床過程を指している。他者が共にいなくても、私たちは、自分自身についての私たち自身の考えに相手の耳を通じて耳を傾けることで、自分自身について学ぶ。自分の経験を認識して感じ取るためには、私たちには、情緒的な反応を返してくれる立会人が、たとえ想像上の立会人であっても、必要である。つまり、経験が十分な語りとして

形を整えるには、立会人が必要なのである。そのような立会人の起源は、乳児期の最早期の、私たちにやがて私たちの自己となる私たちの姿を映し出してくれる親の役割にある。私たちは、自己を形成するために立会人を必要とする。そして、その後の人生においても同じように、自らを癒すために立会人を必要とする。患者たちは、自分の分析家が自分の話に聞き入っていると想像しながら、自分自身に耳を傾ける。そして、このようにして、新しい語りの自由を生み出す。しかし、立会人に立ち会ってもらうことができるのは、「自分」であると感じられるものだけである。「自分でないもの」は、エナクトされることしかできない。エナクトメントの解消が精神分析において重要であるのは、それによって自己の境界が拡張されるためばかりではなく、患者と分析家が互いに相手の経験に立ち会うことのできる範囲が再設定されて拡大されるためでもある。語りは分析家の客観的な解釈の産物ではなく、臨床過程から新たに生み出される、協同で構築された、思いがけない産物である。

　第6章では、トラウマと記憶の視点を通じて、解離とエナクトメントに取り組む。トラウマを想起できる場合であっても、その記憶は多くの場合、それ以外の記憶とは異なり、生気や感情を欠いている。経験の生きた一部となるためには、トラウマは他の現在の経験と結びつけられねばならない。そのような結びつきは、レイコフとジョンソン（1999）が述べている意味で、メタファー的なものである。メタファーにおいて、記憶の意味は過去から現在の経験へと、「持ち込まれ」たり、「転送され」たりすることを示唆するために、私は彼らの仕事を援用する。そのような転送が起こると、他の経験を背景としてトラウマに目を向けることが可能になるので、トラウマについて内省できるようになる。転送が可能になるのは、「共起（co-occurrence）」によって、つまり記憶と現在の経験が一人の人物の心の中で同時に存在することによってである。このような共起を、私は潜在的で未構成のメタファーと呼ぶ。それらは、現実化することもあれば、現実化することを拒まれることもある。モデル（2003）によれば、トラウマに苦しむ人たちにはよくあることなのだが、メタファーが無意識的に拒まれる場合には、トラウマの経験は「情緒的カテゴリー」の一部になることを妨げられる。その結果として生じる経験の孤立が、私が解離という言葉で表しているものである。し

がって私は、共起の可能性の利用を無意識的に拒むこと、つまり、メタファーを生み出すことを無意識的かつ防衛的に拒むことを、**解離**と呼ぶ。いかなる場合でも、解離された状態はエナクトされやすい。したがって、メタファーを生み出すことを無意識的に拒むことは、無意識的なエナクトメントの源泉の一つである。

第7章では、臨床状況の枠を越え出て、解離とエナクトメントの概念を、長期にわたる恋愛関係に見られる対人関係パターンの性質に適用する。この章では、相互的な解離とエナクトメントの一定の諸性質が長期間にわたって関係性を規定するようになり得るあり方を探究する。

第8章と第9章では、解離ならびにエナクトメントの理論を、臨床的な理解への現代における二つの有力なアプローチと比較検討する。第8章では、私の考えを、内省的な意識の性質と意義を深く掘り下げて探究した仕事であるフォナギーら（2002）のメンタライゼーション理論と比較検討する。私は、内省機能に関するフォナギーらの見解が、私の見解と同じであるかどうかを検討したい。メンタライゼーション理論におけるセラピー作用には、分析家がメンタライズできることが必要とされるように思えるが、まさにそれこそが、私の考えでは、エナクトメントが生じている間には不可能なのである。したがって、セラピストは可能な限りエナクトメントを回避する責任を負わねばならないようにも思える。私の考えでは、そうした回避は実際には不可能である。私たちがそもそもエナクトメントに入り込むかどうかを選択する余地はあまりない。何であれエナクトメントに関して私たちに何らかの余地があるとすれば、それは私たちがすでにエナクトメントに入り込んでいると気づいたときに、私たちがどのように反応するかという点にある。たとえエナクトメントを回避することが可能であったとしても、たいていの場合、それは望ましいことではないだろう。なぜなら、解離された素材（**自分でないもの**）は、象徴化されておらず未構成であり、それゆえエナクトメントの経験を経由しなければ利用できないからである。最後に、内省機能が最も臨床的に意義深いのは、それが思いがけず生じる場合であるというのが、私の立場である。分析家は内省が活発になり得る状況を作り出そうと努めることはできるが、それを意のままに出現させることは不可能であると私は思う。したがって、私たちの取り組みには重なる部分があるし、メンタライゼーション理論は現代精神分

析における最も意義深くて臨床的に有用な仕事の一つであると私は考えるが、メンタライゼーション理論の考案者たちと私とでは、セラピーの仕事における内省機能の位置づけに関して、考え方に少なくともいくらかの相違があるというのが、私の結論である。

　第9章では、解離ならびにエナクトメントの理論を、ボストン変化プロセス研究グループの仕事（BCPSG, 2002, 2005, 2007, 2008；スターン, D.N. ら, 1998）と比較検討する。このグループの仕事もまた非常に有力な仕事の一つであり、とりわけ面接室で起きることの非言語的および非象徴的な諸側面についての見事な概念化の点で、臨床上の諸事象に関する私の認知に深く影響を及ぼしている。私たちの仕事の実質的に重なり合う領域を示した後に（私たちの考え方の相違が興味深いのは、実は私たちの考え方が似ているからに他ならない）、私は三つの領域に焦点を当てる。第一に、私の考えでは、本書全体も含めて関係精神分析の文献に取り上げられてきた、強い情緒を伴う種類のエナクトメントに、これまでのところBCPSGの仕事は取り組んでいない。そこで私は、この相違について推測される理由を述べる。次いで、BCPSGが非線形力動システム理論を採用していることを取り上げる。私の理解ではBCPSGはこの理論を本来の意味で使っており、そのことが精神分析に対して提起するいくつかの問題を示唆する。精神分析においては、非線形力動システム理論はメタファー的に使われるべきだろうというのが私の立場であり、私はその理由を説明したい。最後に、精神分析と心理療法に対するBCPSGの客観主義的、科学的アプローチを取り上げ、それを私が採用している構成主義的あるいは解釈学的アプローチと比較検討する。

目　次

日本語版への序文　*i*

謝辞　*v*

イントロダクション　*vii*

第1章　意味は関係性の中で具体化する　　3
　未構成の経験のありか　*6*
　心と関係性――手と手袋　*8*
　進行し続ける相互交流と意味の構成　*15*
　エナクトメントの概念化　*19*
　架空の事例　*21*
　解離的エナクトメントと投影同一化　*24*
　自分でないものにはトラウマは不可欠ではない　*26*
　未構成の経験／メンタライズされていない経験　*29*
　関係性と意味の行方　*31*

第2章　対話とそれを妨げるもの　　35
　対話とは何か？　*36*

第3章　地平の融合　　59
　　──解離、エナクトメント、理解

　コンテクストと地平の融合　*59*
　流動するコンテクストとしての多重的な自己　*66*
　理解に達すること　*72*
　場の拘束を乗り越えること　*78*

想像力についての覚え書き　*87*
　　患者が自由に至る道を明るみに出すとき　*90*

第4章　目が目そのものを見ること　95
　　――解離、エナクトメント、葛藤の達成

　　第1部　目は目そのものを見なければならないのか？　*95*
　　第2部　エナクトメントの理論　*111*
　　第3部　難題の再定義――ものの見方が一つである状態と心の中の葛藤　*135*

第5章　考えるパートナー　141
　　――ナラティヴの臨床過程理論

　　ある遭難者の日記　*141*
　　立ち会うこと　*145*
　　ナラティヴを自由に選択できることと持続的で生産的な展開　*154*
　　自分でないもの　*158*
　　エナクトメント――実例による説明　*160*
　　エナクトメント、立ち会うこと、そしてナラティヴ　*162*
　　再び遭難者たち　*166*
　　自分の自己に立ち会うこと　*168*
　　最終考察　*170*

第6章　二つのものは出会うのだろうか？　173
　　メタファー、解離、共起

　　メタファーの意味　*173*
　　転送（transfer）と転移（transference）　*176*
　　メタファーとカテゴリーについてのモデルの見解　*178*
　　メタファーと立会人　*180*
　　メタファーと解離　*182*
　　臨床例　*186*
　　解離とエナクトメント　*192*

第7章 閉ざされてきたものを開くこと、 197
　　　硬直してきたものを緩めること
　　　――深い関わりにおける長期にわたる解離とエナクトメント

　　悪い自分、よい自分、自分でないもの　200
　　エナクトメント、依存、自分のパートナーを知ること　207
　　関係の閉め出し　210

第8章 探し方を知らないものを見つけねばならないこと 215
　　　――内省機能についての二つの見方

　　ソクラテスと酔っぱらい　216
　　メンタライゼーション理論と関係精神分析的な解離理論――その共通性　219
　　セラピー作用における「鶏が先か卵が先か」問題　221
　　対人的な場　230
　　事例　233
　　結び　241

第9章 「誰にもわからないだろ？」 245
　　　――ボストン変化プロセス研究グループの著作と関係的解離理論との関係

　　一致点　245
　　エナクトメントの問題　251
　　非線形力動システム理論　255
　　科学と社会的構成　259

　文献　277
　人名索引　295
　事項索引　297
　監訳者あとがき　299

精神分析における解離とエナクトメント

対人関係精神分析の核心

Partners in Thought:
Working with Unformulated Experience, Dissociation, and Enactment
by Donnel B. Stern
Copyright ©2010 by Taylor & Francis Group, LLC
All Rights Reserved.
Authorized translation from English language edition published by Routledge,
part of Taylor & Francis Group, LLC.
Japanese translation rights arranged with Taylor & Francis Group LLC, New York
through Tuttle-Mori Agency, Inc., Tokyo.

本書の日本語版翻訳権は、株式会社創元社がこれを保有する。
本書の一部あるいは全部についていかなる形においても
出版社の許可なくこれを使用・転載することを禁止する。

第1章

意味は関係性の中で具体化する

　何かを書くたびに自分の考えのすべてを毎回そこに盛り込むことはできない相談である。そのため、未構成の経験（unformulated experience）†訳注1 という考え方についての説明は、私の前の著作（スターン, D.B., 1997）を参照していただかねばならない。しかし、未構成の経験という考え方については、本書を始めるにあたって、少なくとも簡潔に、改めて述べておくべき点がいくつかある。というのも、未構成の経験という考え方は、決定的に、かつ頻繁に誤解されているからである。第一は、相対主義†訳注2 に関する問題である。私は、未構成の経験は潜在的な経験であると考えている。それによって私が示したいのは、次の瞬間に構成される意味の内容はあらかじめすっかり定まっているわけではないこと、経験には常に何らかの曖昧さが残され、構成されることを待ち受けている未構成のものがあること、次の時点に現れるものにはすべて新たに生まれ出るという性質があること、といったことである。こうした次の瞬間に生じることに必然的に伴う曖昧さをめぐる主張は、まるで未構成の経験は恣意的にどのような意味でも持ち得るかのように、構成の過程には何の制約もないことを意味していると、何度も誤

---

†訳注1　formulateは、一般に、「明確に表現する」「定式化する」などと訳されるが、本書では、曖昧でまだはっきりとした意味を持たないものに形と意味を与えるという原著者の用法を考慮して、原則として、「構成する」という訳語を充てる。
†訳注2　認識主体と無関係な客観的な真理の存在を否定し、認識や価値の妥当性は認識主体と認識される対象との関係性によって定まると考える立場である。

解されてきた。それは私の考えではない（スターン, D.B., 1997, pp.28-32, 203-233）。私は相対主義も無制約の主観主義もまったく退けたいのだ。未構成の経験という考え方は、以下に引用するサス（1988）が適切に説明しているような、解釈学的な見方なのである。「唯一の意味を見つけることができないからといって、何でも通用するわけではないし、話の聞き手はどんな会話であっても好きなように意味づけることができるわけでもない。解釈学的な見方は、客観主義と相対主義の間の一種の『中庸』である」（p.254）*原注1。

　私は本書の他の箇所で、意味の構成が弁証法的な過程であることを説明することに労力を割いている。しかし、私はまずここでも、意味の構成が弁証法的であることを強調したい。なぜなら、私は次のような見解も退けたいからである。それは、未構成の経験には何の構造もなく、したがって構成の過程は一方向的、あるいは一面的でしかなく、つまり、「ただ単に」現れてくるだけであり、現実が持つ持続性およびパーソナリティの比較的構造化された諸側面からは影響を受けないという見解である。それは私の立場ではない。

　いかなる未構成の経験からであれ、妥当なものとして生み出せる意味は、あらかじめ存在している意味の構造と現在の瞬間に生まれ出る影響との結合による産物なのである。こうした観点からは、あらかじめ存在している構造の役割は、未構成の経験がなり得る意味に対する制約として働くことにある。解釈学的な見方では、現実を何の媒介もなく理解することはできない。現実の認識は、伝統、歴史、そして文化というレンズを通して初めて可能になる。しかし、現実はそこにあり、私たちが経験を作り出す自由に絶えず制約を課し続ける。ガダマー

---

*原注1　解釈学の立場の著作家たちのうちで、私の考え方に、したがって本書で展開される考え方に最も影響を及ぼしたのはハンス＝ゲオルク・ガダマーである。ガダマーの哲学的解釈学への入門書としては、パーマー（1969）、バーンスタイン（1983）、ウォーンキ（1987）、グロンディン（1997）、ドスタル（2002）を参照せよ。ガダマーの主著は『真理と方法』であり、2004年に新しい英語訳が出版された。ガダマーの思索への入門には、有益で読みやすいエッセイ集（ガダマー, 1976）が適している。ガダマーの解釈学と精神分析の関連については、オレンジ（1995）、メッサーとサスとウルフォーク（1988）、サス（1988）、スターン, D.B.（1997）を参照せよ。

（1965/2004）の解釈学の見解では、経験することはすべて、解釈することである。現実は限界を提供し、その限界の内側では私たちは妥当な経験を自由に作り出せるが、その限界を越えると私たちは経験を虚偽や歪曲として認識するのである*原注2。

　未構成の経験に対する制約の程度は、強いものから弱いものまで幅広い。そして、そうした制約の程度は、コンテクストによって、時間の経過次第で、また経験の種類ごとに異なる。制約が強い場合には、「解釈の余地」がほとんどない。つまり、そうした場合には、未構成の経験から妥当なものとして構成できる意味の幅は狭い。別の場合には、制約は緩やかで、それに伴って、妥当なものとして構成できる意味は幅広い。例を挙げて考えてみよう。ピンクとオレンジの二色の面がオフホワイトを背景に浮かび上がって見える絵があるとしよう。例えば、私はその絵から受ける印象にもっぱら注意を向けて、私の受け止め方や、その絵を眺める間に私に生じた情緒的経験の性質や、その絵が絵画のどの伝統に属する立場から生まれたのかといったことを、はっきりさせようと努めるかもしれない。このような経験や思考の場合には、その解釈的な性質は明らかであり、現実の制約を無視することなく生み出せる構成の幅は非常に幅広い。しかし、もしその絵の二つの面は何色かと自問するなら、現実を無視することなく私に構成できる経験は非常にわずかであり、解釈的な側面は、実際にはあっても、取るに足りないと思えるほど制限される。

　意味を構成することは決まって、将来に生まれる意味がなり得る可能性に対して制約として働く。このことによって、過去の影響が、そしてパーソナリティの

---

*原注2　この論点は、ある重要な点で過度に単純化されている。ここで私はそれを論じることはできないが、認識はしておく必要がある。無意識的なイデオロギー、つまり私たちの心に新しい意味の可能性としてではなく拘束として影響を及ぼす文化の一側面は、現実そのものと同じくらい効果的に私たちの経験の自由に制限を課している。現実は、文化によって利用可能になる諸手段を通じて初めて理解されるのであるから、現実に基づく（つまり人間の経験に本質的な）制約とイデオロギーに基づく（つまり権力の見えざる働きに関係する理由で私たちに課せられる（フーコー，1980を参照せよ））制約との区別は常に問題であり、非常に困難である。

持続性の存在が保証される。なぜなら、未構成の経験が次の瞬間に何になり得るかを制約するものの中で最も重要なものは、その時点までに生じている意味だからである。繰り返すが、意味の創造は弁証法的である。かつて創造された意味がその未来の姿に影響を及ぼし、他方で現在と未来の独自の影響が過去の意味の再構成を促すのである。私はこのことを、『精神分析における未構成の経験』(スターン, D.B., 1997) の中で次のように述べた。

　　差し出されたものと作り上げられたものは、弁証法的な関係にあり、けっして一方が他方を排除することはなく、両者が一緒になって、あらゆる意味とあらゆる時点を構築しているのである。以前に構築された経験を変化させる機会がなければ、また、感じたり考えたりする背景となる先立つ構築がなかったら、新しい経験は不可能だろう。そして、われわれは薄弱な主観主義に陥ってしまうだろう。また他方で、経験の秩序を乗り越える想像力がなければ、また自然に生まれてくる表現の生命力と、理解を目指すたゆまぬ努力を意味する絶えることのない改訂の営みがなければ、われわれは自分の経験を生気のない慣習という停滞から救い出すことはけっしてできないだろう。内省によって、無意識はただ制約し拘束するばかりの働きから解放され、内省はそれを利用して生気を吹き込む使命を果たすのである。(邦訳39頁)

未構成の経験のありか

　未構成の経験は**どこに**あるのだろうか？　そもそもこの疑問には意味があるのだろうか？　私たちは本当に、それはどこかにあると言うべきなのだろうか？　もちろん私たちは、今では私たちの多くは「無意識の場」と呼ぼうともしなくなった、一種の仮想の地下世界の中に「場所を占めている」と答えたいとは思わない。心の地理学的モデルの時代は終わったのだ。未構成の経験は可能性であり、現在の瞬間から拡張する可能性を持った多様な潜在的な意味である。これまでに現実化したのは、そうした潜在的な意味のうち、一つないしは一部に過ぎない。

未構成の経験は、経験が**なり**得る可能性の源泉である。したがって、それはまだ存在しないのだから、それはどこかに場所を占めているとは、たとえ脳の中でさえも、実際のところ言えないのである。

　私たちは現在という瞬間が（**それがある**のがどこであれ）、私たちの心の中に実際に存在していると言える。しかし、現在というものはおそらく、それが文字通りに存在していると私たちが確信を持ち続けられる唯一の種類の経験である。例として記憶を取り上げよう。私たちはかつて、記憶は文字通りに存在すると考えていた。時を経ても残っている経験について考えるとき、私たちはすぐに記憶のことを思い浮かべるものだ。そのように、記憶はそれぞれに脳の中のどこかに安定した生理的な方法で書き込まれていると私たちが考えるのは自然なことであった。そうした自然な結論が、記憶痕跡を探すという無益な取り組みを動機づけたのだ（ラシュレー，1950）。

　しかし、記憶についての私たちの見方は変化した。特に私たちが記憶している内容の正確性についての考え方は修正された。今日では、私たちは思い出すたびごとに記憶を再構築しているのだという考えを受け入れている。私たちは絶えず現在の目的に適うように過去を作り直す。こうした主張は、少なくともバートレット（1932）にまでさかのぼる。実際、認知発達心理学者たちは近年になって、想起は構成的な過程であるという非常に幅広い合意に達している（例えば、タルヴィングとクレイク，2000）。そして、ある重要な意味では、過去さえも未構成なのである。私たちは、人生の中の出来事を絶えず再構成しているのだ。たとえそうした再構成が、多くの場合それ以前の構成と非常によく似ているとしても、そうなのである。そしてもちろん、もし過去が実質的に未構成であるとすれば、私たちが未来について想像することは、それ以上にはるかに不確定であるに違いない。このように考えるとたちまち、私たちはあたかも人生が実際よりもはるかに安定的で予測可能なものであるかのように思って生きていることが明らかになる。それゆえに、現代の精神分析家たちの一部が脳の構造と処理過程の中に経験の起源を突き止めることに没頭している一方で、残りの多くの分析家たちは、あまりにも特異的に、あるいはまたあまりにも具体的に経験の「起源を明らかにする」理論に対して、そうした起源のありかが無意識とされるか脳とされるかに関

わりなく懐疑的である。

　しかし、少なくとも比喩的な意味で未構成の経験がそこを拠り所とすることに意味がある「場所」が一つある。それは関係性である。関係性とは、生の営みのカテゴリーの一つである。私はそこに、関係の中で人々の間に生じる行為だけでなく、関係の中で生じるあらゆる情緒的、認知的、意志的な経験過程をも含めている。こうした個人内の諸過程を思い描くにあたって、私は例えば、自己のさまざまなあり方の間の相互交流のことを、あるいは別の用語法で言えば、内的対象関係のことを念頭に置いている。

　関係性は、経験が生まれ出る母体である。それぞれの瞬間の関係性のるつぼの中で、未構成の経験は、認識し活用し経験できる生の営みの一部として明確化される。つまり、意味は、私たちの間に生じる関係次第で、生まれることもあれば、生まれることを妨げられることもある。私たちは関係性の中の出来事を部分的にしかコントロールできないのだから、私たちは、通常は内密のものと感じられる自分の心の中で自分が構成する意味の唯一の作り手ではない。それと同時に、そして逆説的に、意味を作り出す過程は自覚されずに進行するので、私たちはたいてい、関係性から生まれ出る経験を自分たちがどの程度作り出しているかに気づいていない。

心と関係性——手と手袋

　解離とエナクトメントは、それぞれに重要な現象であり、それぞれに研究に値するテーマである*原注3。現代の関心が解離とエナクトメントとの関係に向けられているのは、精神分析におけるセラピー過程に関する諸理論に向けられた幅広い関心の表れの一つである。こうした関心を爆発的で一時的なものと呼ぶべきか、息の長いものと呼ぶべきか、私にはよくわからない。なぜなら、どちらも当てはまるからである。セラピー過程に関する諸理論は、数十年間にわたって精神分析臨床の議論の的になってきた。普段それ以外の点においては互いに重要な違いがあると主張する諸学派がこぞって、私の考えでは、臨床過程についての綿密

な探究を次第に強調するようになり、セラピーの中で生じる諸事象そのもののための研究へと移行してきた。

「そのもののため」とは、どういう意味なのだろうか？　私の意図は、セラピー関係の社会的側面に注意を向けることにある。私が言いたいのは、今日ではあらゆる学派の中に、転移と逆転移を、ウォルスタイン（1959）の先見性のあった表現のように、それぞれが他方に呼応し合う役割を果たす、相互に「絡み合った」ものとして理解しようとする精神分析家たちがいるということである。ここで急いで付け加えるが、もちろん、私は「社会的である（social）」ことと「社会学的である（sociological）」ことを区別している。私は無意識的な影響を無視していない。実際のところ、自分自身を対人関係学派や関係精神分析学派と見なしている多くの分析家たちと同じく、患者と分析家の間の相互的な無意識的影響に特別な価値を認めるのが私の立場であると言えるだろう。ともかく、私たちはそれをとても重視している。

人生とセラピーの中心を占めるのは個人の無意識的空想であると主張し続ける分析家たちでさえも（おそらく、こうした見解を持つ分析家のほうが多数派である。ボーンスタイン，2008を参照せよ）、セラピー作用の過程に関する諸理論に対する自分たちの関心が今日では大きなものであることに同意するだろう。しかし私には次のように思える。潜在的なものと顕在化したものとの区別を認め、個人の心はそれぞれの個体の脳に収まっていると考える人は、分析的関係性について私とは異なる考えを持っているに違いないと。転移は内的世界の要求に基づいた歪曲であると考えるような、転移に関してとても保守的な立場を取る分析家たちでさえも、時と場合に応じて異なる転移的布置が優勢になることを容易に認めるだろう。こ

＊原注3　エナクトメントに関する関係精神分析の主要文献には以下のものが含まれる。アーロン（2003a, 2003b）、バス（2003）、ブラック（2003）、ベンジャミン（1998）、ブロンバーグ（1998, 2006）、デイヴィス（1997, 1999, 2003, 2004）、デイヴィスとフロウリー（1994）、パイザー, B.（2003）、パイザー, S.（1998）、スターン, D.B.（2003, 2004）。解離に関する現代の心理学的および精神医学的文献としては、デルとオニール（2009）を参照せよ。解離に関する現代の臨床精神分析の文献としては、ブロンバーグ（1998, 2006）、ハウエル（2005）、スターン, D.B.（1997）を参照せよ。

のような立場を取ることで、そうした分析家たちはコンテクストが分析的関係性において重要な役割を果たすことを認めていることを示しているとも言える。しかし、そうした分析家たちの大半は同時にまた、転移の表れはどれも、特定の持続的で根底にある無意識的空想とそれに対する防衛の活動や表出に起因すると考える立場を取るだろう。このグループの分析家たちにとっては、転移の潜在的な意味こそが転移の真の意味であり続けている。そこでは、真実は無意識の中にあって発見されるのを待っているのである。本書が基盤としているのは、そうした考え方とは別の考え方である。

　無意識的な意味はしっかりと形作られているという伝統的な仮定もまた、分析家がセラピーにおける自分の関わりをどのように理解するかに重要な影響を及ぼしてきた。伝統的な考え方を支持する分析家たちは、もちろん、分析家自身もまた、他の誰もがそうであるように、転移を起こし得ることを認めている。しかし、こうした分析家たちの多くはまた、自分自身が受けた分析のおかげで、自分たちは転移にとらわれてしまうことなく自分の転移の発展を観察することができるものと信じている。今日では、誰もが逆転移は有益な情報源となり得ることを認めている。しかし、依然として一部の分析家たちの間では、分析家は自分の経験の逆転移的な諸側面から距離をとることができねばならないし、分析中に逆転移が姿を現す前に逆転移を分析できねばならないという信念が共有されている。

　転移と逆転移に関するこのような立場は、精神分析の世界の大半において少なくとも1980年代の半ばまでは支配的であったし、一部のグループの中には今でも存在している。そこでは、分析家の権威は、少なくとも部分的には、何が真実であるかを知っていることにあると説明されてきた。そして、分析家が知っているべき、あるいは知るようになるべき最も重要な事柄は、患者の心の内容である。このような思考の枠組みにおいては、臆面もなく率直に、分析家は患者についての真実を知っていると信じることが可能なのである。

　それでは、もし私たちが未構成の経験という考え方によってもたらされる思考の枠組みで考えると、どういうことになるのか考えてみよう。この観点では、経験は覆いを取って明らかにされるものではなく、構成されるものである。経験の構成とは、利用できる可能性の一部を選択的に構成することである。経験は、い

かなる水準においても、すでにそこにあるものではなくなる。私たちは経験を「手に入れて」から、それを解釈するのではない。そうではなく、私たちは自覚のないままに、自分の経験のあり方そのものを形作ることに絶えず深く関わっているのである。私たちが自分の経験をなぜ、どのようにして、今ある姿に形作っているのかを正確に知ることはまずめったにない。その代わりに、経験は私たちの心に思いがけずやってくる。しかし、どの精神分析的な思考の枠組みにおいても、思いがけなくやってくるからといって、その経験のあり方に対する私たちの寄与が実際以上に軽くなるわけではない。無意識的な意味はしっかりと形作られているのでもなければ、覆いを取って明らかにされるのを待っているのでもない。そうではなくて、それは潜在的な意味であり、適切な状況のもとで現実化する可能性のある意味である。「適切な状況」とは、「適切な対人的コンテクスト」のことである。

　上に述べたことが、『精神分析における未構成の経験』（スターン, D.B., 1997）で伝えようとしたことであった。このような観点では、転移の根底にある唯一の現実はもちろんのこと、覆いを取って明らかにされるのを待っている単一の真実も、あるはずがない。もはや転移と逆転移を歪曲として理解することはできない。そのような理解に代わって、それらは、まったくありのままではあるが、現実化され得る可能性のうちのたった一つ、あるいはごく少数を表しているに過ぎない無意識的に選択された認知として理解されねばならない。転移と逆転移は、換言すれば、他のあらゆる対人的な認知とまったく同じやり方で生み出されるのである。転移と逆転移の特徴は、それらが生み出される方法でもそれらの源泉でもなく、それらの硬直性にある。関係性の可能性は多様であるにもかかわらず、転移と逆転移は柔軟性を失った選択の産物なのである。他の対人的な認知とは異なり、転移と逆転移は、状況が変化しても必ずしも容易にかつ自由に変容しない。転移にとらわれた人物は、他者についての新しい経験を可能にするかもしれない感情、思考、自分のあり方の可能性に注意を向けない。転移を変化させるような（転移の中の変化で**ある**ような）経験はまったく構成されない。しばらくの間、説明を簡単にするために、転移がそのようにして維持されるには相手の協力が必要であるという事実についての検討は棚上げにしておく。ここでは簡単に次のような

ありふれた言葉を述べるにとどめさせてほしい。無意識的な過程においてさえも（あるいはおそらく、とりわけ無意識的な過程では）、「二人でなければタンゴは踊れない」のである。ウィニコットの言葉を言い換えれば、「転移は単独では存在しない」のである。

意味はあらかじめ定まっているのではなく対話の中で生み出されると考える構成主義的な立場を取れば、唯一の客観的な現実があるという考え方は支持できなくなる。しかし、このことを主張するときに私がいつもそうしているように急いで付け加えれば、現実は多重的であるという主張は、現実は相対的であるという立場を取ることとはまったく異なる。意味として現れ得る多様な可能性は、たとえそれらが潜在的に存在していることを客観的に証明できるとまでは言えないとしても、**すべて実在する**。

また私は、私の著作や他の対人関係学派および関係精神分析学派の著作家たちの著作に対してしばしば耳にする別の異論にも、しっかりと答えねばならない。一部の人たちは、対人関係学派および関係精神分析学派の考え方においては、個人の主観性はかすんでしまっている、つまり個人の心は消え失せてしまって、二人一組の関係しか残されていないと主張している。それはまったく違う。人の心の意識内容の選択に他者の影響が及ぶことを認めることは、人の心はその人に固有の個別性を持たないと考えることとは違う。心は分散しているという考え方、この考え方については本章の後のほうで述べるつもりであるが、その考えさえも個人の主観性を認めることとまったく矛盾しない。この点については、できるだけはっきりさせておきたい。他者の影響力を認めることは、さらには人の心の内容に及ぶ他者の影響力を認めることでさえも、個人の心を否定する意味合いをまったく含んではいない。

もちろん、客観的現実はたった一つであるという考え方を退ければ、そのような現実の判定者としての分析家の昔ながらの地位は維持できなくなる（例えば、ベンジャミン, 1988, 1995, 1998；カシュマン, 1995；アーロン, 1996；エリオットとスペザノ, 1996；ホフマン, 1998；マクラフリン, 1996；ミッチェル, 1997, 第7章；グリーンバーグ, 1999；ゼディアスとリチャードソン, 1999）。もはや訓練分析を逆転移エナクトメントに対抗する予防接種のようなものと考えることはできない。なぜなら、逆転

移とそのエナクトメントは、その性質において、日常的な対人生活と何ら違いがないからである。私たちはもはや逆転移を不合理なものと考えることはできないし、したがって、合理的な、逆転移でないものとの区別を示すこともできない。経験は、分析家のものも患者のものも、どこまでもすべて主観的である（このような主張は現在に至るまでとても頻繁に行われてきたので、その引用元をどこに限定すればよいか私にはわからない）。今や私たちは、次のことを理解しなければならない。それは、私たちは絶えず、必然的に、自覚することなく、多くの可能性の中から、他者についての一つあるいは少数の特定の見方を選び取る課題に取り組んでいるということである。私たちは誰もが、いつでも、そのようなやり方で互いに相手に接している。私たちはもはや、精神病理を心の内容の**種類**から説明することはできない。また、一部の著作家たちが無意識的空想をそのように定義し直してきたのであるが（例えば、シュガーマン，2008）、心の**過程**から説明することもできない。実際のところ私たちに説明できるのは、経験に対するその人の向き合い方を特徴づける自由と頑さの程度だけである。そしてそのような説明さえも、無意識的な影響を受けやすい一つの見解として理解されねばならない。今では、転移と逆転移に関わる本当に重要な唯一の臨床的な問題は、ある特定の状況のもとで各個人が別の意味の選択肢を考えることを、どの程度まで**いとわずにできる**かということである。

　先へ進む前に、本章のはじめに提示した論点を補強すべきだろう。それは、私の立場は、性格の概念、あるいはその他何であれパーソナリティの持続性を理解するための方法を、放棄することを必要としないという論点である。そうした考え方は、とても有用なので放棄できない。しかし、持続するものについての、あるいは一般にパーソナリティの構造的な諸側面を意味するものについての私たちの考えは、多重的になる必要がある。例えば、もはや単一の性格構造という考え方は通用しない。そのような考え方は、状況が異なれば現れ出る性格の**側面**も異なり、したがって私たちが明確にする必要があるのはそうした状況であるといった、もっと柔軟な概念に置き換えられる必要がある。換言すれば、心の持続性を指し示す私たちの諸観念さえも、コンテクストにもっと敏感に応じる性質を備えたものにならねばならない。

さて、私は、転移と逆転移に関わる本当に重要な唯一の臨床的な問題は、各個人が別の意味の選択肢を考えることを、どの程度までいとわずにできるかであると述べた。そこで私が「いとわずに」「できる」という表現で指し示そうとしているのは、意識の範囲を超えた事象である。この種の意志と能力はおそらく志向性と呼ばれるべきものであり、それは無意識的な生の営みにまで深く浸透する関与のあり方である。例えば、第3章で取り上げるハンナの事例を見てみよう。セラピーに対するこの患者の関与のあり方、さらに無意識的な防衛手段が発動されても不思議ではないくらい脅かされているときにも私に対して無防備になることをいとわない彼女のあり方は、ある一つの夢を生み出すほどに力強いものだった。その夢は、彼女と私が長期間にわたるかなり厄介なエナクトメントを終息させるために不可欠だったことが、後に明らかになったのだった。

苦もなく心の中に浮かび上がる意味とは別の意味を粘り強く探し求めることは、感嘆に値する選択である。けれどもそれと同時に、この種の自由は私たちの心の奥深くにまで及ぶ意図に根ざしているのだから、それらはある重要な意味で、ほとんど選択の余地がない「選択」である。それらが私たちを規定する。私たちを今ある自分にしているのは、それらである。そしてそれらは、精神分析療法の可能性を生み出す動機でもある。つい先ほど私が触れた、第3章に登場する患者であるハンナは、もちろん自分の夢を、私たちが通常「選ぶ」という言葉を使うような意味で「選んだ」わけではない。しかし別の意味では、彼女は選んだのである。なぜならその夢は、それを生み出す過程がどれほど無意識的であったとしても、彼女が生み出したものだからである。

この数十年の間、心の内容を明らかにすることや、その内容を変容させる目的で介入を行うことがセラピー作用の核心であると、誰もが考えてきた。今では私たちは、心の内容よりも心の働き方のほうがはるかに重要だと考えるようになった。多くの人にとって、心の働き方は心のコンテクストから切り離すことができないものであり、心のコンテクストとは関係性のことである。心とそのコンテクストは、絶えず変化し続ける一つの統一体である。長年にわたって、多くの人たちが分析家のことを患者の無意識の秘密を読み解く人だと考えてきた。そうした秘密は、意味の凝結した固まりであり、それらは隠された、時間の流れのない領

域に存在すると想定されてきた。そこでは、コンテクストは、そうした秘密の偽装された表現が投影されるキャンバスとしての意味しか持たなかった。心の内容に関するモデルからコンテクストと過程に関するモデルに移行した分析家たちは、精神分析の仕事について、見かけの背後、あるいはその底にある重要な真実を解釈することだと考えたり述べたりすることはまれにしかない。それに代わって、私たちは次のように信じている。それは、どのようなものであれ私たちが手に入れることのできる情緒的真実は、ほとんどの場合、私たちが互いに結ぶ関係の性質と私たちがそれにどのように向き合うかということの中に具体的に姿を現すということである。

進行し続ける相互交流と意味の構成

　どの時点においても、誰と共にいるときでも、相手と共にいるときの自分の「あり方」の一部は認知として利用できるが、別の一部は未構成のままである。私たちが何を認知し、何を未構成のままにしておくかという問題は、あらゆる領域に関わる。例えば、自分の気持ちを感じるときや他者の気持ちを推測するとき、自分の意図を認めるときや他者の意図を推し量るとき、行動を見てその意味を考えるとき、等々である。こうした事象はすべて、認知される場合もあれば、認知されずに触れられないまま潜在的になる場合もある。それらが手つかずのままにされる場合、私たちはそれらを、一言で言えば未構成のままにしておく「選択」をしているのである。他方で、もしそれらが構成されるなら、自分自身や他者についての認知は、言葉で象徴化された姿をとって内省的に意識できる場合もあるし、言葉以外の姿をとって直観的にまとめ上げられた関係の持ち方の一部として現れる場合もある。

　相互交流についての私たちの認知は、相互交流への私たちの関与よりも常にいくらか後になる。自己と他者についての認知は、自分自身と相手の情緒およびあり方についての認知も含めて、それらを具体化する関係性**後に**私たちの心に届くのであって、関係性より前ではない。そして、私たちはこのような所見から、

おそらく直観に反した、次のような結論に導かれる。それは、自己と他者についての私たちの認知は、相互交流が前もって存在する認知に影響されるのと少なくとも同じくらい、相互交流に深く影響を受けるということである（レニック，1993aを参照せよ）。

普通は、私たちは日常生活の中で正反対の考え方を当たり前だと思っている。つまり、認知が相互交流に影響するのであって、相互交流が認知に影響するのではないという考え方である。換言すれば、相手についての自分の見方が相手に対する自分の接し方を左右すると考えるほうが一般的である。もちろん、そのような考え方には真実がある。なぜなら、ある時点での相互交流の中で具体化している自己および他者についての認知を一度取り入れると、その新しい気づきが次に生じる相互交流に影響するからである。したがって、バランスのとれた考え方に達するためには、認知と行動の関係は、本書のイントロダクションで論じた内容と過程の間の関係のように、相補的であること、つまりそれぞれが他方を生み出す役割を果たしていることを、認識しなければならない。

私は「認知」の中に、自分と他者が**どのような**人物であるように感じられるかということを、そして互いに関わりを持つことが**どのように**感じられるかということを含めたい。対人認知にはっきりとした輪郭を与えるのは、そしてある認知を別の認知から区別する有意義な方法を私たちに与えるのは、情緒であり、その状況についての「感じ方」である。換言すれば、あることがどのようであるのかに注意を向けることを意味深くするのは情緒である。**より正確に言えば**、認知とは他者と共にいることは**どのような**ことなのかということであり、そして相手は**どのような**人なのかということであると私たちが言うとすれば、そこで最も重要なことは、他者と共にいることは**どのような感じ**がすることなのかということであり、そして相手は自分と共にいることを**どのように感じる**のかということなのである。

あることやある人がどのようであるのかを認知できるためには、私たちは別の選択肢の可能性を感じ取らねばならない（スターン，D.B.，1990）。相互交流の経験の中で具体化される潜在的な意味を利用するということは、自分自身および相手についての多様な解釈に対して態度が開かれているということである。これが自

分自身の経験および相手の経験について考える能力の成熟した姿、すなわちメンタライゼーションである（例えば、フォナギーら，2002）。そこでは、私たちは自分自身や相手の気持ちや動機について、特定の解釈に必ずしもこだわらずに、自分の心に浮かぶどのようなことにも開かれた態度のままでいる。対人的な諸事象の潜在的な意味を取り込むことは、好奇心が豊かということであり、自分自身や相手の行動と経験についての理解の仕方と感じ方を可能な限り自由に想像することを、義務感からではなく心のおもむくままに、自分に許すことである。束縛を受けない好奇心は、実際に実現することはないけれども、目標にする価値のある理想である。

　つまり、事象とその認知との時間的ずれを経た後であっても、私たちは自分が関与する相互交流の中で具体化する潜在的な意味のすべてを汲み取ることは決してない。私たちが展開させるのは、関係性の潜在的な意味の一部でしかない。それ以外は未構成のままに残る。このような選択的な過程が絶えず進行する。私たちには、関係に関わる経験のすべてを展開させることはとてもできない。もしそれが実行できたら、そこに心を奪われて他のことが何もできなくなるだろう。このような理由で、関係性の大部分は「自動操縦」で進む。私たちが決して認知しない事柄の大部分は、このような自動性にその理由がある。このように必然的に関わりが自動的に進まざるを得ないことによって、日常生活における高度に選択的で複雑で意味深い認知パターンが、それらに注意を向けることを促されることもなく維持される。そして、そうした認知パターンが、転移と逆転移と呼ばれるものの実質を作り上げているのである。

　私たちは関係性の中で具体化される意味についての認知の一部を、言葉で象徴化することができる。つまり、あり方の一部について名づけたり考えたりすることができるのである。それ以外のあり方は、言葉にはできないが、ノンバーバルに（例えば、イメージの形式で）、あるいは準象徴的に（つまり、一般的な言葉による象徴あるいはノンバーバルな象徴では表現されないが、元になる経験に深く結びついた、情緒を帯びた一連の行為という形式で表現される経験として）、認知される[*原注4]。特に重要なのが準象徴的なものである。ブッチ（1997）によれば、それは情緒が表現される主要な手段である。ボストン変化プロセス研究グループ[†訳注3]（BCPSG, 2002, 2005,

2007, 2008；スターン，D.N.ら，1998）は、暗黙の関係知（implicit relational knowing）[訳注4]という用語で、準象徴的なものの重要な一側面に私たちの注意を促してきた。暗黙の関係知は、感じ取ることはできるが、通常はバーバルな言語で象徴化することはできないものである。ブッチの準象徴的な様式やBCPSGの暗黙の関係知といった概念は、患者に「それはどんな感じです（でした）か？」と尋ねることがしばしば決定的に重要である理由を私たちに示してくれる。そのような問いかけは、言葉を厳密に用いた構成にこだわることなく、意味を明るみに出そうと努めるように誘うのである。バーバルな言語は、暗黙の関係知や準象徴的なものを明確に記述することができない。しかし場合によっては、バーバルな言語を緩やかな意味で使うことで、明るく照らすことが難しい場所に私たちの注意を向けて、それがなければまったくの暗闇の中にとどまり続けたかもしれない事象を、ノンバーバルにあるいは準象徴的に感知することが可能になることもある。

　私たちは自分の認知のこのような部分をはっきりと自覚することはめったにない。しかし、それに気づいた場合には、心地よく感じられ、よそよそしい感じも、煩わしい感じもしない。たいていの場合、暗黙の関係知、ノンバーバルなもの、準象徴的なものは、まったく「自然な」やり方で展開するので、私たちはそれにはっきりと気づくことが決してない。こうした様式での認知は、BCPSGによれば、その中で関係性の瞬間瞬間の気づかれないやりとりや、内省されない生の営みと呼べるようなものが生じる、原初的言語である。もし私たちが他者と共にいる「そのあり方」が心地よいなら、あるいは私たちと共にいる他者の「そのあり方」を心地よく認知して受け止められるなら、その場合には、そのあり方は、内省されない生の営みの中で、私たちに利用できるものなのだと言える。

---

*原注4　　ブッチ（1997）による、情報処理に関するバーバルな様式、ノンバーバルな様式、準象徴的な様式についての説明を参照せよ。
†訳注3　　以下、BCPSGと略記する。
†訳注4　　丸田俊彦は、implicit relational knowingに「関係性をめぐる暗黙の知」という訳語を充てている。

第1章　意味は関係性の中で具体化する　19

エナクトメントの概念化

　ここまで私は、関係性についての私たちの経験のうち、場合によっては顕在化した象徴化とは一致しないこともあるが、容易に受け入れることができる部分について論じてきた。しかし、関係性の中で具体化される潜在的な意味の一部は、まったく受け入れることができないのである。関係性のこうした未構成の部分はめったに、例外はあっても、生の営みの中で私たちに利用できる意味にはならない。つまり、たとえ状況が違えばそれらを内省的な意識の中で構成**できるかもしれない**としても、あるいはまたそれらの表現様式が内省的な意識に受け入れ可能なものであったとしても、それらは無意識的な力動的理由で未構成のままなのである。つまり、それらは**解離されている**。私が『精神分析における未構成の経験』で導入し、本書で拡張している対人関係／関係モデルにおいては、抑圧に代わって、解離が主要な無意識的な防衛過程となる。解離と未構成の経験が、精神分析的な心のモデルの基本的構成要素なのである（スターン, D.B., 1997, 2009）。

　私が解離という言葉で指し示すのは、無意識的な防衛的理由のために、患者あるいは分析家、またはその両方が、自分が関与している相互交流の中にあるバーバルな意味、ノンバーバルな意味、あるいは準象徴的な意味を活用し損なう過程である。こうした選択的な認知の一部は、対人関係をめぐる意味の一定の可能性に対して、注意を向けないように力動的な統制が行われる結果として生じる。私はそれを「受動的な解離」あるいは「ナラティヴの硬直性」として（ある一定の語りに強く結びついているために、それ以外の語りの選択肢は決して想像されることがなく、別の選択肢に当てはまる所見が構成されることも決してない状態として）説明してきた（スターン, D.B., 1997）。別の場合には、選択的認知は、特定の意味を拒絶すること、つまり無意識的に動機づけられてさまざまな構成の可能性から目を背けることといった、典型的な無意識的防衛過程の産物である。私はこちらを「強い意味での解離」と呼んできた（スターン, D.B., 1997）。

　解離を引き起こす無意識的な動機は、抑圧を引き起こす無意識的な動機とは異なると考えられる。つまり、解離の動機は、不快なあるいは不安を促進する情動

や、意味や、記憶といった、一定の経験を回避しようとする無意識的な意図ではない。そうではなく、解離理論において私たちを無意識的な防衛へと向かわせるものは、一定の**アイデンティティ**を身に帯びることを回避したいというニードなのである。その無意識的な目的は、一定の**存在のあり方**あるいは**自己のあり方**が生まれることを回避することである。その無意識的な必要性は、自分がある種の人物で**あってはならない**こと、そして、もし自分が関与している相互交流のある重要な部分を構成すれば、自分が突然その種の人物に**なってしまうかもしれない**ことにある。ここで私が言わんとしていることについては、本書の多くの章で例を挙げて説明している。さしあたって、ここではただ次のように言っておきたい。自分がそのようであってはならない人物、それが自分の中にあると認めてはならない自己のあり方とは、かつて失望させられ、大切なものを奪われ、怖い思いをさせられ、屈辱を味わわされ、恥じ入らされ、あるいはそれ以外のやり方でひどく傷つけられたり脅かされたりした人物である。自分はそのような出来事が降りかかる人物であってはならないし、そのような人物であることで起きてくる感情、記憶、経験を持つ人物であってはならない。私たちが防衛の対象としているのは、個々の感情、空想、思考あるいは記憶ではなくて、アイデンティティの状態であり、自分のあり方である。私はこの非常に恐れられるあり方のことを、ハリー・スタック・サリヴァン（1954）に、そして近年のフィリップ・ブロンバーグ（1998, 2006）にならって、**自分でないもの**（not-me）と呼ぶ。まったく文字通りに、これは主観的な世界のうちで自分であってはならない部分なのである。

　しかしもちろん、人生は必ずしも、上に述べた意図も含めて、私たちの意図に協力的であるとは限らない。さまざまな状況は、そして他者との相互交流は、時として、解離されているあり方が意識に急に現れそうになる場面を生む。例えば、相互交流の推移が、ある種の屈辱体験が避けられない立場に自分を追いつめるものとして無意識的に受け止められる場合があるかもしれない。それは起きてはならないことである。そのような差し迫った危険から自らを守ることを必要とする、解離を働かせているその人物に残された唯一の道は、自分が身に帯びてはならないあり方の外在化、つまり**解離の対人関係化**である。エナクトメントは、自分がそのようであってはならない人物であることを回避するために、自分に認め

難いアイデンティティを相手に無理矢理に押しつけようと努めることで成し遂げられる、ぎりぎりの無意識的防衛の努力なのである（特に第3章から第8章までを参照せよ）。

架空の事例

　人はたいていの場合、自分でないものが急に現れる可能性が最小限になるように関係性を処理する。簡潔な例を思い浮かべてみよう。ある男性が、親は自分の要求をわがままで負担だと思っていたと感じているとしよう。親とのそのような関係を基盤に、彼は一定程度を越えて自分が利己的だと感じると恥意識に圧倒されそうになる。利己的だという意識、特に他者の利益と対立するような利己心は、彼にとっては自分でないものである。他者の中には、彼の性格の利己的な側面を彼のふだんの生活に見て取る者もいるが、彼自身は一度もそれらを構成したことがない。それにもかかわらず、彼はほとんど常に自分の利益より他者の利益を優先するという特徴的な関係性を他者との間に築こうと苦労する。彼はこのような行動を、私が受動的な解離、弱い意味での解離、ナラティヴの硬直性などと呼ぶ過程を基礎として行う。つまり、彼は自己犠牲的であるという自己物語を生き抜くことにあまりにも執着しているので、自分を強欲だと感じさせるような状況に決して向き合わないのである。そしておおむね、こうした生き方は彼にとってうまくいっている。彼は一部の人たちからは寛大だと思われており、別の人たちからは自虐的だと思われている。いずれにしても、おおむね彼は自分の利己心を鋭く意識しなければならなくなることを避けることができている。しかもとりわけ、彼の利己心が自分が関わり合っている人物の利益と対立しそうな場合にそうなのである。

　私は**相互エナクトメント**という言葉を、患者と分析家の**両方**がそれぞれに自分自身が解離している素材を意識することを恐れて無意識的にそれを対人関係化する相互交流に限定して使っている。このようなことが起きるのは、患者が、自分が解離している素材をエナクトし、分析家自身にとっては自分がそうであること

に耐えられない理由に基づいて分析家を責める場合、あるいは、同様に分析家自身にとっては耐え難い自分のアイデンティティが喚起されることを恐れさせるやり方で分析家に接する場合、つまり患者が分析家に解離の自覚を迫る場合である。分析家は、このような差し迫った脅威に直面する状況では、患者と同様に自分の心を有効に働かせることができなくなり、何らかのやり方で、微妙にあるいはあからさまに、患者からの非難や自分に対する患者の接し方を患者に向け返して、分析家自身の解離を対人関係化するのである。相互エナクトメントにおいては、換言すれば、分析家**と**患者の両方が解離された素材を外在化する。そして、分析家**と**患者の両方が無意識的に動機づけられたやり方にとらわれているのである。

　例えば、先ほど私が提示した架空の人物が精神分析あるいは心理療法の患者になるとしよう。そして料金の支払いがかなりの負担になっていて、長年行きたいと思い焦がれていた場所での休暇といった、自分が望んでいることを断念しなければならなくなるかもしれないとしよう。このような状況で分析家が料金を値上げする話を持ち出す。患者は不意をつかれる。彼はこのような事態に準備ができていなかったのだ。彼は休暇の計画にとても熱を入れているので、いつものように自動的に自己犠牲的な態度をとることができない。彼は分析家の利益と対立する利己心が急激に高まる感じに脅かされる。もしこのようなことが起きれば、この患者は自分でないものになるだろう。つまり、彼は自分を耐え難いほど強欲だと感じ、恥じ入り、自己嫌悪でいっぱいになるだろう。この問題を乗り切ろうと努める代わりに、それはあまりに危険な道なので、彼は言葉や行動で次のようなことを分析家に伝えて、解離を対人関係化するのである。「そんな高い料金を吹っかけるなんて、あなたはずいぶん強欲なひどい人だ。もう十分私から搾り取ったんじゃないの？」。

　もし分析家**も**また一定程度の利己心を自分に認めることができない人物であれば（実際、そのような人が精神分析家になる例は多い）、分析家は自分**自身の**解離を、**自分自身の**自分でないものを対人関係化することで応じて、何らかのやり方で、（例えば）患者の言い分はまったく筋違いであるとか、自分はこれこれの料金を受け取るのに見合ったまったく正当な労力を払っているなどと伝えるのである。

もちろん、これは起こり得る可能性のある唯一の事態ではないし、最もありふれた事態でさえない。例えば、分析家は自分をひどく強欲だと感じたり、深く恥じ入ったりすることなく自分自身の利己心を受け入れることが**できる**としよう。このような場合、そこで起きる臨床的相互交流はやはりエナクトメントと見なされるが、**相互**エナクトメントとは見なされない。この種のエナクトメントは、一方の人物のエナクトメントに直面したときに、その相互交流の中にいるもう一方の人物が自分自身の解離に基づいて応じることなく、前者の解離を認識して応じようと努める場合に生じる。相補的なエナクトメントにとらわれない分析家は、代わりに自分自身の経験をメンタライズすることができる（フォナギーら，2002）。そして、次のようなことを自分自身に対して言うことができる。「確かに私は今、腹を立てている。この人物にはいらいらする。私はこんな気持ちになるのは嫌だ。私は患者からの非難に腹を立てている。もしかすると自分の提示した料金を少し後ろめたく思っているかもしれない。しかし正確なところ何が私に起きているのだろう？　**なぜ**私は腹を立てているのだろう？　**なぜ**後ろめたく思うのだろう？　正確なところ患者は私に何を引き起こしたのだろう？　自分の反応から私は患者について何を学ぶことができるだろう？」。

　ここでしばらく、事象についての認知は事象そのものよりも後に生じるという所見に立ち戻ろう。相手との間に何が起きているかを理解したり感じたりする助けとなる認知は、最適の条件がそろっていても、すぐには利用できない。したがって、あらゆる対人的事象の後には**常に**しばらくの間は自分が何をしているのか文字通りに知らないのだと結論づけねばならない。もしエナクトメントとは関係性への無意識的な関与であると考えるなら、このような時間的なずれによって、たとえ進行中の相互交流についての両方の当事者の認知が比較的妨げを受けていない場合でさえも、**すべての**相互交流はエナクトメントである、あるいはエナクトメントの性質を帯びると考える立場へと、私たちは導かれるかもしれない。しかしながら、私はエナクトメントをそのように定義する立場を取らない。なぜなら、そうなるとその現象はあらゆるところに存在すると考えねばならなくなるからである。そうなれば、私たちは絶えずエナクトメントしていることになり、その結果この術語は固有の意味を失ってしまう。したがって、すべての相互

交流に実際に無意識的な側面が含まれることは認めつつも、私は「エナクトメント」という術語を解離の対人関係化を指す場合に限って使いたい。この問題についての詳しい検討は、本書の次章以降において、特に第4章において行う[*原注5]。

解離的エナクトメントと投影同一化

おそらく私が提示した架空の事例から、一部の読者は投影同一化を連想するだろう。これら二つの概念には類似点があるように思われる。最も重要なのは、どちらも無意識的な影響が一方の人物から他方の人物へと伝わる方法についての考え方であること、そしてどちらの場合もそれをうまく処理できた場合の成果は、意味形成に利用できない「未処理の」形式（解離理論の術語では自分でないもの、ビオン、1962、1963の思考の枠組みではベータ要素）から穏やかで有用な形式（自分、アルファ要素）への経験の変容に関わるということである。

[*原注5] 　言うまでもなく、**すべての**行為は、患者のものも分析家のものも、部分的に無意識的な動機の産物である。明確にしておきたいのは、私が限定しているのは単に「エナクトメント」という術語の用法であって、分析家と患者の間に進行する相互交流に含まれる無意識的動機の範囲ではない。非意識的な動機およびその他の影響の大部分は解離とは見なされない。つまり、防衛的な理由で無意識的であるわけではない。それに気づくこともなく臨床状況で私たちの間を行き来しているあらゆる相互調整的影響のことを考えてみるとよい（例えば、ビービーとラックマン、1998、2002）。あるいは、ボストン変化プロセス研究グループ（BCPSG、2002、2005、2007、2008；スターン、D.N.ら、1998）が「暗黙の関係知」と呼んでいる手続き的に表象される経験のことを考えてみるとよい。ブッチ（1997）の多重コード理論においては、ノンバーバルにコード化された、とりわけ準象徴的にコード化された経験の大部分は、必ずしも防衛的な理由がなくても、非意識的（少なくともバーバルで内省的な観点から見れば）である。ブッチによれば、中でも特に、情緒は準象徴的にコード化されている。
　もちろん、このような論点は解離モデルに独自なものではない。同じ論点が古典的モデルにも適用可能である。古典的モデルにおいても、行為や経験に及ぶ非意識的な影響の大部分は、記述的に無意識的であって力動的に無意識的ではない、つまり抑圧されていない源泉に由来するのである。

これらの二つの考え方の類似点、そしてとりわけ相違点は、私がここで提示できる以上に綿密に検討し、それだけに絞って焦点を当てる価値がある。この問題が複雑な理由は、これらの概念そのものと、これらの概念の使われ方がそれを用いる著者によって異なることの両方にある。エナクトメントも投影同一化も、これらの概念を用いる人たちがみな同じ意味で使っているわけではないのである。

　しかしそれでも、本書の多くの章に登場するさまざまな臨床事例は読者に投影同一化を連想させ続けるものと思われるので、私は思い切ってこれらの概念の相違点の分析に着手しようと思う。けれども、私がそうするのは、何らかの立場を主張することを試みるためではなく、読者の便宜のためである。前者のような大きな目的には、私がここで提示する仮説以上に、学術的な検討と文献の裏づけが必要である。

　エナクトメントと投影同一化の考え方の相違点のうち、私が本章で論じている臨床的な諸問題に最も関連するのは、分析関係について考える方法をめぐる点である。投影同一化を軸に考える分析家たちにとっては、分析家と患者はコンテイナーとコンテインドという相補的な役割を占めるのであり、分析家と患者の間の最も情緒的負荷の高い交流は、主として心的生活の**内部**で起き、分析家と患者の実際の行為の中で起こることは比較的少ないと理解される。もしそのような交流が目立つ形で行為の中に漏れ出るなら、とりわけその行為が分析家の側のものであり、対人関係学派および関係精神分析学派の分析家たちがエナクトメントと考える問題の中核にしばしば見られる悩みの種となる行為であるなら、コンテインする機能が損なわれているのだと理解される。

　他方で、患者と分析家の役割を相補的というよりは相互的で対等と考える対人関係学派および関係精神分析学派の分析家たちにとっては、エナクトメントが演じられる舞台はかなり複雑に入り組んでいる。もちろん、そこには心的生活が含まれる。しかし、分析家と患者の両方の心的生活の無意識的な部分もまた、実際の行為の場で演じられるものと想定される。そこでは、投影同一化を軸に考える分析家たちの作業の場合以上に、分析家と患者が互いに相手に接するやり方が、はるかに重要視される。面接室で二人の間に何が起きているのか、そこで起きていることの詳細、そして二人が（つまり患者だけでなく分析家も同様に）それぞれに

行っているその状況への意味づけについての検討が、対人関係学派および関係精神分析学派の実践の基本的な手順である。このような作業の方法は、本章の主題である関係性の重視に由来している。

　もちろん、心的生活を扱うことは投影同一化の観点から考える分析家たちの専売特許ではないし、同じく対人関係学派および関係精神分析学派の分析家たちだけが臨床的関係性を探究しているわけではない。両方のオリエンテーションの分析家たちが、無意識的な素材は心にも患者と分析家の行為にも反映していると考えている。問題は何を強調するかである。対人関係学派および関係精神分析学派の分析家たちは単に、私の考えでは、他の立場の分析家たち以上に、自分自身の行為と患者の行為の中にエナクトメントを探し求めることを基本的な手順としているのである。それが対人関係学派および関係精神分析学派の実践を他と区別する重要な点である。投影同一化の概念を用いる分析家たちにとってはしばしばコンテインメントの失敗であると感じられるエナクトメントが、多くの場合、対人関係学派および関係精神分析学派の分析家たちにとっては、まさにセラピーの最も重要な作業を始動させる事象なのである。こうした分析家たちの考えでは、自分でないものは象徴化できないのだから、多くの場合、それは情緒的な負荷の高いエナクトメントの形でしかセラピーの中に姿を現すことができないのである[*原注6]。

自分でないものにはトラウマは不可欠ではない

　おそらく私が解離の概念を用いていることから、時として読者に、自分でないものは決まってトラウマから生まれるという印象が残ることがあった。私はそのような印象を与えることを注意深く避けたいと思う。実際トラウマは多くの場合に自分でないものを生み出すうえで中心的な役割を果たすが、自分でないものは、はるかに普通に観察される心的過程の産物でもあり得る。

　例えば、私が先ほど論じた架空の患者は、もし自分が願望の満足を要求し続ければ、弱々しくて感情の処理が苦手だと彼が信じている親を傷つけたり打ちのめ

したりするのではないかと恐れて成長してきたとしよう。愛してはいるがこのように認知されている人物にあまりに多くのものを要求することは、自分の要求が相手を傷つけることになるので、自分自身にとっても受け入れ難いという感覚を引き起こす場合があるだろう。このような人はまた、自分が認知している親の弱さに向かう自分の怒りの反応もまた、自分でないものと感じるようになるかもしれない。なぜなら、親は患者の怒りに直面すると無力なので、結果的に自分の側に罪と恥の意識が生まれることになるだろうと、この患者が思うのは自然なことだからである。通常は、そのような罪と恥の意識は受け入れ難く思われるようになるだろう。患者はまた、例えば、親に苦痛を味わわせることを自分は楽しむのではないかと恐れて、このような認識を構成することで喚起される罪の意識に耐えられないかもしれない。

　上に詳しく述べた例で私が強調したいのは次の点である。それは、私が提示した架空の患者は、さまざまな理由から親についての認知を発展させて、そのよう

---

*原注6　ミッチェル（1997, 第4章）は、クライン派の思考の枠組みにおける相互交流は全面的に相互的ではないこと、クライン派の著作の多くには患者からの無意識的な影響に対する分析家の影響されやすさには重大な例外が存在しているという（はっきり述べられてはいない）仮定が残っていることを論じている。そのような見解に対して、対人関係学派および関係精神分析学派の見方は全面的に社会的なので、投影同一化と解離的エナクトメントの違いは患者との無意識的な関与を分析家が認める程度の違いであると論じることも可能だろう。実際その通りなのかもしれない。しかしこの問題は、今日用いられている投影同一化の概念は主としてビオンによる改訂版であり、ビオンによる改訂版を用いる分析家たちは必ずしもビオンや彼ら自身をクライン派であるとは見なしておらず（例えばフェロ，2005a）、それどころか彼らはクライン派はクラインの考え方とビオンの改訂版がどのような関係にあるかについて理解していないと思っているという事実によって複雑になる。フェロ（2005a）によれば、ビオンは「確かにクライン派の考えを基盤にしているが」、自分の考えを「もはや以前の［モデルの］線的な拡張ではなく、量的な飛躍をもたらす」地点にまで発展させた（p.1535）。したがって、クライン派の著作に関するミッチェルのような分析は、投影同一化の概念を用いる代表的な現代の著作家の一人であるフェロのような著作家には必ずしも当てはまらない。このような錯綜があるからこそ、解離的エナクトメント理論と投影同一化の現代的モデルとの比較には、綿密な検討と文献的な裏づけが必要なのである。

な認知を心に抱く可能性があり、しかもそうした理由の一部は力動的に重要な意味を持つ未構成のままの理由でありうるということである。つまり、自分でないものの関係的な起源は、観察可能なトラウマ的出来事に限定されない。別の言い方をすれば、自分でないものの起源は、外的世界で実際に起きた出来事に限定されないのである*原注7。上に述べた架空の患者が、要求がましさや怒りっぽさは自分でないものだと感じながら成長するには、いかなるトラウマも必ずしも起きる必要はなかっただろう。

　上の例の場合、親の感情処理能力についての患者の「恐れ」は決して構成されたことはなかった点に注意してほしい。このような「恐れ」は、一般に用いられている意味での無意識的な空想とは別の何かとして考えることができる。つまり、それらは決して十分に知られることも感じられることもないままに処理される、意味の潜在的な可能性として理解することができる。こうした経験の可能性は、一度も構成されたことがないままに無意識的な理由で解離されており、したがって未構成の状態に保たれている。つまり、それらは一度も現実化したことのない潜在的な経験にとどまっているのであって、十分に形作られた経験が抑圧されているのではない。対人的な場がそうした経験を構成できるだけの安心感を提供しなければ、あるいは提供するまでは（そのような結果をもたらすにはエナクトメントの解消に成功する必要がある）、自分でないものは漠然とした未構成の状態にとどまり、自分でないもののエナクトメントは対人的なコンテクストの移行につれて現れては消える。このように、本書における解離概念の用法はトラウマに限定されない。そうではなく、すでに述べたように、解離と未構成の経験は心のモデルの構成要素なのである（スターン，D.B.，1997，2009）。

＊原注7　もちろん、トラウマに関するどのような精神分析的理解にも外的な出来事以上のものが含まれている。一方で、特に成人以後に生じたトラウマの場合には、トラウマに関する精神分析的理解が現実のトラウマ的出来事を軽視してきたとも言われてきた（ブーランジェ，2007）。

未構成の経験／メンタライズされていない経験

　未構成の経験の考え方と、無意識的な経験を扱った他の諸概念との関連は、しばしば指摘されてきた。中でも特に指摘を受けてきたのは、ボラス（1987）の「未思考の知（unthought known）」、ストロロウ（アトウッドとストロロウ，1984；ストロロウとブランチャフとアトウッド，1987；ストロロウ，1988）の「前反省的無意識（prereflective unconscious）」、タウバーとグリーン（1959）の「前論理的経験（prelogical experience）」、そしてウォルスタイン（1982）の「超意識的経験（transconscious experience）」といった諸概念との関連である。しかし、重視するのが少なくとも同じくらい適切な関連がもう一つある。それは、未構成の経験とメンタライズされていない経験を理解する多様な方法との関連である。現在では、ルクールとブシャール（1997）がレヴューにおいて、「未処理で具象的な『メンタライズされていない』経験を心理的に変容する必要性」（p.855）と記述したものに関係するかなりの量の文献が存在する。メンタライズされていない経験は、まだ象徴化されていないという意味で「未処理」である。メンタライゼーションはある種の象徴化であり、それによって思考、感情、そして心理的な生の営みが可能になる。

　私はすでに、メンタライズされていない経験のコンテクストでフォナギーら（2002）を引用した。私はそれに、ミトラニ（1995）と、最近のボテラとボテラ（2005）の著作を追加したい。この領域の文献に影響を及ぼしたそれ以前の著作家としては、ビオン（1962, 1963）、シーガル（1957）、そしてパリ心身学派（ファインとデヴィッド，1963；ファインとデヴィッドとマーティ，1964；グリーン，1975；マクドゥーガル，1985；シャスゲ＝スミルゲル，1990；マーティ，1990, 1991）がいる。メンタライゼーションの課題は、大まかに定義すれば、幼児期の最大の難題の一つであり、心理内界的観点では、抑圧の発達に先行する。抑圧は、経験の一定程度の構造が生み出された後にのみ、生じることが可能になるのである。願望もまた、（再度、古典的な見方からすれば）考えることができるようになって初めて可能になる（例えば、グリーン，1975）。抑圧が軸となるモデルにおいては、経験は気づきに必要な種類の象徴形式を獲得して初めて意識から排除することが、つまり抑圧す

ることが可能になる。象徴化されていない経験について考えることはできないし、抑圧することもできない。なぜなら、そのような経験はそもそも意識的になったことがまだないからである。

　これが未構成の経験に関して私がいつも取ってきた立場である。ただし私はそこにまったく違った方向から、主要な防衛は解離であって抑圧ではないと考える方向からたどり着いた（スターン, D.B., 1997, 2009）。次に示すのは、この論点について初期に書いたものである（スターン, D.B., 1983）。

　　未構成の素材は、伝統的な防衛操作の適用が可能になるほど明確に表現されたことがまだ一度もない経験である。そもそもある程度明確に形作られた経験でなければ忘れたり歪曲したりすることができない。未構成のものは想起や歪曲といった言葉が意味をなす分化の水準にまだ達していないのである。（p.73）

　自分でないもの、そして無意識的な防衛的理由から未構成のままであるあらゆる経験は、それゆえに、メンタライズされていない経験と共通する重要な何かを表している。それは構成されたことがないし、したがって意識から排除されたこともない。むしろそれは象徴化されたことがまったくない。したがって、メンタライゼーションの諸理論においてもそうであるように、本書においてセラピーの課題と考えられているのは、以前は不可能だったところで構成を可能にすること、そのようなやり方で自己や心の限界と能力を拡張することである。さらに、メンタライゼーションについての説明と未構成の経験の考え方は、次のような立場を共有している。それは、象徴に媒介された経験を生み出すことは、絶え間なく続く、そして損なわれやすい過程であり、その過程は心的および関係的な生の営みの中の意識的および無意識的な諸事象によって、一時的にあるいは長期間にわたって中断されることがあるという立場である。どちらの考え方も、意味の形成に利用できる経験を生み出すことを、絶え間なく続く過程と見なしているのである。

関係性と意味の行方

　転移の起源は無意識的空想にあると考える人たちは、たとえ、現代の多くのフロイト派の分析家たちのように、無意識的空想を欲動と防衛の布置としてではなく抑圧された語りとして考えているとしても、少なくとも、臨床的関係性そのものは臨床的関心の対象ではないという立場を取っている。その代わりに、関係性は心そのものの一部ではなく、対象に接近する手段として、心あるいは心の外にある何かが表現されたものとして理解されている。無意識的空想の概念を拠り所とする人たちにとっては、臨床的関係性は映画のスクリーンに投影された映像のようなものである。そこには知りたいものが映し出されているが、その映像に何らかの恒常的な影響を及ぼしたいのであれば、スクリーンのほうは無視してフィルムを探しに行くべきなのだ。

　一方で、私の考えでは、精神分析療法がまさに目指しているように経験を切り開く可能性は、もし実現するとすれば、臨床的関係性の可能性とまったく正確に同じである。私たちは、臨床上の諸事象を「通して」本物の実体、つまりそうした事象の背後にある空想を見ようと努める必要はない。そうではなく、どのセラピーもその行方は未知の未構成の可能性の中に存在する。そしてそうした可能性は、臨床過程の意識的な、そして特に無意識的な部分の中に、まさに患者と分析家が互いに相手のパーソナリティと意図をどのように捉え、互いに相手にどのように接し、それをどう感じるかということの中に具体化する。このように共同で作り出される対人的な場の可能性が展開するにつれて、その一部は一度も実現することなく消えていき、別の一部はそれが現れ出るのにふさわしい関係の瞬間に現実化する。それらは、患者と分析家が互いに相手と共にいて何を経験することが可能なのかを左右するパラメーターを絶えず変化させるのである。非常に単純化して言えば、私が言いたいのは次のことである。それは、分析家と患者が互いに相手と共にいて持つことのできる経験は、二人の間に生じることの性質によって形作られるということである。二人の間の可能性に影響を与えるのは、関係性をそのイメージに合致するように形作る影響を及ぼす個別的な意味の源泉、すな

わち空想ではない。分析家と患者の間の可能性は、関係性そのものの未構成の可能性である。

　これが、意味は、少なくとも精神分析に関わる大部分の意味は、関係性の中で具体化するという私の主張の内容である。関係性は活動している心である。したがって、ある重要な意味で、そこにあるものがすべてである。心の働きが心の本質であるとする立場を取ることは、特に臨床の仕事においては、多くの場合、理にかなっている。関係性は心の可能性の場であると同時に、心の働きの非常に重要な一部である。したがって、関係性と心の間柄は、スクリーン上の映像とフィルムの間柄とは違う。つまり、関係性は心の単なる**表れ**ではない。関係性は心の**一部**なのである。これは、心は不可分の単位ではないと考えることが、あるいはまた心は脳や頭の中にあるのではない、それどころか一人の人物の内部のどこかにあるのではない、**分散している**のだと考えることが理にかなう、そうした非常に重要な諸領域の一つなのである。**意味の行方は関係性の中に具体化する**。つまり、本章の要点を繰り返せば、私たちが関与し、それを作り出すことに部分的に寄与している相互交流の性質が、私たちが自分の未構成の経験のどの部分を明確化したり現実化したりするかに深く関係するのである。

　精神分析家たちは、どの新しい情緒的および関係的コンテクストが古い意味を新しい意味に変容することになるのか、事前にはわからない。たとえ事前に知っていたとしても、そのようなコンテクストを計画して作り出すことはできそうにない。自発性が不可欠なのである。私たちは自分の意図の実現に向かって進まねばならない。そしてその過程で、そうした意図が自発的に生まれるに任せねばならない。それが、今では遠い昔となったアレクサンダーとフレンチ（1946）の修正情動経験をめぐる試みの教訓の一つである。今では誰もが気づいていることであるが、多くの理由から、転移を探り当ててそれが強化されることを避ける正しい方法を推定しようと努めても無益である。問題は私たちの意図が患者にとって持つ意味を予測できないことだけではない。私たちには決してそのような予測ができないということは間違いない。しかし、予測できないことが主要な問題ではない。アレクサンダーとフレンチの技法は、当時は優れた狙いによるものであったかもしれないが、私たちは、彼らの技法が提供するものよりも、ありのままで

あると同時に非作為的でなくてはならない。自分の仕事の進め方を知っていることは不可欠であるが、それだけでは十分ではない。私たちは自分がすることに心から本気でなければならない。

　いつ私たちと患者が変化を生むコンテクストの中にいることになるのか、私たちには必ずしもわかるわけではない。それはただ起きる。私はこのような事象のことを、ブルーナー（1979）にならって、「効果的な驚き」（スターン, D.B., 1983, 1997）と呼んできた。そしてこうした事象を促進しようと努める過程のことを「驚きを誘うこと」（スターン, D.B., 1990, 1997）と述べてきた（私たちにはそれらを引き起こすことや意志の力で存在させることはまったくできないのである）。望ましい状況下では、つまりセラピー作用が働く状況下では、私たちは事後的に情動的および関係的なコンテクストが変化したことに気づき、私たちに及ぶその影響を理解する。本章に続く以下の章においては、そうした瞬間の例が何度も登場する。私たちの仕事の核心部分は、その本質となる諸事象を理解する私たちの能力を超えたところで起きるのである。だからといって、それは学ぶことができないわけではない。それが意味しているのは、むしろそれが実践の一形式なのだということである。芸術や工芸と同様に（例えば、セネット, 2008）、そして心そのものと同様に、精神分析とはそれが実践しているものそのものである。

　エナクトメントは一種の極端な選択的注意である。それは相手に関する、そして相手と関わっている自分自身に関する一連の認知であるが、それらはとても硬直しているので、少なくとも一時的に、それ以外の可能性は想像することすらできない。ニードに由来する認知はすべて、必然的に、私たちが自分に許す解釈的理解の幅を制限する影響を及ぼす。したがって、相手に関するより自由な、あるいはより豊かな好奇心を反映した認知はどれも、それ以前に存在していた転移と逆転移を反映していた認知よりも必ず幅広くなっている（スターン, D.B., 1997, 第7章）。ニードは特定の一隅のみを照らし出すことによって好奇心を抑え込む。このような選択性に屈せずに、私たちの心に別の認知を形作ることを許す能力を働かせ続けるためには、絶え間ない努力と、意識の範囲を超えていると私が主張してきた性質の意図が必要である。本書においては、相手に関する新しい認知が現れることでエナクトメントが終息する様子が、数々の臨床事例で繰り返し見られ

るだろう。

　さて、本書のこの冒頭部分で、私は『精神分析における未構成の経験』の主題を再確認して拡張しておきたい。私たちが共に分析に取り組む人々に対して最も役に立てるのは、あらかじめ存在している心的内容を明るみに出そうと努めることによってではない。経験の自由を広げることを目指して、多かれ少なかれ患者と私たちとの間に生じる情動的および関係的な諸問題を解きほぐすことを目指すことによってである。私たちがそうした諸問題を解きほぐすにつれて、分析的関係性の可能性が広がる。そしてそれが広がるにつれて、分析家と患者が互いに相手と共にいて持つことのできる経験の可能性もまた広がるのである。

　分析家も患者も二人の間に展開する関係性に関与しているのであるから、このような支援を提供するには、患者だけでなく分析家も、より自由に経験を受け入れられるようになる必要がある。患者と分析家はパートナーにならなければならない。共に考えるパートナーであることはもちろんのことである。しかしそれだけではなく共に感じるパートナーでもあり、経験のその他のあらゆる側面を共にするパートナーでもある。私たちの取り組みは、情動、思考、認知の幅を広げて、私たちが生を営む能力の外側に置き去りになっている意味を感じたり、時には構成したりできるようになることを目指している。私たちの取り組みは、エナクトメントによって妨げられているセラピー的な会話を回復することを目指している。そのような回復は、**自分でないもの**であり続けてきたもののわずかな一部を、私たちが受け入れることによって可能になる。妨げになっているものは、それが妨げている内容と同じくらい重要である。目標は何かこれまでと違ったことを知ることよりも、これまでと違った何かに**なる**ことである。本書が私たちの仕事に関するこのようなヴィジョンを明確化するのに役立つことを、私は願っている。

── 第2章 ──

対話とそれを妨げるもの

　われわれは、対話を〈行う〉という言い方はする。しかし、対話が本来のものになるほど、対話を行うものは、対話を遂行しているという意志が稀薄である。つまり、本来の対話は、われわれが行おうと心に決めるようなものではけっしてない。むしろ、もっと正しい対話に巻き込まれるとまではいわないまでも、思わぬうちに対話をしているのが普通である。対話では、ひとつの言葉を発すると、それが次の言葉を生み出し、対話がさまざまな方向に向かいながら進行し、それなりに終わるというのは一種の遂行であるかも知れないが、この種の遂行では、対話をしている者は能動的に対話を遂行しているというよりは、むしろ動かされていっているのである。対話においてなにが「飛び出してくる」かは、対話を始めてみなければわからない。意思が通じたり、しなかったりすることは、われわれの身に生じた出来事のようなものである。それゆえに、対話がうまくいったとか、まったく運が悪かったなどと言えるのである。こうしたことからわかるのであるが、対話にはそれ独自の精神があり、また、対話において用いられる言葉は、そのなかにそれ独自の真理をそなえている。つまり、そうした言葉はこれから存在するものを〈明るみに出し〉、出現させるのである。

　　　　　　──ハンス＝ゲオルク・ガダマー（1965/2004，邦訳679頁）

対話とは何か?

　本章に続く章で、私は解離とエナクトメントを解釈学の枠組みから論じたい。本章では、解離とエナクトメントを論じる次章以降の章の背景を示すために、私が長年にわたって影響を受けてきた人物である、解釈学の立場の哲学者ハンス＝ゲオルク・ガダマー（1965/2004）の真の対話、あるいは協働的な本物の対話についての考え方を改めて検討する[*原注1]。私は解離とエナクトメントを、統制不能で無意識的に動機づけられたやり方でそうした対話を妨げることと見る捉え方に引きつけられてきた（例えば、スターン，D.B., 1990, 1991, 1997；本書の第3章も参照せよ）。したがって、次章以降の章に進んでいく準備として、私たちは妨げられていない真の対話の性質を理解することから始めるべきだろう。

　解釈学は歴史性に根ざしている。私たちが人生において何を善と考え何を悪と考えるかは、それどころか、そもそも私たちが何に意味を見いだすことができるかは、私たちが歴史の中に組み込まれているという事実に左右されるというのが、その考え方である。私たちが生きている時代と地域は同時に、私たちに生み出すことのできる意味の可能性の範囲を規定し、私たちがその範囲外の可能性を利用することを制限する。ガダマーが真のあるいは純粋な対話と呼ぶものに参入することで、私たちは歴史によって課せられた制限をある程度理解することが可能になる。その結果、そうした制限について考え、場合によってはそれらを乗り越えることが、少なくともいくらかはできるようになる。こうした利益は、もちろん他の何よりも、そうした対話そのものから生まれる。しかしそれらはまた、私たちが歴史的相対主義の仮定から出発することから得られるものでもある。というのも、私たちはそのように仮定することで、たとえその機会があっても、私

---

*原注1　ガダマーの主著『真理と方法』は1960年にドイツで出版された。しかし、英語への翻訳版は1975年まで出版されなかった。1965年には第2版が出版され、英語に翻訳されたのはこの版のほうであった。その後、2004年に第2版の改訳版が出版された。私が本書で利用するのはこの改訳版である。こうした複雑な書誌的経緯を示すために、この本を引用するにあたっては、ガダマー（1965/2004）と表記する。

たちは認識できるはずのさまざまな可能性に気づかずにいるのかもしれないと考えてみることを促されるからである。

　ガダマー（1965/2004）にとって、理解は対話の中に現れるものである。ガダマーは、対話を非常に限定された意味で考えている。それは多くの精神分析家たちが臨床過程の理想と考えるものの中核にある意味でもある。

　　　対話とは意思疎通のプロセスである。それゆえ、真の対話であれば、他者の言葉に耳を傾け、そのひとの視点を承認し、また、そのひとの個性ではなく、言っていることを理解しようとするという意味で、相手に自らを置き換えるのである。捉える必要があるのは、言っていることの内容が正しいかということであり、それによってわれわれは互いにその事柄について同意することができる。したがって、われわれは相手の見解をそのひとにではなく、われわれ自身の思いや思い込みにフィードバックしている。（邦訳682頁）

「そのひとの個性ではなく、言っていること」を理解しようと努めるべきだという考えは、私たちが臨床実践で追求している目標と相容れないように思えるかもしれない。しかし、私はそうは思わない。ガダマーが言おうとしていることは単に、意味のある対話はすべて何事か**について**の対話であるに違いなく、対話がうまく進むかどうかは対話者たちがどの程度自分たちの対話に共通基盤を見いだすことができるかどうかに左右される、ということである。さらに、分析家が自分の経験を利用することについての現代的な考え方と一致して、ガダマーの考えでは、私たちが相手の立場を理解するのは自分自身を理解することを通じてである。正確には、この論点は次のように相補的に述べるほうがよいだろう。私たちは相手を理解することを通じて自分自身を知るのであり、自分自身について学んだことを通じて相手を理解するのである。いつでも、相手が言おうと努めていることを理解する通路は、私たち自身の経験の中にある。相手を理解するためには、相手についての自分の経験を変化させなければならない。

　ガダマーが先の引用の中で「内容が正しい」と述べていることは、精神分析の仕事を主観性および間主観性に関わる事柄として考える人たちには、違和感があ

るかもしれない。しかし、ガダマーは認識論の問題を語っているのではない。つまり、彼は客観主義の立場を取っているのではない。むしろ彼は、対話する二人は、例えば互いに怒鳴り合ったり、キスを交わしたりする場合とは違って、直接的に相手に働きかけているのではないことを強調している。彼の思考の枠組みにおいて、主観性を作り上げるのは、「これが、私があなた**から**求めているものです。あるいは、これが、私があなた**に**してあげようと思うことです」といったことを伝える発言や行為である。ガダマーが述べる「内容の正しさ」とは、対話する二人がそれぞれに取り組む、相手が何を考えていたり感じていたりするかを理解しようとする努力に左右される。換言すれば、焦点は相手から何かを手に入れることでも、何かを生じさせることでもなく、相手が意味していることについての感覚を明確にすることにある*原注2。

　したがって対話の過程は必然的に、そして常に解釈的である。そしてそうした解釈を左右するのは、対話の話題を相手と同じ見方で見る試みに、それぞれの対話者がどの程度成功しているかである。その途上で、もちろん、このように進められた解釈過程はまた、意見の不一致、矛盾した態度、命令すること、おだてること、誇張することといったように、対人過程にさまざまな性質を与える。時には、もちろん、セラピスト自身は患者を理解することだけに努めていると思いながら、無意識的には何か別のことを生じさせようと努めている場合がある。

　対話のパートナーはそれぞれ、自分の理解の地平の内部から、理解の過程を始

---

*原注2　もちろん、もし私たちがここで臨床的現実に対して忠実であろうとするなら、私たちは相手を理解するというまさにその行為を通じて、理解されるべき意味を生み出すことに関与しているということも付け加えねばならない。理解しようとする私たちの試みは、理解を追求する以外のことは相手にまったく何もしないというような意味では、決して「純粋」ではないということを、私たちは認めねばならない。換言すれば、私たちは常に、自覚しているか否かに関わらず、相手に**働きかけて**もいるということを認めねばならない。言い換えれば、私たちは常に、理解しようとする試みと、「これが、私があなたから求めているものです」、あるいは「これが、私があなたにしてあげようと思うことです」といったことを**実際に**相手に伝える意図を混ぜ合わせているのである。このことについては、本章の後のほうで詳しく述べる。

める。対話がうまく進む場合には、相手についての解釈は互いに近づいていき、それぞれに自分の解釈を、相手の意図について自分が新しく理解したことに合うように、繰り返し修正する。そこでは、ガダマーが繰り返し「合意」と呼ぶ事態が生じる。この言葉が意味するのは、対話する二人が同じ意見を持っているということではなく、同じことを**理解している**ということである。意見はまったく別の問題である。それは臨床過程の場合も同じである。そこでは、患者が正しいと考えるか間違っていると考えるかという問題は、私たちが何に耳を傾けるべきなのかを方向づけるうえで、考慮すべき主要な問題ではないし、適切な問題ですらない。ガダマーがこのような合意の概念に与えた有名な表現が、「地平の融合」である（第3章を参照せよ）。

　したがって、ガダマーにとっては、真理に向かって進んでいる対話が焦点を当てているのは、二人の**間に**生じることであって、一方の人物が相手の中に見いだすものではない。ガダマーの考えのこの部分は、おそらく直ちに、精神分析に関心を持つ読者にベンジャミン（例えば、1999, 2002, 2004）とオグデン（例えば、1994, 2004）が提示した考え方を思い起こさせるだろう。それは、分析空間において共に課題に取り組む二人の主体は、二人の間に独自に存在する間主観的関係である「分析的第三者」を共同で構築するという考え方である。より一般化して言えば、真の対話についてのガダマーの記述は、すべての臨床家がうまく進んでいる分析的探究と見なすものに一致する。

　ガダマー自身は心理療法的な対話について、（奇妙なことに）自分の仕事はそのような場面にはたぶん当てはまらないだろうという考えを述べているが、その他にはほとんど何も述べていない。例えば、彼が「個体（individuality）」と呼ぶものに焦点が当たることと、語られることのほうを解釈学が強調することとを対比しながら、私が先ほど引用した文章の直後にガダマーは以下のように続けている。「われわれが他者を個体として見ている場合、たとえば、医師の問診や被告人の審問においては、意思疎通の状況があるとはまったく言えないのである」（邦訳682頁）。ガダマー（1965/2004）が「医師の問診」と「被告人の審問」とを同等視していることから明らかなように、心理療法についてのガダマーの見方は私たちとは異なっている。どうやら、ガダマーは心理療法を、相手に影響を及ぼし、相

手を詳しく調べ、咎め、変化させようとする性質の試みに限定して考えていたようである。そうであれば、当然、心理療法は彼が真の対話という言葉で意味していたものとは別物である。ガダマーはそもそも、個体は真の対話の目標になり得ないと考えているように思われる。心理療法の実践家である私たちが心理療法と見なしているものは、もちろん、個体**と**真の対話の両方に適合する。心理療法と精神分析の理想は、真の対話の理想と同じく、我と汝の関係性なのである。

　ガダマーの業績の一部は、解釈学の優れた刷新者の一人である19世紀初めのロマン主義的解釈学者シュライエルマッハーの業績に対する応答である。シュライエルマッハーとガダマーの意見の相違を見れば、理解とは相手の心を把握することであるという考え方に対するガダマーの反発の源が明らかになる。ガダマー（1965/2004）によれば、シュライエルマッハーにとって、「思想はその成立に立ち返ることによってのみ本当に理解できる」のである（邦訳309頁）。それには何が必要だろうか？　必要なのは、著者の心の内側から、創作過程を再構成することである。著者と「同一化する」ことが必要なのである。最終的に、創作過程を再構成することによって原著者にとって無意識的であった創作過程の諸側面の多くが明らかになるのだから、シュライエルマッハーによれば、著者が書いたことを理解する人は「**作者を作者自身が理解していたよりもよく理解すること**」を目指すのである（邦訳317頁：強調は原著者による）。このような再構成することに基づいた理解には、相手からの貢献は必要とされないことに注意してほしい。相手は、理解の対象であるという点を別にすれば、そうした理解に何ら関与しないのである。つまり、シュライエルマッハーが展開したのは、理解に必要なのは相互理解でも対話でもなく、その思想の著者個人についての共感的な理解であり、理解する者のモナド的あるいは孤立した心の中に生み出される理解であるというロマン主義的な信念であった[†訳注5]。ガダマーの考えでは、シュライエルマッハーの解釈学は現在に至るまでそのままの形で引き継がれてきており、同一化を通じた他者理解は「以後たえず繰り返されてきた定式」（邦訳318頁）である。ガダマー

---

†訳注5　モナドは哲学の用語で、外界との相互交渉を一切持たない、それ自体で独立し、自律し、完結した統一体として考えられる、形而上学的な実体である。

(1965/2004)によれば、「それは突き詰めると、天啓的な態度」であり、

> 作家の心理状態全体への自己移入、著作執筆の〈内的な過程〉の把握、創造的行為の追構成である。理解は、したがって、作者における生産に基づく再生産であり、認識されたものの認識であり、着想が息づいた瞬間、つまり、作品構成の出発点としての〈決断の萌芽〉、を起点とする再構築である。（邦訳310-311頁）

　理解はモナド的ではあり得ず、相互的であらねばならず、理解されねばならないものの源泉にではなく、それが実際に働いている性質に関わらねばならないというガダマーの主張と、この見解を対比してほしい。私たちが理解に達するのは、相手の心を再構成することを通じてではなく、相手の見方と私たち自身の見方との間の差異を少しずつ取り除くことを通じてである。互いに対話の両極に位置しながら、対話するパートナーは同じことをしているのである。そこには相互調整の過程が存在する。私たちはみな、相手の言葉の意味を、それを聞いてまず自分自身に思い浮かぶ意味と同じと見なすことから出発する。ガダマーは私たちが最初に心に抱く意味を「先入見」や「先入観」と呼ぶ。このコンテクストにおいては、これらの言葉には非難の意味は込められていない。真の対話においては、私たちが先入見を通じて相手に接するのは、はじめのうちだけである。なぜなら、私たちはできるだけ早くから、相手が対話に参加して私たちが想定している意味に疑問を投げかけることを許すからである。相手からの疑問は、事実をありのままに反映している場合がある。相手は妻に腹を立てていると言わんとしているのだと私が先入観を抱いているとしよう。私は、「だからあなたはとても腹が立ったに違いないですね」と言うかもしれない。しかし相手は腹を立てていなかった、あるいは少なくとも相手は自分が腹を立てていたとは思わなかったのである。そこで相手は、「うーん、いいえ、私は腹を立てていたというわけではありません。腹を立てていたというより、困惑していたのです」と応じる。相手が何を言わんとしているかについての私の印象はこのとき変化する。次に私が何を言うとしても、そこにはこの変化が反映する。こうして状況は展開し続ける。

似たような問答のやりとりは、より暗黙的な、あるいはノンバーバルな水準で生じるかもしれない。例えば、患者は妻に腹を立てているようだという自分の印象に反応して、私は同情的な相づちを打つかもしれないし、患者に何の反応も返さないという形で何かを伝えるかもしれない。いずれにしても、患者は私が間違った印象を持っていることを理解して、「いえいえ、実際のところ私は、腹を立てていたというより、困惑していたのです」と言う。そのうえ、もちろん、**どちらの対話者も**はっきりと象徴化して表現することなく対話が進行するという筋書きが生まれることもあり得る。

　真の対話を促進するような相互的な問いかけには、多様なものがあり得る。例えば、私たちは多くの場合、心理療法的な対話においては、セラピストはクライエントが正直に話していると認めるにもかかわらず、それでもその話の内容には別の意味が隠れているかもしれない、あるいは潜在的に存在しているかもしれないと考えるものだ、それが心理療法的な対話だと思っている。換言すれば、真の対話には、もう一方の当事者が相手の話の内容に無意識的にあるいは暗黙的に含まれていると考える意味について話し合う試みが含まれるはずだと思っている。私が挙げた例では、私はあるいは、患者は**本当は**妻に腹を立てているのだがそれを認めたくないのだ、つまり、患者の困惑は嘘偽りないものだとしても、それは防衛的なものだと考えるかもしれない。ガダマーのモデルは、そこにこの種の精神分析的な例を含めるように拡張することができる。なぜなら、地平の融合の本質は必ずしも、ある無意識的な意味が二人の間に存在することに対話のパートナー間で合意することにあるわけではなく、融合に必要なのはただ、パートナーの両方が、その無意識的な意味はどうやらもっともなようだと理解したり、そうではないと理解したりすることだからである。もちろん、うまくいけば、結局は、分析家が無意識的な意味を示唆することは役に立つ。なぜなら、それによってそれ以前にはまとまっていなかった患者の経験がまとまるからである（ローワルド, 1960）。したがって、地平の融合は一般に、意味の性質について実際に合意が得られることによって成り立つ。私は次のことを強調したい。ガダマーは、精神分析家たちと同じく、権威的に意味を押しつけることを拒否しており、そして、大きなグループになりつつある分析家たちと同様に、意味は共同で創造されると主

張しているのである。

　ある理解を提示し、問いかけを引き出し、自分の理解を変容させること、これがガダマーにとっての対話の本質である。私たちは、シュライエルマッハーの考えとは違って、相手の中に見いだした意味の本来の起源を再構成するわけではない。私たちは相手の心的過程を直接的に構成するわけではない。対話のパートナーはそれぞれに相手の**意味を解釈し**、答えとして返ってくる反応を取り入れ、そしてまた解釈するということを、地平の融合が生じるまで行うのである。

　このように、理解に関するガダマーの説明は間主観的である。理解には二人の人物が必要であり、理解は常に必然的に対話的である。シュライエルマッハーの考えは異なり、理解の対象はもっと受動的なものと見なされている。そこでは、意味は知られさえすればよい。ガダマーの思考の枠組みにおいて理解に必要とされる、より能動的なやり方に取り組む必要もないのである。

　ガダマーの解釈学には、共感についての私たちの考え方に対する示唆が含まれている。共感という言葉を二人の人物が相互理解に達するという意味で使う限りは、解釈学的な見方との間に矛盾はない。しかし、二人の人物の一方のみが相手を理解しようと努めるだけでは、二人の間に真の対話は生じ得ない。また、探し求められている理解が相手についての経験から直接的に捉えられたと感じられる場合にも、真の対話は生じ得ない。つまり、シュライエルマッハーが行った説明のように、それはまるで、理解する人は何らかのやり方で相手の心の中を見抜き、同一視を通じてそれを吸収するようなものである。共感は解釈的な過程であり、意味の直接的な理解ではない（例えば、スターン, D.B., 1994）。それは相互的でなければならない。もちろん、通常は、患者がセラピストの経験に焦点を当てる以上に、心理療法家や精神分析家のほうが患者の経験に焦点を当てる。しかし、過程が進んでいくうえでは、少なくとも、セラピストも患者も相手の話と行動を通じて相手が伝えてくるものを理解しようとしているという意味で、相互的であることが必要とされる。両者がそれぞれに、自分の役割は絶え間なく意味形成に関与することであり、相手が提示してくる意味に問いかけることであり、自分が意味していることに対する相手からの問いかけを受け入れることであると理解する必要がある。共感が相互的である場合、そこに生じるのは相互性であって、

一方の人物による相手の理解ではない。ラッカー（1968）はこのことを次のように美しく表現している。「理解するということは、二つに分割されたものをひとつにすることであり［中略］理解することおよび相手と一体化すること、ひいては愛するということでさえ、すべて基本的にはひとつのことであり、同じことなのである」（邦訳247-248頁）。

　ガダマーの考えの中で、私にとって常に関心の的であり続け、臨床過程に最も深く関連すると思えるのは、互いに相手を理解しようと最善を尽くしている二人の間で進行する対話は、予測できない独自の道を進むという主張である（本章の冒頭の引用句を参照せよ）。分析の進む方向は、あるセッションから次のセッションに向けてであれ、ある瞬間から次の瞬間に向けてであれ、決してあらかじめ計画できない。私たちには次に何が起きるかわからないし、どこが終点なのかを感じ取ることもできない。

　どうしてそうなのだろうか？　ガダマー（1965/2004）の見解では、それは「事柄を解明する認識と言説とを準備する**問いの先行性**」のためである。「事柄を解明しつつ語るには、まず事柄を問いによって破り開くことが必要なのである」（邦訳561頁：強調は原著者による）。さらにガダマーは次のように続ける。

　　問うということは未決定の状態におくということである。問われた事柄の未決定性は、答えが定まっていないというところにある。問われた事柄は確認され決定されるまでは、まだ宙に浮いているはずである。このように、問われた事柄をその疑わしさについて未決定の状態においておくことに、問いの意味がある。問われた事柄は宙ぶらりんの状態におかれて、賛成論と反対論の釣り合いが保たれるようでなければならない。問いはどれも、このような宙ぶらりんの状態を経て、未解決の問いとなることにより、はじめてその意味を完成させる。真の問いはどれも、このような未決性を要求する。（邦訳562頁）

したがって、真の対話はどのように進むかわからない。その核心は、疑問の余地のあるものを見分けることにある。先ほどの私の簡潔な例に戻ろう。今度はここ

での目的に沿って少し内容を膨らませたい。例えば、患者は実は自分で思う以上に妻に腹を立てているのかもしれないと、私が考えるとしよう。この可能性をどのように持ち出せばよいだろうか。もちろん、率直に彼に尋ねることもできるだろう。しかしそれよりも、患者の判断には疑問の余地があると私に思える理由が伝わるように何か言えれば、はるかに効果的に新しい何かが明らかになるだろう。私に必要なのは、妻に対する腹立ちを自分は否認しているのかもしれないと、患者自身が自らの経験を振り返って思えるようにすることである。そのためには、先行する、腹立ちを否認する患者の解釈が、患者自身の目にさえも疑問の余地があるものに映るのに十分なくらい、患者が言わんとすることをしっかりと理解することに努めねばならない。そこで、あなたは腹が立っていたに違いないと私が言い、それに対して患者が、いいえ、自分は本当に困惑していただけだと答えた後に、例えば私は次のように言うかもしれない。「そうですね、奥さんがあなたに言ったことに対して困惑することは確かに**あり得る**でしょう。でも、私には、不愉快な気持ちになることもあり得ると思えます。特にあなたはそうだろうと思います。突き詰めれば奥さんは、あなたが自信を持っている事柄に関して、あなたの判断に疑いを差し挟んでいたのですから。あなたが不愉快な気持ちになっていたとしても意外ではありません。実際のところ、困惑したと言ったときのあなたの言い方には、それがあなたの気持ちだったのだろうかと私にいぶかしく思わせる何かがありました。あなたは私が今説明した声の調子に心当たりはないですか？ そういう可能性に思い当たりますか？」。

　さて、患者が私のこのような意見を受け入れて応じるかどうかには、多くの要因が関係する。しかし、患者が私と共にいることにほどよい安心感を持ち、妻との関係のこうした面について、少なくとも協同して探究することに私たちが着手できていれば、患者が私の問いかけに基づいて自分の以前の発言の中にあった新しい可能性を理解できる見込みは十分にある。新しい何かが、明らかになるのである。患者は私の発言に出来事の詳細やそれに伴う情緒を付け加えて答えて、ついには、それは以前とは別の姿をとり始める。その時点で、私は事態をいっそう明らかにする別のコメントや質問をするかもしれない。どういう結果になるかは予測できない。なぜなら、それは、二人がそれぞれ個別に経験していることにで

はなく、二人の**間に**ある主題が自律的に発現する展開に左右されるからである。ガダマーが述べるように、何かが切り開かれるのである。

　そしてもちろん、同じ過程は逆向きにも生じる。患者は私が言ったり行ったりしたことについて、疑問の余地を見いだすかもしれない。その場合には、**私が言ったり行ったりしたことに疑問の余地を見いだす患者の見方を理解して、その素材を予測できない方向へ拡張するのは、私のほうになるだろう**。もう付け加える必要はないと思うが、そのような疑問は、精神分析においては、対話する二人のパートナーの間に進行する関係性をめぐるものである場合が多い。そのような場合、明らかになるのは分析関係そのものである。

　うまくいっている分析セッションは、多くの場合、苦もなくスムースに進み、困難なセッションには大変な苦労が伴い、果てしなく続くように思えることがあるのは、もちろん偶然ではない。ガダマーによれば、我を忘れるという事態は、対話が本物である場合に生じる。主題となる事柄あるいはプレイだけがそこにある（ガダマーはプレイという用語を、ウィニコットと同様の意味で使っている）。プレイヤーたちは、少なくとも彼らの心の中では、その姿を消す（ガダマー，1965/2004, pp.110-118を参照せよ）。私たちは精神分析において、このような現象になじみがある。次のような記述がその一例である。「セラピストと患者の両者よりも大きな何かの力で動かされていると感じる目覚ましい経験がある。そこには、真の意味での対人的な場が生まれている。**セラピストは、患者をどこかに連れて行くことよりも、その過程が進むにまかせることを学ぶのである**」（レーヴェンソン，1984, p.122：強調は原著者による）。

　こうした場合、分析家と患者は、それぞれの個別の自己意識の中に生きているのでもなければ、二人の間に起きて共有されている事象の内部にいるのでもない。もちろん、これは言葉で言い表すには複雑な事態である。なぜなら、この共同で生み出された事象には、その一部を担うそれぞれの個人が全面的に関与しているからである。それを言葉に言い表すには、当事者それぞれが自分の経験について持続的かつ敏感に認識できる必要がある。私は次のように述べるにとどめねばならないだろうと思う。精神分析的な臨床家としての経験や精神分析に取り組む患者としての経験がある人なら、私が何のことを言っているのかわかるだろ

う、と。

　しかしおそらく、話はそれで終わりではない。なぜなら、実際には、患者としての経験や分析家としての経験がない人であっても、たぶん私が何のことを言っているのかわかるからである。ガダマーが述べているように、我を忘れて没入する経験は、誰もが真の対話において経験することなのである。

　「真の対話（true conversation）」と訳されるガダマーの用語は、「本物の対話（authentic conversation）」とも訳すことができる†訳注6。本物であることは、解釈学にも精神分析にも不可欠である。しかしここには、一見すると逆説がある。ギニョン（2004）の指摘では、本物であることは、互いに矛盾するように見える二通りのやり方で定義される。一方の意味では、本物であることの理想は、自分自身を承認することであり、自分らしくあることである。私たちは自分のあらゆる可能性を発揮し、自己実現し、自分らしくなることを心から望む。けれども、望ましい生についての別の見方においては、理想とされるのはギニョンが「自己喪失」や「解放」と呼ぶものであり、自分の感情や欲求よりも上位の何かに自分の生をゆだねることである。これら二つの理想は相反するのではないだろうか？　どうすれば、自分をゆだねる一方で、自分らしくいられるのだろうか？

　実はこの二つの理想は、ガダマーにとっても精神分析にとっても、相反するものではない。私たちはすでにうまくいくセッションは両方の理想を満たしていることを見てきた。うまくいくセッションにおいては、私たちは、ある重要な点で、自意識から解放される過程を通じて、いっそう自分自身になっていくのである。ギニョン（2004）が述べているのは、このことなのである。それはガダマーの思索に当てはまるのと同じように、精神分析にも当てはまる。ギニョンは次のように述べている。

　　ガダマーが示すのは、どのようにして［本物の］対話の中にいる当事者たちは自分自身への没頭から離れ、話のやりとりに自分の身をゆだねることができるようになるのかということである。この種の対話的な状況で重要にな

---

†訳注6　ガダマーの原著はドイツ語である。

るのは、当事者それぞれの意見ではなく、話し合われている主題である。誰もがみな、対話の中で話し合われている話題に引き込まれてすっかり話に夢中になってしまった経験を持っている。熱心な話し合いの中心的な焦点は、当面の話題を進めていく考えのやりとりによって決まってくる。私たちが経験するその活動の場は、自分の心でも相手の心でもなく、話し合われている話題の**真実**の中に具現化する「あいだ」である。活気に満ちた熱心な話し合いにおいては、自我は消え去り、はるかに重要な別のものに取って代わられる。それは当面の話の主題である。（pp.164-165）＊原注3

精神分析にとって、解釈学のこうした見解がどのような意味を持つかをめぐっては、さまざまな立場がある。この点について私の意見を述べるにあたって、対立する見解として、ゼディアス（2002）の論文を引き合いに出そうと思う。これから論じる点を除いては、私はその論文を高く評価するものである（スターン, D.B., 2002aを参照せよ。そこで私はその論文から学んだいくつかの論点を利用している）。ゼディアスは、ギニョンと同様に、ガダマーの真の対話においては、焦点は対話の当事者である個人にではなく、対話の主題にあることを強調する。「話の主題によって影響されて変容が生じるためには、対話の当事者は自分の意見や見方のほうが本質的に優れていると思い込むことも、その対話を前もって決めた方向や特定の目標に向けて思い通りに動かそうとすることも許されない」（p.19）。

ここまではいい。しかしゼディアスはこの主張を、私にはついて行き難い方向

＊原注3　フィリップ・カシュマン（私信による，2009）は、この引用文について次のようにコメントしている。「おそらく、私たちは対話の過程の中にいるとき、やりとりの過程の中にいるとき、そしてガダマーが生の大きな循環と呼ぶものに没入しているようなとき、最も自分らしくあると言えるのだろう。このような考え方の一部は、歴史性に関するガダマーとハイデガーの両者の考えに由来する。差異に出会うことを通じて、私たちは歴史が私たちに及ぼす途方もない影響と制約に直面する。私たちの社会を通じて、歴史は私たちを構成し、そしてまた他の社会と出会うことによって、私たちは自分たちの社会が数多くの社会の一つに過ぎないことを認識する。私たちの社会の真実は、唯一の真実ではないのである。このことによって、解釈学は歴史的決定論になることを免れている」。

に、そして多くの精神分析家たちもついて行き難いだろうと思われる方向へ進めるのである。ゼディアスはなじみ深い論点から出発する。転移／逆転移が働いている中では、「各個人がその対話にどのように寄与しているかを理解すること」が必要だろうと、彼は述べる。しかしその後に彼は、この論点が主として当てはまるのは「生の営みにおいてよりよい関係を築くためにセラピーを受けている人」であると書くことで、それは全体の一部に過ぎないことをほのめかしている。私の考えでは、生の営みにおいてよりよい関係を築くことは、おそらく、精神分析療法が求められる最も重要な、あるいは最もありふれた理由である。しかしそれ以上に、私が最も同意できないのは、ゼディアスがその後に続ける次の内容である。

　　しかしながら、最近の多くの精神分析の文献とは逆に、主観性や間主観性を過剰に重視することは、実際には、ガダマー流の真の対話を損なったり曖昧にしたりする恐れがある。対話の中には個人および集団の主観性が関与する第三の要素がなくてはならないと、ガダマーなら言うだろう。対話と関係が単純に自分たちをめぐるものであってはならない。なぜなら、私たちは、私たちを活気づける伝統や慣習との結びつきを断って、狭い個人的な目的や誘因に夢中になってしまう危険を冒してはならないからである。解釈学的な見方からは、個人の主観性が拡張され変容するのは、対話の主題との相互関係によってであって、個人の主観性そのものの際限のない徹底的な探究によってではない。(p.20)

ゼディアス（2002）が続けて述べるところでは、もし精神分析が「自らを乗り越えて道徳的および対話的な優れた着想と基盤を探究する」のでなければ、「その前途は空しく思われるだろうし、そのアイデンティティは目的と意味を欠いたものになるだろう」(p.20)。
　私の理解が適切であれば、精神分析におおむね非常に好意的なゼディアスは、ここでは、精神分析を近視眼的である、より深刻な言い方をすれば、セラピーを装ってイデオロギーの表現を無自覚に受け入れていると告発しているのである。

ゼディアスが指摘しているのは、現在進行中の転移／逆転移の重視は、行き過ぎた恣意的なものになり得ること、その結果、自己陶酔を招いたり、社会問題やコミュニティの理想といった人生におけるとても重要な事柄に背を向ける事態を招いたりしかねないということだと、私は思う。もしそれが彼の意図なら、彼が示唆しようとしているのは、主観性の探究を心理療法や精神分析の中心的な関心事にすることは自己中心性を招き寄せることに等しいということだと思われる。そのような意見には、私はまったく同意できない。

精神分析の核心は主観性と間主観性の**相互的な**探究にあると、私には思える。相互的な探究においては、ガダマー流の考えでは、こうした現象が重要な主題になる。それらが真の対話の対象となる。それらはまさに、ゼディアスが言及した「対話の中の第三の要素」である。実を言えば、私の考えでは、「人生におけるよりよい関係」という理念は、ゼディアスはそれを欲望と見ているようだが、個人のわがままな望み**ではない**。それどころか、コミュニティの理念の表れの一つである。人生においてよりよい関係を築くことは、別の生き方を選べるくらい十分に、自分自身の自己愛と折り合いをつけることではないだろうか？　人生においてよりよい関係を築くことは、自分が人生に望むものの多くを関係の中に見いだすことであるばかりでなく、自分が大切にしている人々にとっても、そうした人々に対してより愛情深く、心からありのままに、勇敢に、そして優しくなるという点で有益なことでもある。多くの精神分析的な臨床家たちは、こうした理念を共有していると私は思う[*原注4]。

ゼディアスは、心理療法家はイデオロギーの侵入を明るみに出す姿勢で自らの実践を吟味しなければならないと主張してきた人々の一員である[*原注5]。こうした著作家たちすべてが私たちに強く促すのは、精神分析がいかにその属する文化の中に組み込まれているかを、解釈学の歴史性を活用して理解することである。特に、彼らが警告を発してきたのは、心理療法には自己完結的な個人主義と利己主義を維持し、コミュニティの理念から注意をそらす影響を及ぼす可能性があること、そしてそのような影響により、現代の資本主義の最も欠陥のある側面と商業主義の蔓延が擁護されるということである。

問題はこうしたことにどのように取り組むのが最善かということである。私に

は、精神分析療法に関して何であれ進むべき方向を推奨することは、何らかの道徳プログラムを直接的に押しつけることにつながる危険性があるように思える。そのような勧めに従うことは、進行中の臨床的関係性から感じ取られるものから導かれたのではない道筋に沿って、精神分析の実践を形作ることにつながるだろう。だからといって、もちろん、精神分析が道徳性と密接に関係していないというわけではない。私は別の機会に、この領域が実際に道徳性に**根ざしている**という立場を示した（スターン, D.B., 1996）。私たちは、解釈学の諸原則を精神分析と精神分析的心理療法に適用する方法を見つけ出さねばならない。しかもそれを、現在の私たちが意識的および無意識的な臨床過程を最も重視している中で、解釈学の洞察をどのように生かすことができるかという問いに答えることで、行わねばならないのである。

　もし私がゼディアスについて（今度はその行間を）正しく読めているとすれば、彼は私たちに、患者と道徳的および政治的諸問題について、あるいは道徳的および政治的諸問題でないとしても、少なくとも主観性および間主観性の探究の範囲外にある道徳的および政治的影響力のある諸問題について、必ず話し合うことを勧めているように思われる。今では確かに、私たちは分析関係以外の諸問題を患者と話し合うことをあらゆる機会に行う。しかしそれは、面接室内で起きていると私たちが感じることをコンテクストとした範囲内でのことである[*原注6]。換言すれば、私たちは自分の臨床的関心を、患者が持ち込む話題を理解することに限

---

*原注4　理念の問題について、誤解を生じないように念を押しておきたい。私は、こうした諸特性（愛情深い、心からありのままである、勇敢である、優しい）が人間性の人道的な諸特性であると言いたいのでは**ない**し、道徳性に関するある種の本質主義者の見解を示したいのでも**ない**。性善説や何であれそのたぐいの考えをほのめかしているのでも**ない**。ここは、私が人間的な諸価値の由来に関する自説を展開するための場ではない。ここでは次のように言っておくにとどめたい。私の見解は解釈学的なものであり、それは、私たちの諸価値は私たちの意味の可能性を構成している伝統に由来するという考え方である。

*原注5　以下の文献も参照せよ。カシュマン（1990, 1995, 2005a, 2005b, 2007）、レイトン（1998, 2002, 2004a, 2004b, 2005）、リチャードソンとゼディアス（2001, 2004）、ゼディアスとリチャードソン（1999）。

定しない。私たちはまた、常にそのとき話し合われている主題の背景となり、多くの場合語られていない別の主題、つまり展開しつつある分析的関係性における患者の関心のありかを、想像しようと絶えず努めている。私たちは常にこれら両方のことを行っているので、臨床過程を決して軽視せず、臨床過程について自分が感じ、理解していることを背景に介入を行おうと常に努めている。もし私たちが臨床過程に代えて別のものを重視するとすれば、それがどのような善良な意図に基づいていたとしても、例えば自覚を高めるといったようなものであっても、セラピーはいとも簡単に、ぎこちない、本物ではない、理屈っぽい、知性化されたものになり得る。今ここで患者と共にいて生み出されている情動的状況について感じ取られるものを背景とすることなく、心理療法を何らかのルールや技法的規定に従って組み立てることは、精神分析のオリエンテーションを捨て去ることに等しい。

　臨床過程の評価の規準として重要なものは何だろうか？　ここで、私たちは本物であることの問題に戻ることになると思われる。面接室において進行中の情緒的状況に関して感じ取ることができるものに注意を向けること、そしてその状況のコンテクストから耳を傾けて関わること、それが私たちの仕事が本物であることを確かなものにするためにできる最善のことだろう。うまくいかないセッションがひどく困難で非生産的なものになるのは、本物であるという感じが欠けているため、そしてとりわけ解放の感覚や自己喪失の感覚（ギニョン，2004）の欠如のためではないだろうか？　そして、私たちにとって最も重要で取り組みがいのある精神分析の課題とは、分析的に意味深いものであると同時に個人的に本物であるような関わりのあり方を見いだすことではないだろうか？　私たちが自分に求められる臨床的な要請をうまく満たせていると感じるのは、多くの場合、自分が

---

*原注6　フィリップ・カシュマン（私信による，2009）は次のように述べている。このような見解は、「道徳的および政治的諸問題に注目することを奨励するものである。しかしそうした問題が対話の中に登場した場合にそうすることを勧めているのであって、それらを強制したり、押しつけたり、こしらえあげたりすることを奨励するものではない」。この関連で、カシュマンはガーバー（1990）を引き合いに出している。

その仕事の進め方について考えることをほとんど意識していないときである。そして、私たちが次に何をすべきかについて考えることをほとんど意識しないのは、そのセッションの情緒的感覚にどっぷりと浸っているので何をすべきか自問する必要がないときである。私たちにはただわかるのである。

　それでももちろん、私たちはまた、臨床過程も、そしてそれを理解する私たちの慣習的方法も、他のあらゆる社会的事象と同様に、どこまでも歴史の産物であり、道徳的かつ政治的なものであることを認めねばならない。臨床過程を規準として頼りにすることは、私たちの仕事に関する道徳的／政治的な自覚を発展させる必要性に応えることにつながらない。それでは、私たちはどうすればよいのだろうか？　私たちは、一方ではあること（例えば、社会的諸問題について話し合うこと）をしなければならず、他方ではそれをしては**ならない**ように見える。

　カシュマン（1995, 2005b）によれば、心理療法において政治的な事柄を認識して話し合う方法について論述するという課題は、不可能ではないとしても困難であり、あまり試みられていない。けれども、彼はこのような但し書きに続けて、臨床場面で政治的な事柄を話し合うにはハイデガーとフーコーの間の何らかの妥協形成が必要であるという自分の主張を説明する目的で、いくつかの臨床ヴィネットを提示することに挑んでいる。つまり、私たちの存在自体を構成している伝統を認識することも（ハイデガー）、そうした伝統を脱構築することも（フーコー）、どちらも十分ではないのである。私たちはその両方を行わねばならない（スターン, D.B., 2002bも参照せよ）。カシュマンは自分のヴィネットを通じて、自分がどのようにしてこの妥協を行ってきたかを説明することを意図しており、その意図は果たされている。しかし私には、それらのヴィネットにはカシュマンが論じていない、そしておそらく意識的には伝える意図がなかった、別の注目すべき点があると思える。それは、それらが生じたセッションの情緒的な雰囲気に、それらがしっかりと根ざしているという点である。カシュマン（2005b）は、政治的な事柄と臨床的な事柄とを同時に考慮することをやり遂げている。一例として、以下に示すヴィネットを取り上げる。

　　長期間に及んだセラピーの終結に向けて、［患者は］自分の人生に深い意味

を持ち続けてきたある問題に取り組んでいた。それは、いつ顧客の仕事を引き受け、いつ断るべきかという問題であった。彼は、彼の原家族における善についての道徳的理解が、彼が関わっているあくどい仕事の世界におけるものとよく一致していることを認識し始めた。彼はしばしば、子どもの頃に経験したのと同じ道徳的苦境に自分が身を置いていると感じた。彼は同時に被害者と加害者の立場にいた。彼は自分が一度も同意したことがなく嫌悪している枠組みの中で生きることを強制されているという点で被害者であった。そして、情緒的に生き延びるためには、たとえ大切にすると約束したことであっても大切にしてはならなかったという点では、また自分の基準からすれば結局は適切にやりきることができない仕事をきちんとやると約束してきたという点では、彼は加害者であった。「言い換えれば」と私は応じた。「あなたは道徳的な葛藤のまっただ中にいるのですね。あなたの家族やあなたが生きている社会の道徳規則に従えば、あなたはダブルバインドを甘受しなければならないことになります。気に留めてもいないのに大切にしている振りをし、誠実に仕事をする一方でその仕事は仕上げることができないと知っています。そしてその間ずっと、自分が腹を立て、不満で、感情を押し殺していることに気づかない振りをするのですね」。

　彼は何が道徳的であるかについて新しい理解の仕方［を形作る］［中略］途上にいることが、私たちにははっきりしてきた。もし自分が仕事を引き受ければ顧客をだますことになり、孤立と否認と虚偽の人生を送ることになると、彼は感じている。そして今では、そうすることは間違いだと考えている。しかし、仕事を断ることは、古い家族の掟［と今生きている社会で支配的な掟］を破ることであり、彼らが道徳に反すると考える振る舞いをすることである。彼はジレンマに陥っているのである。

　［前略］周囲の人たちが彼に仕事を断るように勧めてくれることを期待して、患者は同僚たちに自分はどうするべきだと思うかを尋ね始めた。彼の期待に反して、彼らはみな、ためらいなく、仕事を引き受けることを勧めた。彼らの考えでは、彼の気持ちがどれほど痛むことになるとしても、その仕事は断るには報酬が良過ぎるのだった。［中略］「まるで彼らは一斉に同じ声で

話しているみたいだった！　それは母親の声で、『ねえ、あなたの気持ちなんかどうでもいいのよ』と言うんだ」。

「うーん」と私は言った。「気持ちの安らぎよりもお金のほうが大事だと考えるのは、あなたのお母さんだけではないようですね」。

患者はにやりと笑った。［中略］「たぶん、みんなそうなんだ。まったく、それが世間なんだ。それがあの声なんだ」。

「あなたが聞いたその声は、あらゆる人の口から発せられるものだと思います。なぜなら、それは私たち一人一人の心の底に沈んでいるからです［後略］」。

患者はしばらくの間沈黙していた。［中略］「誰もがそう言うんだ」と彼は怒りを表した。「同僚たちも、商売敵たちも、誰もが。母だけじゃない。母を非難したい気持ちはやまやまだけど。それが世間というものなんだ」。彼はしばらく考え込み、それから顔を上げて微笑んだ。「思っていたより厄介なことになりそうだ。どうやって私たちはこんな嫌な世間をこの部屋に持ち込めばいいんだろう？」。私たちは一緒に笑った。そして私は次のように言った。「そうですね。もし構わなければ、むしろあなたがあなたの考えを携えて外へ出るほうが［中略］［みんなを］ここに連れてくるよりもいいと思います」。（pp.440-441）

カシュマン（2005b）がここで行っていることには、何ら独断的なものはない。もし彼が患者の自覚を向上させる意図を持っているとすれば、カシュマンはそれよりも臨床過程についての理解を大事にしているという印象を、読者は持つだろう。彼が差し出す言葉は、セッションについての彼の情緒的感覚から出てきたものであり、患者に敏感に反応している。転移／逆転移については、直接には何も語られていない。それでも、言われていることはどれも、そこから出てきているように思われる。カシュマンは患者にとって重要な存在であり、患者は彼と共にいることに一種の安心感を持っていると、読者には感じ取れる。私には彼らが最後に共有した笑いが特に好ましく思える。それは二人の間にある心地よさを伝えている。私の想像では、こうした心地よさがあることで、患者がカシュマンに対

して抱く、この例に表れているものよりも不快な気持ちを探究することが可能になるのだと思う。患者がカシュマンと共にいて、実際にそのような自由を享受するかどうかが問題なのではない。この例は、そのような可能性があり得ることを示すことでその役割を果たしている。このセッションは、知性化されているようにも防衛的であるようにも感じられない。私たちがそこから受けるのは、何か新しいものが現れる本物の対話であるという印象である。

　本物の対話についてのガダマーの説明は、例えばカシュマンと患者の間の基本的に友好的で協力的な交流のような、心理療法や精神分析の比較的滑らかに進む部分によく当てはまる。実際のところ、多くの時間、私たちの仕事はそのように進行する。しかし、そのような性質の仕事は、この仕事のもっとも困難な部分ではないし、結局のところ、もっとも重要な部分でもないだろう。本書の残りの部分の多くは、真の対話を**妨げるもの**、そのような妨げとなるものを私たちはどのように理解すればよいか、そしてそれに対して何をすればよいかといったことを扱っている。私は次章以降の章を、ここに述べた対話の一般的な特性を背景に述べたいと思う。しかし、それとともに私がはっきりと伝えたいのは、まさに真の対話こそが、解離とエナクトメントによって不可能にされてしまうということである。ガダマーの主題が対話の理想であったのに比べ、本書が取り組むのは対話に生じる複雑な諸問題である。また私たちは、次のような言い方もできる。次章以降の章で私が提示するさまざまな臨床例によって明らかになるように、真の対話は、解離が乗り越えられ、エナクトメントが解消すれば回復するのである。

　しかし、厳密には、エナクトメントは真の対話をどのようにして**妨げる**のだろうか？　この問いに対する答えは、実はかなり単純である。真の対話には、対話のパートナーの間に目的の食い違いがないことが必要なのである。すでに強調してきたように、例えば、真の対話は誰が正しいかとか誰の見方が優れているかといったことをめぐるものではあり得ない。相手が間違っていることを証明しようとする企てでもあり得ない[*原注7]。パートナーが互いに相手を理解しようとするのではなく、相手に**働きかけ**ようとするとすぐに、真の対話は無効になる。そしてもちろん、エナクトメントはまさに、相手を理解しようとするのではなく、相手に働きかけようとする企てである。一般に、エナクトメントにはサドマゾ的な

要素がある。それは、解決できない食い違いだと無意識的に感じられているものを、支配と服従によって処理しようとする企てである。

　ガダマーはこの問題の微妙さを考慮していないが、私たちには考慮できる。彼は哲学者であって、臨床家ではなかった。だから彼は、協力は単純にあるかないかのどちらかであるという恵まれた立場を取れたのだ。精神分析家たちは、それよりもはるかに込み入った状況で仕事をすることに慣れている。なぜなら、私たちの考えでは、たとえ協力している間であっても、誰もがいつでも互いに相手に働きかけているものだからである。それが無意識的な過程の意味である。私たちはみな、自覚なく絶えず相手に影響を及ぼそうと企て、同様に相手が無意識的に私たちに及ぼす影響を絶えず取り入れているのである。したがって、精神分析家にとっては、協力は常に相対的な問題である。協力的**でしかない**対話があるとは信じることができない。

　しかしそのような条件をつけたうえで、私たちは精神分析における真の対話を**相対的に**協力的な関係性として定義することができる。それは、たとえ互いに相手に働きかけようとする無意識的な企てによって全面的な協力を損なう面があるとしても、パートナーたちの主要な意図が相手を理解することにある関係性である。

　サドマゾヒズムは明らかに、真の対話を生み出すオープンで、防衛的でない、しばしば暗黙的な、相互的な問いかけを妨げる。けれども、私たちには、エナクトメントに取り組むにあたって、理解し、真の対話を回復しようと**努め**続ける以外に選択の余地はない。それは、庭の水まきホースで火炎地獄の火を消し止めようとするのも同然であることも多い。しかも、よくあることだが、エナクトメントが相互的である場合には、そのホースすらないのだ。次章以降の章で理解しようと努めるのは、そうした場合に私たちが直面する理解することの困難さ、相手および自分の経験に疑問の余地を見いだす能力の発揮できなさである。

＊原注7　「もちろん、そうした会話にもふさわしい時と場がある。しかし対話はそうした会話とは違う。実は、対話があることで、対話とは別種のそうした会話はより滑らかに、そして、あるいは、より効果的に進むようになる。対話がなければ、そうした会話は不可能なのである」（カシュマン，私信による，2009）。

私は次章以降の章においては、エナクトメントの政治的な諸側面については論じない。しかしそれは、そのような研究をしても無益だという意味ではない。カシュマンが患者と行ったような対話は、エナクトメントの最中にはまったく不可能になることは間違いない。しかし、そうした場合にそのような対話が不可能であるということは、問題になっている事象には政治的側面や道徳的側面がないということを意味しない。それどころか、そうした事象の強烈さと、多くの場合それらが権力操作を通じて表現されることになるという事実が意味しているのは、エナクトメントはおそらく他の臨床的事象以上に明瞭に、政治的および道徳的な意味を帯びているということであるように、私には思われる。時には、私たちはエナクトメントの渦中にこうした可能性について考える必要があるし、エナクトメントが終息したときに患者と共に話題にする必要がある。誰が誰に対して優位に立とうとしているのだろうか？　男性が女性に腹を立てているのだろうか？　女性が男性に腹を立てているのだろうか？　腹立ちの**理由**は当事者たちのジェンダーとどのように関係するのだろうか？　患者と分析家の人種、階級、ジェンダー、性的嗜好、あるいは民族が異なる場合にはいつでも、つまり患者と分析家という役割の布置に表れる格差に加えて何らかの種類の権力の格差が存在する場合には、そうすることが可能になるくらいに雰囲気が落ち着いた後に、同様の問いかけが行われ得るし、行われるべきである。そして権力をめぐる問いかけは、二人の人物が同一の社会的地位を有しているというだけの理由で、その意義を失うことはまずない。私の経験から言えることであるが、二人の中年のアッパーミドルの異性愛の白人男性の間に権力関係が生じないためしはほとんどない！

第3章

地平の融合
解離、エナクトメント、理解

コンテクストと地平の融合

　私たちが患者を理解するのは、患者の言葉と行為をふさわしいコンテクストに位置づけたときである。私たちは自分自身についても同様のやり方で、自分の経験や行為が最も納得のいくように位置づけられるコンテクストを探り当てることで理解する。ここではコンテクストとは、包み込む雰囲気である。それは少なくとも、内容の問題であると同様に気分や情緒の問題である。そこでは、ある経験と相互交流は形を成すことができるが、他の経験と相互交流は形を成すことができない。ふさわしいコンテクストとは、相手の言葉と行為の意味、あるいは自分の経験の意味といったものが展開可能になるコンテクストである。それによって意味の拡張が可能になり、経験の可能性の重要な部分の意味が明らかになる。ふさわしくないコンテクストでは、このようことは起こらない。むしろ意味の出現を妨げたり抑止したりする。ふさわしくないコンテクストは、新しい意味を閉じ込めたままにする。それによって、理解は慣れ親しんだ行き先にしか通じていない道をたどることを強いられる。

　ふさわしいコンテクストを提供できれば、意味が出現し、理解が成立する。しかし、新しい意味の出現は、行為がふさわしいコンテクストに結びつけられたことの表れであるだけではない。実際は、新しい意味がこの結びつきを生むのであ

る。このような考え方を取り入れて、解釈学の立場の哲学者であるハンス＝ゲオルク・ガダマー（1965/2004）は、新しい理解の誕生を「地平の融合」と表現する。融合において顕在化した意味は、起こり得た可能性の一つに過ぎない。それはそれ以前には、少なくとも完成した形では、心の中に存在せず、融合を契機として形を与えられたのである。地平の融合より前に存在する潜在的な意味は、その一部のみが顕在化して現れるのであり、一般的な意味で無意識的である（つまり、隠れてはいるが十分に形成されている）と記述するよりも、未構成であると記述するほうが適切である（スターン，D.B., 1983, 1997）。このように、無意識的なものを意識化する課題は、すでに存在するものを受け入れることを自らに許すこととして記述するよりも、むしろ、自らに自由を与えてそれまでそれについて考えることを拒んできたものを明確にしたり、構成したりすることとして記述するほうが適切である。未構成の経験は、明るみに出されるのを待ち受けて「そこにある」のではない[*原注1]。

　行為をふさわしいコンテクストに位置づけることは、ジグソーパズルのピースが収まる正しい位置を見つけることとは異なる。たいていの場合、行為とコンテクストの把握は、少なくともその一部は、理解するという働きの中で、「地平の融合」という表現が伝えようとしている相互調整を通して行われる。行為とコンテクストは互いに修正し合い、そして、融合において、理解しようと努めている事柄の内部から、それらがうまく適合していると感じられるようになる。不確か

[*原注1]　あらゆる経験は絶えず構成されるという主張は、意味の中には際立って永続的な性質を持つものがあるという私たちの日常的認識と矛盾しない。そのような主張は、私たちは絶えず経験を新しく創造しているという考え方とまったく一致するし、場合によっては私たちは同じ意味や同じ経験のパターンを繰り返し構築していることを示唆する。その要点を伝統的な精神分析の用語で表現すれば次のようになる。未構成の経験は高度に構造化されることもあるが、多様な解釈が排除されてしまうほどに構造化されることは決してない。そのように構造化された意味でさえも変化する余地がある。したがって、非常に高度に組織化される未構成の意味でさえも、静的な対象や脳に刻まれた溝のようなものではない。それは決して絶対的なものではなく、さまざまな可能性の中から一定の意味形成に向かう傾向である。

さは、少なくとも一時的に消失し、私たちには**これが適切だ**とわかる。それでも、新しい理解がいくら適切だと感じられても、次の時点のことを理解するために私たちが何を必要とするかは、その前の時点のことを理解するために私たちが何を必要としていたかに劣らず、不明確である。

地平の融合が起きれば、人は相手の理解の枠組みの内部から相手に語りかけることができる。しかし、分析家がそのような臨床的解釈にたどり着くには、とりわけそのような解釈が分析関係において何らかの情緒的重要性を持つ問題に関わる場合には、分析家と被分析者との間の地平の融合に先立って、ある一つの段階を経ることがしばしば必要である。多くの場合、融合がまず分析家の経験の**内部**で起こらねばならない。ここでの融合とは、自分自身になじみ深く感じられる地平と、異質に感じられる自分の一部、自分の中の他者の地平との融合である。

心の中の二つあるいはそれ以上の部分の地平のこのような融合によって、分析家は、自分の主観性への十分な意識的および前意識的なアクセスが可能になる（私は主観性という用語を、無意識的な側面を含む個人の心的生活の全領域を示すために使う）。臨床過程を活気づける自由が得られ、時にはそれ以前はまったく不可能だった理解が可能になる。日常的な精神分析の営みにおいて、（分析家の心の中での）分析家と被分析者の間の地平の融合が臨床的解釈や共感の達成と私たちが呼ぶものの非常に重要な一面であるように、分析家の主観性の**内部**での地平の融合は、私たちがうまくいった逆転移の分析としてよく知っているものに相当する（この点を詳細に探究することは、今は私の手に余る。しかし、以下のような同じ二種類の融合が**被分析者**の経験においても生じる。それらは、一つは分析家の経験についての被分析者の理解においてであり、これは解釈を行い共感とコンテインメントを提供する分析家の能力が高まることに相当する過程である。もう一つは、自分自身についての被分析者の理解においてであり、これは逆転移について分析家が理解することに相当する）。

本章における私の意図の一つは、理解についての解釈学の記述が、多重的な自己についての精神分析的な考え方と、いかに生産的につながっているかを示すことにある。すでに自分自身の主観性の内部での地平の融合について述べる中で示唆したように、私には次のような考え方が生産的であるように思える。それは、私たちが臨床場面で日常的に利用しているさまざまなコンテクストの中でも、自

己のあり方を最も重要なコンテクストの一つと見なす考え方である。人がある行為を理解するのは、それが生じたときの自己のあり方を想像し、そのコンテクストからそれを把握できる場合である。私はこの後に論じるつもりだが、分析状況で生じる誤解の顕著なエピソードは、つまり、分析家と被分析者の間に地平の融合が生じる見込みが乏しく思える状況は、多くの場合、それに関わる分析家の自己のあり方が分離や解離を力動的に強いられていることに起因すると考えられる。そのような分析家は無意識的に、その内部から被分析者の経験を構成することが可能になるコンテクスト、自分の自己のあり方、そして自分の内部の他者へのアクセスを拒んでいる。もっと耳慣れた言い方をすれば、そのような分析家は、患者を理解するのに十分なほどには自分自身を理解していないのである。

解釈学的哲学においては、理解が生まれることや地平の融合といった、行為とコンテクストが互いに適合する過程は、解釈学的循環と呼ばれる。この考え方の適用範囲は非常に幅広い。そこには、思考の把握だけでなく感情の把握も、他者および自分の理解だけでなく芸術、文学、演劇さらには科学の理解も含まれる。

意外なことではないが、第2章においてすでに明確になったように、解釈学の文献は、精神分析に比べて、無意識的な動機に焦点を当てることがはるかに少ない。中でも特に、理解の現象学、つまり人間の経験を形作るその時々の解釈と理解に焦点を当てるガダマーは、この主題についてほとんど書いていない。他の解釈学的哲学者たちの中には、特にハーバーマス（1971）とリクール（1970, 1977, 1981）のように、精神分析と密接な関係を持ってきた人たちもいるが、実は彼らの記述は、ガダマー（1965/2004）が巧妙に論じたその時々の経験の構成を扱っていない。そこで、理解についてのガダマーの記述を受け継ぎながら、私はここでガダマーが取り組まなかった課題に取り組もうと思う。それは、解釈学的循環についての精神分析的な説明である。

解釈学的循環はどのように働くのだろうか？　何かを理解しようと努めるときにはいつでも、私たちは部分と全体との関係に取り組んでいる。私たちは何か新しいものを理解しようと努めるとき、それを部分的に、私たちがすでに知っている意味といった、なじみのあるものの一例として理解する。そして私たちはこの「全体的な」意味を、自分たちが構成した「部分的な」意味に投影して、その部

分的な意味を完全なものにする。これが循環である（私はここでは「投影」という言葉を精神分析の用語として使っているのではない。この言葉は解釈学においては精神分析におけるよりもはるかに一般的な意味で用いられており、防衛としての意味はまったくない。それが意味するのは、その時点で自分に理解できるものに基づいて、自分が向き合っているものに意味を押しつけることである）。「全体的な」意味とは、私が「コンテクスト」と呼んできたもののことであり、ガダマーが「先入見」と呼ぶもののことである。ガダマーは先入見という言葉を、その最も一般的な、どちらかといえば否定的な意味では使わない。その代わりに、彼はその言葉を、私たちが投影するコンテクストは自分たちの過去の経験、つまり私たちの個人史と私たちの中に積み重なっている文化的伝統の両方に基づいた期待やバイアスであるという意味で使う。そしてそれゆえに、先入見は、吟味されないままであれば理解を妨げる恐れもあるが、理解を可能ならしめるものでもある。目新しさは、すでに私たちが知っているものの観点からしか認識できない。

　臨床の仕事を含め、あらゆる種類の理解にとって重要な問題が生じるのは、私たちが投影している先入見やコンテクストが、私たちが理解しようと努めている事柄にうまく適合しない場合である。幸運な場合には、精神分析家は仕事に取り組みながら、自分が被分析者を理解しようと努めているコンテクストが不適切であることに気づき、自分が投影してきた意味が不適切であることに気づくこともある。もちろん、このような理解には、分析家がそのコンテクストや先入見を一つの仮説と見なせることが、つまり、自分が投影している慣れ親しんだ理解の妥当性に、このような目的で疑問を抱けることが必要である。分析家は、自分が向き合っている事柄の細部が、自分が投影しようとする慣れ親しんだ観点に注意を向けることを促す瞬間に対して、敏感であらねばならない。分析家は、さもなければ自分が信じたくなるものを受け入れないでいられるくらい、不確かさに持ちこたえねばならない。

　すべてがうまく進んでいる場合には、理解の過程、つまりこのような解釈学的循環は、文化人類学者のクリフォード・ギアーツ（1974）によれば、「細部中の細部と、包括的な上にも包括的な構造とが、双方とも同時に見えてくるようなかたちで継続的弁証法的に引き寄せられている」（邦訳120頁）。私たちは全体を理解

するために部分を利用し、部分を理解するために全体を利用する。そうした相補的なあり方が、この過程が循環と呼ばれる理由である。ギアーツが述べているように、「全体を実現する部分を通じて概念化された全体と、部分を動かす全体を通じて概念化された部分との間を行きつ戻りつすることによって、われわれは部分と全体を、一種の知の永続的運動により互いを明らかとするものに転じようとするのである」(邦訳120頁)。

　これは理解に関する関与的、相互作用的、対話的な見方である。私たちは相手の協力を必要とする。私たちは相手を独力で理解することはできない。私たちは相手が経験していることを独力で正確に見定めることはできない。共感の意義を問題にしているのではない。解釈学的な見方では、共感は他者の経験へのモナド的な没入の一種ではない。それは理解の対象となる人物の関与を必要とする過程である。この論点は、他者についての理解と自分の中にある他者性についての理解の両方に当てはまる。自分の心の中での対話も含め、理解は対話なのである。

　しかしもちろん、新しい方向に踏み出すよりも、慣れ親しんだ筋道に沿って考えるほうが、一般に心地よいものである。可能性に対して開かれた態度を維持するよりも、相手の異質性に目をつぶるほうが簡単である。私たちはどのようにして、他者に対する好奇心と開かれた態度を維持するのだろうか？　私たちは何をするべきだろうか？　分析家がまず取り組むのは、自分は被分析者が経験していることを経験しては**いない**(さらに自分自身が経験していることも十分には理解していない)可能性が高いことを、心に留めておこうと努めることである。

　言い換えれば、分析家は自分の理解の限界を絶えず繰り返し思い描くのである。被分析者が話すとき、あるいは被分析者がしたことについて分析家が何かに気づくとき、分析家は心に浮かぶ解釈に注意を向け、被分析者はその他に何を伝えようとしている可能性があるかと自問する。この話や行為は他にどのような意味を持ち得るだろうかと。これは逆説的で、再帰的で、自分自身の目を見つめるかのような作業である。分析家は、自分が考えていないかもしれないことについて、自問しようと努めるのである。何について別の見方ができるのだろうか？　何を見落としている可能性があるのだろうか？　分析家は、相手の経験がそれ自身の声を持つこと、「語る」こと、あるいは被分析者自身も思いがけないような

ことを語ることをさえも、受け入れられるようにならねばならない。分析家は、自分が抱いていることさえも知らずにいた仮説が、相手の経験によって否定されることを許さねばならない。

　さてここで、自分が理解しようと努めていることに対して不適切なコンテクストを選んでいることを分析家がまったく自覚していない場合に、何が起きるか考えてみよう。つまり、実は理解していないのに、理解していると分析家が思い込む場合である。そこには対話も、相互関係も、地平の融合も、まったくない。分析家にはやりとりのように思えるものは、患者の経験に対する解釈的枠組みの無自覚で一方的な押しつけに、対話を装った独白に過ぎない。こうした状況においては、分析家は患者に対して批判的な気持ちになったり、患者に当惑させられたりしやすい。そうした分析家は、自分がすでに知っているものの裏づけを探しているに過ぎず、その結果、患者は抵抗していると（後ろめたく思いつつも）感じがちなのだということがわかっていない。

　ここにあるのは、解釈学的循環ではなく、「悪」循環とでも呼べるものである。それは何か新しいものに通じてはおらず、それがたどり着く結論はそもそもの出発点でしかない。私たちが問いを発する前にその答えを知っている場合、それはそもそも実際には問いを発してはいない場合であるが、私たちは悪循環の中にいるのである。しかし、私たちがそれにとらわれている間は、悪循環は不都合だと感じられないだろう。しばらく時が経つまで、私たちは自分が相手に対して開かれた態度でいると心から思い込んだままだろう。悪循環は、私たちがうまく適合しないコンテクストを投影し続けることを助長する。それは、私たちが十分に理解できず（あるいは理解せず、理解しようともせず）、自分の先入見を捨て去ることができない場合に生じる。私たちは他者にとっての意味を抑えつけたり妨げたりして、その結果、不可避的に何らかの関係的拘束に陥るのである。これから見ていくように、精神分析においては、悪循環は分析家の自己のさまざまなあり方が互いに解離された結果として生まれるのである。

流動するコンテクストとしての多重的な自己

　数多くの著作家たちの仕事が積み重ねられて[*原注2]、対人関係学派と関係精神分析学派においては、自己は単純で単一のものではなく、自己のさまざまなあり方が何らかの程度のまとまりを持って集まったものであるという考え方が、今日ではよく知られるようになった。これらの異なる自己のあり方は、同時に知ることができる。ある自己のあり方「の中に」いるときに別の自己のあり方について知ることは不快であるはずだという意味合いは、そこにはまったくない。多重的な自己をアイデンティティに期待される平常の状態として捉えることは、他の何にもまして、理解におけるコンテクストの役割についての私たちの考え方にとても役立つ。なぜなら、私たちが一つの自己のあり方から別の自己のあり方へと頻繁に移り変わるということは、あらゆる理解のコンテクストにおいて絶えず変化が生じることを強調するからである。

　精神分析における多重的な自己の考え方は、対人的な場が意識の内容を左右することを示唆したサリヴァン（1950）に多くを負っている。私たちが他者と確立する関係の性質は、相手と共にいて私たちが何を自覚できるかということと、私たちと共にいて相手が何を自覚できるかということに、全面的に関係している（ここでは、私は「共にいる」という言葉を、物理的な意味と、内的世界に象徴的に存在するという比喩的で精神内界的な意味の、両方の意味で使っている）。サリヴァン（1950）は半世紀以上も前に、「私の知る限り、私たちは対人関係と同じ数だけのパーソナリティを持っている」（p.221）と述べていたのだ。

　明らかに、サリヴァンは当時、多重的な自己の理論を提案していたわけではない。彼は、誰もが独自で単一の自己と呼び得るものを持っているという伝統的な

---

*原注2　代表的なものとしては、ブロンバーグ（1998, 2006）、シェフェッツ（2003）、シェフェッツとブロンバーグ（2004）、デイヴィス（1996, 1997, 1998, 1999, 2003, 2004）、デイヴィスとフロウリー（1991, 1994）、ハウエル（2005）、パイザー, S.（1998）、スレイヴィン（1996）、スレイヴィンとクリーグマン（1992, 1998）がある。フラックス（1996）、ハリス（1996）、ミッチェル（1991, 1993）も参照せよ。

考え方に見られる具象化思考を批判していたのだ。しかし、こうした批判に付け加えて、サリヴァンがトラウマと防衛過程としての解離を強調したことを考慮すれば、そこに対人関係学派および関係精神分析学派の著作家たちによって多重的な自己として開花したものの萌芽を認めることができる。私たちが経験できるものは場によって規定されるというサリヴァンの非常に優れた洞察は、多重的な自己の理論における、それぞれの自己のあり方はその中で私たちが生み出し、感じ取り、構成できる経験によって規定されるという考え方と調和する。防衛的な理由から、私たちが一定の自己のあり方を他者と接触しないように遮断し、そのうえ自分自身を一部の自己のあり方のみに限定する場合には、私たちは自分に可能な経験の豊かさと深さへのアクセスに自ら制限を課すことにもなる。こうして私たちは、明確化できる経験の構成をめぐる想像力、正確さ、情緒的ニュアンスを弱らせるのである。

　それぞれの生の営みにおいて、そもそも多重的な自己が生じるのは、異なる他者と共にいると私たちのあり方も異なるからである。私たちの自己は、はじめは他者によって呼び起こされる。そしてすぐに、私たちのあり方は私たちの自己を呼び起こした他者の生の営みに影響を及ぼし始める。その結果、私たちはある意味で、何世代にもわたって呼び起こされるのである。多重的な自己を構成しているさまざまな自己は、経験と行為の、とりわけ情緒的に際立つ経験と行為の諸パターンであり、意識的および無意識的な相互交流の相手が異なれば、それに応じて別のまとまり方をする。そのようなまとまりは、私たちに対する他者の直接的な影響の諸パターンとそれらに対する私たちの反応に基づいて形作られる。しかしこのことは、私たちのあり方の生成において重要であるのと同様に、同一化の過程においても重要である（けれども、同一化と他者の「直接的影響」は、必ずしも簡単には分離できない。私がそれらを区別して述べているのは、自己のあり方が精神内界と対人関係の両方に起源を持つことを強調するためである。しかしそれを分ける境目は曖昧である。なぜなら対人関係世界で深く関わり合ってきた人物でなければ、その人物に同一化する理由がないからである）。

　このことを適切に表現しているのは、ラッカー（1968）である。私たちの自己のあり方は、私たちが相互交流する相手の自己経験のあり方に対する同一化に基

づいて形作られる場合がある。このような同一化を、ラッカーは融和型同一化、あるいは相手の自我への同一化と呼ぶ。また、私たちの同一化は私たちが相互交流する相手を他の人々がどのように経験するかに基づいて生じる場合もある。ラッカーはこれを補足型同一化、あるいは相手の内的対象への同一化と呼ぶ。

いずれにしても、人生の非常に早期から、私たちは相手が異なれば自分のあり方も異なり、またよくあることだが、同じ相手に対しても状況が異なれば自分のあり方も異なるのである。私たちの世界の意味のある変化に応じて、感情、思考、行動、あり方の特定のパターンが呼び出されるのである。私たちは、こうしたあり方のパターンが時間を経て内在化する過程に慣れ親しんでいる。その結果、もともとは直接的な対人経験に由来する自己のあり方でさえも精神内界的なものになり、その後、内的世界および外的世界の要求に沿って練り上げられ、再構成されるのである。

多重的な自己のあり方が同時に存在することにおおよそ問題がない限りにおいて（つまり、私たちがある自己のあり方にありながら同時に別の自己のあり方を自覚し続けることに耐えられる限り、ブロンバーグ，1998 が「間に立つ」と呼ぶ状態である限り）、そうした多重的な自己のあり方が存在するということが、「正常な」解離、あるいは「期待される」解離の定義である。それは、人間関係の成り行きとして自然に生じる、比較的互いに行き来が可能な自己の諸部分の間の分離である。こうした状況では、自己のさまざまなあり方の間の境界は、心の働きにとってほとんど、あるいはまったく妨げにならない。境界を越えた行き来には、せいぜい隣町との間を行き来する場合と同じ程度の注意力と努力があれば十分である。

しかし、境界を越えた行き来は、しばしばせき止められたり妨げられたりするのであり、私たちの考え方にはこのことが反映している。心理力動と防衛もまたありふれた日常の一部であり、多重的な自己の考え方においては、防衛は解離のもう一方の意味である。この第二の意味においては、解離はさまざまな自己と結びついた諸経験を、無意識のうちに、強制的に分離することである。それは無意識的な不快感によって、あるいは時には破滅感や凄まじい恐怖感によって動機づけられて、そのとき同時に認識され、感知され、感じられた諸経験を分離することである。二つの自己のあり方の経験が別々にされる必要があればあるほど、ま

すます私たちは、それらがこの第二の防衛的な意味で解離されていると述べる。

　こうして、私たちは防衛に動機づけられた解離を、経験とそれに最も適したコンテクストとの間の結びつきを無意識のうちに強制的に分離することとして定義する。そうした分離がなければ可能であるはずの、さまざまな理解や新しい意味の出現が妨げられるのである。こうした場合には、より困難の少ない状況なら（隣町との境界を行き来するのと同じように）単純に経験に注意を向けて最小限の努力を払えば行き来できる自己のさまざまなあり方の間の境界は、境界というよりも氷河の裂け目や亀裂に似たものになる。それを越えて行き来するには相当な努力を要するし、危険が伴うのである。

　解離は、分析に取り組む当事者たちから、進行中の臨床的相互交流を理解するために利用できねばならない情緒的および知的なコンテクストを奪う。したがって、臨床状況においては、解離はある意味で、転移と逆転移が生まれ、それらが維持される過程を説明する手段の一つである。言い換えれば、転移／逆転移エナクトメントは相互的な解離の実例である。そしてそれは、解釈学的循環に不可欠な対話が破綻していることを表している。エナクトメントが解消するのは、次の場合に限られる。それは、分析に取り組む二人のどちらか一方が、自分が利用しているコンテクストが、その特定の時点では、いかに相手（あるいは自分の内部の「他者」）に対して不適切であるかにはっきりと気づくことで、対話を再確立した場合である。しかし、エナクトメントの最中には、定義上、まさにその重要なはっきりとした気づきが、二人のどちらにも利用できないのである。

　私が述べていることは、相互的な解離というものは、停滞、決裂、行き詰まりといった非常に劇的な種類のエナクトメントにおいてのみ生じるという意味だと受け取られるかも知れない。しかし、私が言いたいのはまったく別のことである。多くの場合、自分自身を、あるいはお互いを理解するには、相互的な解離を乗り越えねばならない。劇的なエナクトメントは、それらのうちの非常に目立つ一部に過ぎない。理解がうまく進むすべての例において、はじめは理解が欠如している。もしそうでなければ、理解されるべきものは何もないことになる。二人の人物の間に理解が欠如していることは、多くの場合、彼らが少なくともしばらくの間は地平の融合を起こせない自己のあり方を占めていることを意味する。場合に

よっては、当事者たちが互いに相手にとっての意味を把握するのにほとんど何の苦労もなく、新しい理解が生まれることがある。しかし、そのように理解が容易に進む場合に見逃されがちなのは、理解がすらすらと進む場合も、理解に達することがはるかに難しい場合も、理解の過程は（前者のほうが苦労は少ないが）ほぼ同じであるという事実である。どちらの場合にも、つまり、目立たない理解のエピソードの場合にも、停滞や行き詰まりを打破する場合にも、二人の当事者は、自分たちが相手にとっての意味に対して適用しているコンテクストは相手が伝えたいと望んでいる意味には不適切であることを、あるいはまた、相手が自覚なく伝えている意味には不適切であることを、理解して認められるようにならねばならない。目立たない例の場合には、理解すること、古いコンテクストを放棄すること、新しいコンテクストを採用することは瞬間的に生じるので、ほとんど注意が向けられない。行き詰まりの例の場合には、それはとても難しいのでまったく生じない。

　被分析者が自分自身の自己のあり方の選択の頑なさを理解できて、行き詰まりが打ち破られるようにそれを改めることができればありがたい。おそらくそれは、私たちがそういう例を書き留めるよりも、はるかに高い頻度で生じているだろう。しかし、そうは言っても、患者を当てにするのではなく、私たち自身が患者を理解するコンテクストのどこが間違っているのかにはっきりと気づくようになることが自分の職務であると、私たちには思われる。このようなとき、私たちは自分の経験を観察することで、被分析者に関する重要な何かに気づくことが多い。例えば、時には、第4章で述べるように、私たちは被分析者の自己のあり方から及ぶ影響を、臨床的な相互交流によって私たちの経験の中にある種の情緒的な「引っかかり」が呼び起こされることで感じ取る。私たちがこのようにして感じ取るのは、とりわけ被分析者の自己のあり方の変化である。何かがちぐはぐに感じられる。その時点まで自分が抱いていることすら知らずにいた情緒的な予期が裏切られる。何かが微妙に「間違っている」と感じられる、矛盾に感じられる、あるいは単に不快に感じられる。

　セラピーの仕事は、森の中を歩いているときにセーターが枝に引っかかってしまったのに気づいて突然足を止める場合に私たちが行うことと、しばしばよく似

ている。私たちは立ち止まって、何が邪魔になっているのかを調べようとするものである。この引っかかりを面接室に持ち込んで、比喩として使ってみたい。おそらく、気持ちの引っかかりによって、私たちは自分の気分の微妙な変化に注意を向けるだろう。あるいは別の感情の存在に気づくことさえあるかもしれない。私たちはそのような変化について自問し、自分がまだはっきりとは気づいていない被分析者の何かに反応していることに気づくのである。

そのようなヒントは、以前は未構成だった私たちの自己のあり方に気づくことにつながるのだが、被分析者の自己のあり方の変化を私たちに気づかせる最初の手がかりであることが多い。言い換えれば、被分析者の自己のあり方の変化は、私たちの自己のあり方の変化を引き起こしやすいのである。もちろん、その逆も当てはまる。分析家の自己のあり方の変化も被分析者の自己のあり方の変化も、引き起こされたそのあり方の変化が、理解しようと努める人物に気づかれて受け入れられなければ、はっきりと理解するという課題に役立たない。

私たちは被分析者の自己のあり方を、被分析者の自己のあり方に反応する自分自身のあり方の一部から認識する。そして、被分析者の言動の影響を理解する方法として、私たちは被分析者に反応する自分のあり方を活用するようになる。私たちは相手の自己のあり方を直接的に観察することはできない。私たちに対するその影響を通じて観察することしかできない。相手の自己のあり方は、それらが及ぼす影響の結果を通してしか把握できないのである。同様に、私たちは自分の自己のあり方およびその変化を、自分自身の進行中の意識的な経験の中に感じ取ることのできる変化から理解するのである。

自分の自己のあり方について分析家が直接的に自覚することは、もちろん、普通にあることではなく、例外的なことである。しかし、はっきりと理解するという課題に限って言えば、それは決定的に重要である。自己のあり方における気づかれない変化は、分析家と被分析者との間を絶えず揺れ動き、時を経て、それを背景として目的的な分析の作業が意味を持つようになり、そうした背景がなくては作業を進めることができないような、自然発生的で分析されていない関係を築くのである。

理解に達すること

　次に述べるエピソードについて考えてみたい。ダニエルは、とても聡明ではっきりものを言う中年の専門職の男性である。このエピソードは、彼が分析の初期段階にいた頃のことである。私たちは温かくて協力的な関係をすでに築いており、まだ分析の初期段階であったが、彼に対する私の反応が特別な重要性を持っていることに、二人ともよく気づいていた。私がセッションにおいて温かくて肯定的だったと彼が感じれば、セッションとセッションの間の時間は彼にとってうまくいきがちであった。しかし、私が批判的であったとか、不満そうであったとか、冷ややかであったといった感触が後に尾を引くと、かなり沈んだ気分になることがあった（彼にとって最もぴったりくる表現は、「しょんぼりする」だった）。しかも多くの場合、それは分析とは一見したところ何の関係もないような事柄に対してだった。どちらの場合にも（つまり、彼がよい気分だった場合にも、しょんぼりとした場合にも）、セッションとセッションの間には、こうした気持ちが私たちの関係性と関連があることに、彼は気づいているとは限らなかった。しかし、次のセッションにやってくると、彼は自分の気持ちについて素直にこのように理解して、自分たちは何か重要なことに気づいたと感じるのだった。私たちは二人ともそのように感じていた。

　問題の日のことである。ダニエルは背後で私がカサカサという音を立てるのを耳にした（彼はカウチに横になっていた）。彼は首をめぐらして私に向き合い、「何をしているんですか？」とぴしゃりと言った。彼は大変優れた周辺視野の持ち主だった（このことはすでに立証されていた）。だから、私の椅子の位置がカウチの真後ろではなく少し横にずれていたために、彼は私が予約簿を見るために前にかがみ込んでいたのを見ることができたのだった。私は彼に、私が何をしていると想像したのかと尋ねた。彼はさっきと同じとがめるような調子で、あなたは誰か他の患者の予約のことを考えていたに違いないと言った。

　実際には、私は彼について考え続けていたのだった。もちろん、彼が私の行動について他ならぬこの解釈を選んだことは重要だった。そして、多くの、あるい

はたいていの患者に対してなら、私はここで慣習的な介入を行い、その解釈がどこからやってきたのかを二人で探究しようと提案しただろう。しかし、私はダニエルに対して別の感情を持った。その時点までにセラピーの中で生じていたことから、彼には慣習的な分析的探究ができるし、そのうえ、うまくやり遂げることができることを、私は十分に確信していた。しかし私はまた、このエピソードは、私が情緒的な意味で部屋からいなくなってしまったという彼の考えに関わるものなので、そのような探究は気持ちをかき乱すことになるだろうから、彼には苦痛なものだとも感じていた。

　私が彼を見捨てたという気持ちに対するダニエルの反応を解明することは、もちろん有益だっただろう。しかし、彼と私は前にそれを行ったことがあった。私たち二人はすでに、私が彼に対する関心を持ち続けているかどうかを彼が心配していることを知っていた。そのため、探究が引き起こす苦痛は、私たちがそこから何を学ぶにしてもそれに見合う価値があるだろうという考えに、私は少し疑問を持った。私は実際には彼のことを考え続けていたのであって、だからそういう意味では決していなくなったりはしていなかったという事実を考慮すれば、こうした疑問には特に重みがあった。私がいなくなる可能性に対する彼の敏感さの探究を、私が彼を置き去りにはしなかったと彼が知っているときに行うことで、私たちはもっと先へ進めるかも知れないと私は想像した。こうしたことから、この時点で慣習的な探究を進めれば間違った理由から原則に従う結果になるだろう、私は自分の進路を他ならぬこの分析的関わり合いの中で展開しつつある経験に基づいて選んでいないことになるだろうと、私は思うに至った。

　そこで私はダニエルに、私が予約簿を見る直前に彼が話していた内容を指摘した。彼は、自分が心惹かれている女性とある日の午後に外出する計画を立てていると私に話していたのだった。私は彼に、以前私たちが近い将来の午後の面接予定を別の日に振り替えたことを思い出させた。そして、私はその振り替えた日と彼のデートの日が重なっているかもしれないと考えていたのだと彼に伝えた（実際には1日ずれていた）。私はその日付を確認していたのであって、私がそうしている様子が彼の耳に届くとは考えもしなかったし、ましてや私が何をしているかを彼が目にすることができるとは考えもしなかった。

予約の振り替えの日付に私の関心が向くことは、一部の患者たちにとっては、私が別の患者のことを考えていたのと同じくらい、不愉快なことだろうと思う。結局いずれにしても、私の注意が患者の話していることのみに向けられていないのだから。私が予約確認に関心を向けることを、間違いなく一部の患者たちは私の利己的な行動だと解釈するだろう。あるいは別の患者たちは、私はきっと自分だけの時間がとれるかどうか、患者から煩わされない時間がとれるかどうか確認しているのだと思ったり、(そういう場合は少ないだろうが)自分たちが面接に来ないことに失望するはめになるかどうか確認しているのだと思ったりするだろう。私自身は、ダニエルの話から注意が自分の考えのほうに向いたのは、自分が彼の女友達に取って代わられることになるのかどうかを確認しようとしていたからではないかと思っていた。
　これは無意識的なコミュニケーションの一例だったのだろうか？　私はダニエルが感じていたことと似たようなことを経験していたのだろうか？　つまり、彼は他の患者に取って代わられると経験し、私は彼の女友達に取って代わられると経験していたのだろうか？　彼にとっては、しかしながら、読者は私の記述から予想できたかもしれないが、私の説明は心底満足できるものであった。結局私は彼のことを考えていたわけである。彼はこの出来事に対する連想をその日彼が話した他の事柄へと織り込んでいった。彼は、私が情緒的にいないと感じることに対する自分の敏感さを探究することに関心を持たなかった。そして同様に、彼のデートが面接の予定とぶつかるかどうかを気にするほど、私が彼の存在を気にかけていると感じて自分がよい気分でいることにも、関心を持たなかった。けれども彼は、彼が私にぴしゃりと言ったことを私がどう感じたかを気に病んだ。私が明らかにしたことは、私にはそのような扱いを受ける「正当な理由」はなかったことを意味していたからである。
　週末を挟んで次にダニエルに会ったとき、この数日間、彼は自分のキャリアプランが実を結ぶだろうという期待を持ち続けるのに困難を覚えていたことを、私は知った。彼は軽い抑うつ状態だった。彼はこうした気持ちと関係する可能性があるいくつかの事柄について話し始めた。数分後、私は彼に、前回の面接についてどのように感じたか、そしてこの週末の彼の気持ちは私たちにはなじみになっ

ている「しょんぼり」の一例だと思うかどうかと尋ねた。私は「何をしているんですか？」をめぐるやりとりに触れた。彼はすぐにここに何かあると認め、話し始めた。彼は「ぴしゃりと言ったこと」について数分間話した。そして私はようやく話の要点がわかった（それは彼の心の中では暗黙的で未構成だったが、彼が言ったことのおかげで私には何とか利用できるようになった）。それは、実は彼の話し振りには、私が気づき損ねていたある種のいたずらっぽい響きがあったということだった。彼が「何をしているんですか？」と尋ねたとき、そこには菓子入れからおやつをくすねる4歳の息子を見とがめた父親のような、不機嫌ではあるが少しおもしろがっているような調子が伴っていたのだ。

　確かに、彼は私に本気でぴしゃりと言った。しかし彼はまたそこに、ある種の親しみを込めていたのであり、ある種の目配せもしていた。しかし私は、それを完全に見落としたのだった。彼は私がこの微妙な振る舞いを誤解したことをはっきりと言うことができずにいた（彼がこの面接で話したことから私が聞いだしたことの中にようやく表面化するまで、彼は決してそれを言い表すことができなかった）。それで彼は心を悩ませていたのだった。彼は前回の面接から今回の面接までの間、私は彼のように面倒を起こす人物をひどく嫌うに違いないと感じていたのだった。

　彼は非難の中に込めた情緒をはっきりとは構成していなかった。しかし、私が敵意だけでなく彼が差し出した親しみにも応じることができていれば、彼の「しょんぼり」はより苦痛が少なかっただろうし、ひょっとするとまったく生じなかったかも知れないと私は感じた。ダニエルを苦しめたのは、彼の鋭い口調に含まれたいらだちに対する私の反応ではなく、私が彼との情緒的なつながりを断ってしまうのではないかという恐れであったことが、今や私にはますますはっきりとしてきた。彼は私が報復した場合のダメージよりも、私が彼に背を向けることのほうを心配していたのである。もし私が彼の非難に含まれた温かさをより適切に理解できていれば、おそらく私は二人のつながりに関して彼を安心させるようなやり方でその敵意を受け止めたであろう。

　エナクトメントは常に、さまざまな種類の誤解である。しかし、必ずしも行き詰まりではない。それらの多くは、ダニエルとのエピソードがその一例であるが、（振り替えた予約日とデートの日を私が思い違いしたことや、私の行動に対する患者の不平に

含まれたアイロニーを私が見落としたことのように）分析家は無意識的に関与しているけれども、比較的ささいな事象がきっかけとなって、そのような無意識的な関与のはっきりしない側面に分析家の注意が向けられ得る状況なのである（「はっきりしない」という意味づけは不可欠である。なぜなら分析を前に進めるものの多くは、等しく無意識的であり、しかも決して構成されていないからである）。私なりの言い方をすれば、これは、私の当該の自己のあり方と他のあり方の間の境界が遮断されていたが、セラピーがひどく停滞したり遠回りしたりせずに、容易にそれを解除できた一例である。

詳しく見てみよう。私の自己のあり方、あるいは心の一部においては、例えば、私の母が得意とする非難をほのめかすことに対する私の反応に起源を持つようなあり方においては、私は非難に敏感かつ防衛的に反応し、他の場合のように簡単には私は笑みを浮かべないだろう。もし私が私に対するダニエルの「鋭い口調」をそのようなあり方で聞き、同時に、非難にそれほど脅かされずに対応できるあり方を利用できなかったとしたら、彼の不平に含まれたアイロニーを見落としてしまったとしても不思議ではない。結局のところ、そのアイロニーはとても微妙で、次のセッションで私が質問する以前には、ダニエル自身もはっきりとは構成していなかったのだから。

けれども、一定の時間が介在した後の、次のセッションにおいては、私は別の状態であった。その時点ではもはや後追いに過ぎないにしても、あの微妙なアイロニーがどうにか私に利用できるようになった。利用可能なエナクトメントにおいては、そのエナクトメントに関係する解離は不安定である。一定の時間が介在することで、一般に、分析家の自己のさまざまなあり方の間の当該の解離は不安定になる。そして、そのように不安定になることによって、今度は、分析家が自分の心を自由に使えるようになり、その状況の枠づけ直しが可能になり、一連の質問や解釈が思い浮かぶ。あるいは単純に、分析家が相手と共にいて別のあり方になることが可能になる。

自分自身の自己のあり方の輪郭は、そのすぐ後に生じるあり方と対比する場合を除いて、めったにはっきりと認識できないものである。そのような私たちの日常的な経験を、ダニエルのヴィネットは説明してくれる。私たちの心のあり方に

おける変化は、一般に私たちには自覚なくそれを生き抜く他にほとんど選択の余地がない先行するコンテクストの存在を明らかにする。このケースの場合、私は次のセッションでダニエルについての自分の新しい見方に気づくまで、彼の敵意についての自分の（明らかに）防衛的な見方も、そこから自分がそのような見方をした自己のあり方も、理解できなかった。私はまた、より幅広い見方を作り上げる「自分」になるまで、防衛的に反応する「自分」を知らずにいたし、おそらく知ることができずにいた。

　説明を仕上げるために、次のことを付け加えてもよいだろう。それは、私が実際に考えていたのはダニエルのことであって別の患者のことではないと彼に話すことは最善の選択だという確信があったにもかかわらず、後になって私は別の考え方をすることができたということである。自分の選択が結局は無自覚のうちに自分を行き詰まりに、つまり、この例のようにダニエルと私の間に生じて容易に不安定化したものよりも、はるかに問題をはらんだ（そして潜在的にはさらに有益な）分析的相互交流に導く結果になることもあり得るだろう。おそらくダニエルに対する私の親役割的な逆転移は、いつしか彼には息苦しく、あるいは恩着せがましくすら思えるようになるだろう。あるいは現在でさえ、彼の一部には、彼も私もまだはっきりと認識していない仕方で、そのように感じられているのかもしれない。

　あるいはおそらく（私はそう考えたいが）、もし私の逆転移に対する彼の感情が変化すれば、私の感情も同じく変化するだろう。あるいはおそらく、彼に共鳴して、私の以前の感情が彼にとって不快なものになる頃には、私の感情はすでに変化してしまっているだろう。結局、分析関係に関わって最も変容促進的なものの多くは、気づかれない相互関係の中で起こり、言葉もなく展開し、場合によっては後で振り返ったときに理解できるが、おそらくほとんどの場合にはまったく気づかれない。現時点では、ダニエルとの私の関係の愛情深い部分は適切で有益であり、今後もそうあり続けるだろうと私は信じている。しかし私は、それがもっと厄介なものになる可能性に対しても開かれた態度を持ち続けている。ともかく、私たちがどの程度それに注意を向けることができるようになるにしても、それは時が経つにつれて分析されるであろう。

場の拘束を乗り越えること

ダニエルのヴィネットがわずかな苦労でやり遂げられた解釈学的循環の例であるとすれば、私がこれから論じようとするヴィネットは、悪循環や行き詰まり、つまり、長期にわたり、あるいは無期限にさえも理解を妨げる、分析家と被分析者の両者に生じる強固で揺るぎない解離という閉じたシステムの一例である*原注3。

これらの二つのエナクトメントの間の決定的な違いは、それらの基礎にある患者の心と分析家の心の両方で起きている解離の性質にある。ダニエルに対する私のエナクトメントは、それに代わる可能性が気づかれることも明確化されることもないくらいに、もっぱらある特定の筋書きのみに深入りすることと定義される、私の側の「弱い解離」、あるいは「ナラティヴの硬直性」(スターン, D.B., 1997) から生じたものである。弱い解離は、何らかの特定の可能性を必ずしも排除するわけではない。そうした可能性はただ、私たちが焦点を当てて語ったり経験したりしている筋書きに対して、その代替物となり得ることに気づかれずに

---

*原注3　エナクトメントについての文献は非常に多くなってきたので、それを引用することは実際的ではない。けれども、停滞や行き詰まりについての概念化を提示する最近の文献はそこまで多くはない。代表的な例として以下のようなものがある。ラッセル (2006) による反復強迫の一側面としての「停滞」、エルキンド (1992) による患者の転移が分析家の「一次的脆弱性」を直撃する場合に生じる対処の困難な相互交流、オグデン (1994) による「間主観的第三者」の「支配的第三者」への転化、パイザー, S. (1998) による「交流不可能性」、リングストローム (1998) によるベイトソンの「ダブルバインド」の一変種、ベンジャミン (1990, 2000) によるとりわけ扱いにくい「する者－される者」の相補性に起因する間主観性の「崩壊」、パイザー, B. (2003) によるラッセルの「停滞」の一形態としての「関係の結び目」、パイザー, S. (2004) による「弱い解離」としての袋小路。私はアーウィン・ハーシ (2000) のベンジャミン・ウォルスタインへのインタビューを読むまでは、**行き詰まり** (deadlock) という言葉は本書を書いている間に私の頭に自然に思い浮かんだのだと思っていた。それを読んで私が思い出したのは、ウォルスタインがエナクトメントのことを言い表すために「転移－逆転移の連結 (transference-counter transference interlock)」という表現を1959年 (!) に案出したことである。おそらく私の用語は彼の用語を無意識的に流用したものである。

るだけである。私自身の背景要因のせいで、私はダニエルの鋭い口調を非難の表現と見なす筋書きに「とらわれ」てしまって、その別の側面を見落としてしまったのである（パイザー, S., 2004 も、あるエナクトメントを理解するために、弱い解離の概念を用いて心動かされる詳説を行っている）。その一方で、「強い解離」は明確に防衛的であり、防衛の対象になっているものは経験されては**ならない**（スターン, D.B., 1997）。強い解離は、特定の、意識的にアクセス可能な経験を回避するために用いられる。そのような経験は、パーソナリティの他の部分との共存をまったく許されないのである。対処しやすいエナクトメントにおいて相補的に働く解離は、弱い解離である。その一方で、行き詰まりにおいて、分析家と被分析者が互いに相手に関してもち得る経験を拘束する解離は、強い解離あるいは防衛的な解離である場合が多い。

　私とセラピーに取り組んでいたハンナは、中年の専門職の女性であり、彼女もまた聡明で明快に話す人だった。約6か月が経過した頃、私が彼女のことを不正確にあるいは自己愛的に理解していると彼女がときどきこぼすことが増え始めた。私が何を理解し損ねているのかを説明してほしいと彼女に尋ねたとき、彼女が私に語ったことから私が確信したのは、私が何も理解し損ねていないということと、私たちが言っていることには実際まったく食い違いがないということだった。どうして彼女は私が彼女を**誤解**していると考えることができるのか、私には理解できなかった。私がそのことを指摘して、私たちが言っていることのどこに違いがあるかわからないと伝えると、彼女は私が彼女のことをますます理解しなくなっていると感じるばかりだった。

　私は繰り返し、正確に理解しようと努めた。しかし彼女は依然として、私の誤解の積み重ねが彼女をさらに傷つけていると言った。彼女が私に腹を立てていたのは、彼女には私が物事を彼女の観点から見ることを拒んでいると思えたからであった。しかし、私がもっと率直に応答することは、彼女には苦痛だった。彼女と私が何らかのエナクトメントに巻き込まれているに違いないことをはっきりと自覚してはいたが、私は彼女が話していることを自分が捉えきれないことに罪悪感を覚え始めた。それはまた、私は彼女を傷つけており、彼女の影響を受けて自分がこうした気持ちになるのだという思いに自分がいらだっていることへの罪悪

感だった。

　この状況を理解する、別の方法が必要であることはわかっていた。そこで私は、私たちの間にある食い違いについて非常に詳細に彼女に尋ね続けた。私はより共感的な態度に近づけることを期待した。しかし、ほとんどの場合、私はそこにたどり着けなかった。彼女の訴えは、何か意味のある内容を伝える企てとしてよりも、私に対する非難としての意味合いのほうが強いのだと、私は感じるようになった。次第に、私は彼女に対して腹立ちを感じやすくなっていた。もし私が十分に開かれた態度の見方にたどり着くことができていたら、私たちの間のこの問題を共同の探究の焦点とすることを、私は嫌がらなかっただろう。しかし私にはそれができなかったのである。

　もし私が自分の目下のあり方において分析の作業に努めるとしても、彼女を非難する結果にしかならないだろうと、私は感じていた。けれども、私にはあからさまに彼女を非難し、彼女を傷つけ続ける必要はなかった。なぜなら、私のいらだちは漏れ出ており、そのためいずれにしても彼女はますます非難されていると感じ、これまで以上に傷つき腹を立てていることを、私ははっきりと理解できたからである。私は協力者もなく、まったくひとりぼっちだと感じていた。私たちの間に起きていることを理解し、どちらかが相手に屈する必要なく私たちが自由になれる方法が、何かあるに違いないことはわかっていた。しかし私には、そのような理解を構成できるとはまったく思えなかった。彼女もまた私と同じように感じていることが、私には理解できた。そこで、私はこの行き詰まりについての自分の理解を共感的に伝えた。もちろんそれは役立った。少なくとも、彼女が傷ついていることを私が理解していることが、彼女にはわかった。そして私の考えでは、彼女は、少なくともときどきは、そのことを私が重く受け止めていることを信じた。役に立つ理解があるはずなのに、自分にはそれを構成することができないと私が考えていることを、彼女は知った。こうした共感的な理解は有益だったかも知れないが、とうてい十分には役立たなかった。なぜなら、お互いに対する私たちの基本的姿勢は変化しなかったからである。

　これは好ましい状況ではなかった。私にはこの状況がいよいよ苦痛に感じられた。私は自分の気持ちと、そのような気持ちの表出を自分が抑えられずにいるよ

うに思えることに、ますます罪悪感を持った（それが適切な解決法だとは思わなかったが、当分は他にどうしようもなかった）。そしてもちろん私は、自分が役に立てていないと思えることにも後ろめたく感じていた。私にはただ自分を責める以外にすることがあるはずだった。しかし、たとえ十分な分別を持っていても、ある種の情緒的な影響からは逃れる術がないものだ。私は身動きがとれないと感じていた。

　この非常に苦痛な期間は、どんなセラピーでも同じであるが、簡単には説明し尽くせない複雑なものであった。だから、この期間に私たちが同時にまた十分な仕事をしていたということも、おそらく決して驚きではないはずだ。私たちの関係性は分析的なものであり続けた。私たちはこの行き詰まりを、私たちの好奇心と分析的関心の焦点とし続けた。だから、この期間中ハンナが夢を報告し続けたことは、私たちが取り組んでいた仕事にふさわしく思えた。彼女は夢を上手に利用できる想像力の豊かな人である。ある日、彼女は一つの夢を報告したのだが、その夢が私たち二人にとって特別な重要性を持つことになったのである。

　夢の中で、ハンナは私の待合室にいた。ただし、私の実際のオフィスの待合室とは異なって、夢の中の待合室は、私の住居も兼ねていることを彼女が知っているアパートメントにあった。彼女は待合室に独りだった。しかし、隣接するキッチンから話し声が聞こえていた。和やかに笑いさざめくその声が、彼女にはなぜか私の家族たちのものであるとわかった。彼女の正面のテーブルには、おむつを留めるのによく使われる種類の安全ピンが開いた状態で置かれていた。夢の中で彼女は、私には乳児がいて、このピンはその乳児のおむつに使われるものなのだと、ぼんやりと思った。彼女は自分自身の混乱した子ども時代に（彼女の母親は深刻なうつ状態だったため、ハンナはひとりぼっちで、おびえており、十分な世話を受けられなかった）、安全ピンが開いたまま放り出されていたことがときどきあったことを（夢の中で）思い出した。その当時ハンナは、開いたまま置いてあった安全ピンを乳幼児が飲み込んでしまうという恐ろしい事故の話を聞いたことがあった。テーブルに置かれた開いた安全ピンは、私の乳児に対する私の不注意さを、そしてさらに恐ろしいことに、私の殺意に満ちた敵意を、彼女にほのめかしたのだった。夢の中の彼女には、自分にはその安全ピンを閉じるつもりがないことがはっきり

とわかっていた。彼女はそれをそのままの場所に、開いた状態のまま置いておくつもりだった。彼女が目覚めたとき考えたのは、私たちは二人とも敵意に満ちているということだった。それがそのセッションで彼女が私に話したことだった。

　これまで私が述べてきたことからすれば意外に思われるかも知れないが、これは私にはまったく思いがけないことだった。それまで私が取り組むべき問題として焦点を当てていたのは、彼女の敵意、そして主として彼女の敵意に対する反応としての私自身の敵意だった。そこから手を着けるのが当然に思えていた。たとえそれはその通りだったとしても、その時点の私たちは、それをはるかに越えたところにいた。私たちがそれぞれ個別に敵意を抱いていたことを、私ははっきりと理解していなかったのだ。正確に言えば、私たちが対等の立場で振る舞っていたことを、そして私たちはそれぞれにこの状況の原因を作っていたことを、私は理解していなかった。確かに私は、自分の敵意を意識していた。しかし、それをめぐる私の罪悪感とフラストレーションの影響で、それが私の主観の中で果たしている役割について、はっきりと考えることができなくなっていた。私は自分の敵意についてうまく考えることができず、そのため、繰り返すが他にもできることがあったはずなのに、それに悩むことと、それをぬぐい去りたいと思うことしかできずにいたのだ。このとき突然、私は次のように自問できるようになった。私が腹を立てている正確な理由は、何なのだろうか？

　突然、私には仮説が思い浮かんだ。突然、私は再び自分の心を活用できるようになった。私はついに、次のように正確に自問できるようになった。彼女の私への接し方からすると、ハンナは誰を私に思い出させるのだろうか、そして彼女はどのような気持ちでいるはずだと私は思うだろうか？　ハンナと私はすぐに、対処の難しい私たちの相互交流の性質をめぐって、一連の考えを紡ぎ出した。私たちはこの数か月間のうちで初めて、そこから距離をとり、それについて効果的に考えることができた。私の投影は（ここではこの言葉を解釈学的な意味で使っている）、どうしようもなく彼女の私への接し方は我慢ならないものだという確信になってしまっていたが、吟味できる仮説の水準に戻ったのである。

　ハンナと私は再度このような性質の交流に巻き込まれる経験をした。理解は将来に起きることにも効果を発揮する特効薬ではない。これを書いている時点で、

実際、ハンナと私は同じ種類の別の行き詰まりにちょうど直面していた。しかし、最初の経験があったので、そしてそれぞれにまた互いにそれを参照する力が私たちにはあるだろうから、今回は私たちは難局を切り抜けられるだろうという自信が私にはあった。そして実際そうだった。悪循環を解釈学的循環に変化させるのに、以前よりもはるかに少ない時間と労力ですんだ。おそらく私たちは、この問題をやり抜くまで、何度も同じことを繰り返さねばならないだろう。精神分析の仕事の単純かつ繰り返される教訓の一つは、原則は決して経験の代わりにはならないということである。転移／逆転移の中の一つ一つのエピソードは、解消するにせよしないにせよ、それぞれに取り組まれねばならない。

　ハンナの夢には、もちろん取り上げ得る点が数多くあり、彼女と私はそれらの多くを探究した。ここでの論点に関わって、私にとって重要なのは次の二つのことである。一つは、夢についての彼女の解釈によって、私たち二人に及んでいた対人的な場の拘束が打ち破られたこと、もう一つは、再び自由に考えられるようになるためには、同時に自己の多様なあり方ができる必要があったのだが、それが可能になったことである。

　状況を変えたのは、解釈そのものよりも、ハンナが急に協力を申し出たことだと言う人もいるだろう。その仮説は正しいかもしれない。焦点を当てるのが彼女の協力であるのか、彼女が私に提供した洞察であるのかにかかわらず、当然このエピソードは、かなりの期間にわたって私たちの間に生じていたに違いない、別のおそらくは暗黙の過程が先行していなければ、起こり得なかっただろうと思う。例えば、何が進行しているのかを理解しようとする私の粘り強い試みは、うまくはいかなかったが、ハンナが私と共に取り組もうとする意欲に無視できない影響を及ぼしたことは確かだと思う。最も困難なときでも、私は分析家としての私の能力の重要な側面の一部を保持し、同様にハンナも被分析者としての彼女の一面を保持していた。行き詰まりの影響で覆い尽くされるセッションがどれほど頻繁であっても、私たちはうまく仕事を続けていたのである。

　自分の夢についてのハンナの解釈に反応して起きたことは、私の分析家としての能力の回復や、ハンナの協力的な被分析者としての役割の回復といった単純なことではなかった。ハンナが提供した協力は、私には予想外だったのだが、意識

的コンテクストと無意識的コンテクストの両方から生じた。私はそれらのコンテクストを感じ取ることができなかったが、おそらく私も、彼女と同じく、その展開に重要な役割を果たしたのだろう。それが、精神分析において生じる驚きの多くに備わる性質である。実際、驚きは、思いがけず、コンテクストが欠けているように思える状況で、ある出来事が関係の中で生じる場合に私たちが抱く感情なのである。

　ハンナと私は、単に私たちの分析的能力を取り戻したのではなかった。私たちが取り戻したのは、他ならぬこの特定の問題について考える能力であった。部分的にはそのような特異性こそが、何が起きたのかについて考えるのにとりわけ適した方法として、多重的な自己とその多様な諸側面の間の解離という考え方に私を導いたのである。患者に対して、私たちは仕事の過程で多くの心のあり方を選び取る。しかしながら、私の例においては、問題になったのはそれらのあり方のうちのたった一つに過ぎない。それはもちろん重要であり、孤立しているようだが、それでもやはりたった一つのあり方でしかない。けれども、次のことは同じく重要である。それは、結果的にその一つのあり方を扱えるようになった私たちの能力は、彼女と私が編み出したにもかかわらずおそらく決して認識されることのないやり方で、その他のすべてのあり方にも通じていたことである。

　この事例において、私の感情的な「引っかかり」はどこにあったのだろうか？ それを指摘するのは難しいことではない。私には、ハンナが何か私の理解していないことを言っているに違いないことがわかっていた。なぜなら、彼女は傷ついていたのに、私は有益な分析的応答を提供できなかったからである。行き詰まりにおいては、多くの場合、分析家が自分の対応の不適切さを自覚していることのみが、状況がありふれた言い争いに成り下がることを防ぎ、分析家が（そして被分析者もまた）足場にして考えることができる何らかの堅固な足がかりを見いだす希望を維持するのである。

　行き詰まりにおいては、分析家にできることは、自分がはまり込んでいる心のあり方に対して及ぶ、外部からの影響に開かれた態度でいることに努めることしかないのかもしれない。結局、行き詰まりが意味しているのは、当事者たちの自由が狭められているということである。それは、二人のどちらにも、自分の意志

でセラピーを独力で救い出すことはできないということを示している。私が先ほど述べた事例においては、変化を可能にしたのは、被分析者の寛大さと、勇気と（私が彼女の所見を受け入れないかもしれないというリスクを彼女は冒した）、セラピーを前に進めようとする強力な（それが夢に影響を及ぼすほど強力な）動機づけであった。私たちは二人とも、彼女が行ったような何かが起きることを心から望んでいた。彼女は腹を立て、傷つきながらも、私が私なりのやり方で彼女と同じように行き詰まりを残念に思っていることに気づいていたと思うし、彼女が提供する協力を私が喜んで受け入れるだろうという肯定的な考えを持っていたに違いないと思う。したがって、私にはまったく自由がなかったとは言えない。私のわずかな自由が、セラピーの動きに対する私の残念な思いや心からの願いの形をとったと言うほうが適切だろう。私は自分の心のあり方を変化させられなかったかもしれないが、たとえ無意識的にはそれを望んでいなかったに違いないとしても、私は確かにそうしたいと望んでいた。セラピーを進めて援助したいという私の願いを被分析者が信じていなかったら、そのような状況においては、夢が、そして夢についての彼女の解釈が示したのと同じ傷つきやすい状況に彼女が自ら身を置くことは、あまりにも危険であり、とてもできなかっただろうと思う。

　そのような場合には、分析家は、自分ではコントロールできない解離に自分がとらわれていることを認識しつつ、待たねばならない。分析家は、意志の力では変化を起こせないことを受け入れるより他ない。分析家にできるのは、自由に通じる道を明らかにするかもしれない外からやってくる要素に対して、開かれた態度を持ち続けることだけである。時には、そのような外からやってくる要素とは、この事例の場合のように、被分析者による介入ということもある。時には、分析家が自ら求めるコンサルテーションのこともある。時には、映画や、同僚との会話や、演劇や、小説や、精神分析に関する論文ということもある。また時には、分析家は、振り返ってみて、臨床での相互交流の中に、それまで気づかずにいた患者あるいは分析家自身に関する何かに分析家の注意を促す多様な情緒的引っかかりや、予期せざるものの目立たない兆候を見定めることができることもある。

　けれども、たいていは、そのような外からやってくる要素はおそらく見定めることができないだろう。説明の困難なこうした事例では、どこかの時点で、分析

家と被分析者の間の相互交流に、どちらの当事者も意識的には生み出そうと意図してはいない、何か新しい性質が加わってくるように思われる。そして、こうした新しい意味に反応して、内的世界も同様に変化し（実際には、そもそもこちらが新しい意味の出現を引き起こしたのかもしれない）、少なくとも一方の当事者は、相手がどのように感じているかについて新しい経験を深く感じ取ることができるようになる。こうしたことが起きるまでの間は、分析家も被分析者も混乱の中で協力関係と好奇心をできるだけ維持しようと努めるのであるが、分析家には行き詰まりを解消するためにできることもなければ、相互交流についての自分の経験の細部に焦点を当てる別の経験の仕方にたどり着くためにできることもない。

　全体の見通しを得るために、ハンナの事例を離れて、ダニエルの事例に戻りたい。大部分の時間、私は彼をかなりよく理解していると、彼も私も感じていた。しかし、私が見落としたことを思い出していただきたい。読者は思い出されると思うが、私に対するダニエルの「鋭い口調」には、そのとき私が完全に見落とした親密さとユーモアが含まれていたのだ。ダニエルは私に対して、それに先立つ数か月間、しばしばこのような話しかけ方をしていた。だから私は彼のおどけた調子に慣れ親しんでいるものと期待されても無理はなかった。私の見落としは、明らかに一時的な無感覚さのためであった。それは、その自己のあり方でいれば、実際には見落とした情緒的ニュアンスを感じ取り明確化できたはずの自己のあり方に、注目すべき、しかし比較的軽微な解離が生じていたためであった。ここでの私の主な関心は、私自身の解離の動機にはない。ダニエルの事例が気づかせてくれることだが、解離とそれが引き起こすエナクトメントが、ハンナとの行き詰まりの場合のように騒々しく、劇的で、苦痛に満ちたものであることはまれなのである。比較的目立たない解離とエナクトメントは、そしてそれらへの私たちの臨床における対応は、すべての分析家にとって、多かれ少なかれ、ありふれた日常的な仕事の一部なのである。

想像力についての覚え書き

　本章において、私は解離を、ある特定の存在のあり方を他のあり方と同時に経験することを無意識的に避けることとして説明した。別の機会には、解離について、自分の経験のある特定の側面を言葉で明確に表現することができないこと、あるいはそれを無意識的に避けることという点をはるかに強調した（スターン, D.B., 1997）。これら二つの意味は、実際には同じ主張を異なる方法で表現したものである。ある特定の存在のあり方に入り込むことを無意識的に拒むことは、（とりわけ）そのあり方であれば利用できるはずの特定の明確な意味を生み出すことを無意識的に拒むことである。

　解離は自由に考えることを制約する。それは時には、幼児期早期の虐待に関する記憶がまったくない場合のように、全面的なこともある。しかし多くの場合、明確に表現することのできなさは、決して全面的なものではない。例えば、今この瞬間、私は父が私に腹を立てる様子を思い出したり、構成したりすることができる。しかし、関係性の歴史とそのどの部分が私の心に残っているか次第で、私の父が腹を立てたのは私を愛していて私が路頭に迷うことを望んでいないからだといったような、付加的な解釈ができるか否かが左右される。もし私が後者の経験を構成しなければ、父は公平ではないという気持ちが残るだろう。あるいはおそらく、これとは違ったもっと虐待的な状況であれば、腹を立てている父と共に私が作り出す場は、父の怒りは私が悪いせいだという解釈のみを許し、その結果私は、父はサディスティックなのだという認知を明確に表現できないだろう。あるいは、私はそれを自己の一部のあり方においては明確に表現できるが、他のあり方においてはできないだろう。あるいは、ハンナのように、自分の分析家が怒りっぽくなっていることはわかるかもしれないが、自分自身の振る舞いがそれを刺激しているのだという解釈を構成することはできず、したがって自分は不当な扱いを受けているとしか感じないだろう。解離は、経験の特定の諸側面について振り返ることを困難にする。その結果、そうしたことはただ単に起きるのだ、ということになるのである。

解離が妨げるのは、自由な思考だけではない。同様に重要なこととして、自由に感じることも妨げる。例として記憶を取り上げよう。私たちはトラウマ的な出来事についてぼんやりとした記憶を持つ場合がある。あるいは、かなりはっきりとした記憶を持つ場合でも、それは平板で、生気のない、単に事実に関するもので、そこに伴うだろうと私たちが予期する情緒的なニュアンスを欠いている場合がある。あるいはおそらく、感情の嵐は存在するが、経験に十分な意味を与えるのに必要な感情の微妙さが欠けている場合もあるだろう。

けれども、最も広い意味においては、解離を思考、想起、あるいは感情のいずれかの機能不全として説明するのでは不十分である。解離とは、自分の想像力が自由に働くことを許さないことである。多くの例において、想像力が働かなくなることは、移行空間（ウィニコット，1971）が生気のなさや平板さへと崩壊することであると考えられるだろう。メルロ＝ポンティ（1964, 1973）は、私が想像力という言葉で伝えたい意味を見事に捉えている。彼は次のように述べている。「言葉は飛び跳ね、無言の意志疎通の波のなかに呑み込まれる」（1964，邦訳23頁）。彼が私たちに語るところでは、創造的な語りは、それが想像力の領域に当たるのだが、「名辞の世界の不可分の全体のなかで、意味を引きはがし、意味を引き裂く。われわれの動作が感覚的世界の不可分の全体のなかでするのと同じように」（1964，邦訳23頁）。想像力は、言語が私たちの中で自由に働くに任せる能力である。解離はその能力の抑止である。私たちが望むなら、ここでラカンの用語を使って、想像の働きは象徴界で、解離は想像界で起きると言うこともできる。メルロ＝ポンティ（1964）は、このことを次のように述べている。

　言語は思考の手段ないし符号とされるとき破壊される。そのとき、個々の言葉がわれわれの内部にどれほど深くまで喰い込んでいるものか、また、考えるやいなや話をしたいという欲求や情念、自分にむかって話しかける必要が感じられてくるということ、また個々の言葉はさまざまな思考を呼び起こす力——以後取り除くことのできない思考のさまざまな拡がりを据え付ける力——をそなえており、われわれ自分自身でもできるとは知らなかった答えを口先に用意させ、サルトルの言うように、われわれ自身の思考をわれわ

れに教えるということ、これらを理解する道が閉ざされてしまう。（邦訳23頁）

　解離が起きていないことは、かつては存在することを妨げられていた何らかの特定の経験が存在していることによって示されるのではない。そのような考え方は、あたかも経験は存在するかしないかのどちらかでしかないとか、構成されているか未構成であるかのどちらかでしかないといった、素朴な二元論である。そうではなく、解離が起きていないことは、（比較的）束縛を受けない好奇心の働きとして示される。このように考えれば、私たちは直ちに、経験は豊かに想像されたものから強力に解離されたものにまで及び、その中間にあらゆる潜在的なヴァリエーションがあると言うことが許されることになる。例えば、ハンナの事例の場合、私は決して、私が自分の経験を構成しなかったと言いたいのではない。そうではなくて、むしろ私は、自分の経験をある特定のやり方では構成しなかったのだ。私は、考えることと感じることの自由、束縛を受けない想像力といった、開かれた好奇心の働きを自分自身に許すことができなかったのだ。確かに私は、ハンナとの相互交流にまつわる自分の経験を構成することはした。ただ私が構成した経験は、あまりに不十分にしか想像力が働いていなかったので役に立たなかったに過ぎない。私の経験は制限されており、非常に硬直した選択によるものだった。私は自分の経験を解放するような自問ができなかった。私は自分の経験に含まれていた可能性を利用できなかった。想像力をもっと十分に働かせ、ハンナと私が互いに相手に対してどう接していたかについて、より包括的でニュアンスに富んだ見方ができるように私の心が働くには、私は自分のコンテクストを、つまり自分の心のあり方を、拡張できる必要があった。

　解離が想像力の機能不全であるのと同じように、エナクトメントも想像力が働いていないことの表れである。そのような機能不全は、たいてい理解可能であり、有益であり、一時的で相対的である。それでもやはり、それは私たちを好奇心から閉め出す疎外の一種なのであるから、それは機能不全である。もちろん、同時にまた、エナクトメントは無意識的なコミュニケーションの一種であり、ある種の経験が分析状況に持ち込まれることを可能にするにはそれしか方法がない。そ

のような意味では、エナクトメントは有益であって、決して機能不全ではない。実際、エナクトメントがなかったとしたら、経験が変容する余地はそれだけ少なくなるだろう。エナクトメントについてのこうした二つの解釈が互いに矛盾しているように思われるのは、もし証拠が必要ならばの話だが、現実がいかに豊かで多層的であるかを示すもう一つの証拠に過ぎない。世界は私たちに、論理的には共存不可能であるが実際には共存する複数の解釈を許す。さらに事態を複雑にするが、私たちの多くは、今では分析家の無意識的な関わりは絶え間なく起きていると考えている[*原注4]。

　しかしもちろん、想像力も何らかの方法で絶えず働き続ける。経験は構成されることもあれば、未構成であることもある。一部のあり方では自由であり、別のあり方では制限されている。どの瞬間も両方のやり方で考えることができるし、おそらくそうすべきなのである。

患者が自由に至る道を明るみに出すとき

　行き詰まりにおける決定的に重要な要素は、それぞれの当事者が相手のものの見方を理解したり評価したりする能力を喪失することであると言える。したがっておそらく、行き詰まりを緩める主要な手段は、そのような能力を回復することであろう。もちろん、そのような回復は、言うは易く行うは難しである。なぜなら、互いに行き詰まり状態にある人々は、定義上、互いに相手を一定のものの見方に押し込めようと努めているからである。相手のものの見方を理解することこそまさに、どちらの当事者も望んでいないし、できずにいることである。結果的に、相手についての、あるいは二人の間の状況についての、当事者の感情や認知の率直な表明にはたいてい、さまざまな形の非難が含まれる。そして、非難は明

---

*原注4　第1章で述べた理由で、私はこのような絶え間ない無意識的な影響をエナクトメントと定義することを選ばない。その代わりに、「エナクトメント」という語を、解離が対人関係化されているエピソードに限って使いたい。

らかに何の解決も生まない。

　しかし、行き詰まりの中からであっても、分析の場の性質を変化させることができる率直な表現がある。もし分析家が被分析者について厳密に記述的で、しかも心からのものである、非難を含まない観察所見を伝えれば（しかし、たとえそうだとしても、怒りや、行き詰まりに伴う感情的な非難の他の一面が伝わるかもしれないが）、当該の状況に関する被分析者の共感能力が目覚めたり、回復したりするチャンスがある（そしてここで次のことを付け加えてもよいかもしれない。私たちは自分で認めている以上に、分析家に対する被分析者の共感を頼りにしているのである）。分析家の立場に対する被分析者の共感が目覚めると、分析家は、被分析者の自己のあり方を構成できるような心のあり方でいることが、はるかに容易になる。もちろん、同様のことは逆向きにも起こり得るのであり、実際そのほうが近道である。つまり、被分析者からの率直で心からの正確な表現は、その場に必要な心のあり方が利用可能になるように、分析家の気持ちを和らげ得るのである[*原注5]。こうした場合には、被分析者の情緒的表現が、自由に至る道を分析家に明らかにする外からやってくる要素なのである。

　この種の介入の中で私が好ましいと思う例の一つは、ボラス（1983）による次のような凄まじく支配的な患者のセラピー報告に見られる。「コミュニケーションをほとんど阻害する彼女の自己表現の非現実性ゆえ、彼女がどれほど［セラピ

[*原注5]　けれども、私は決して、互いの情緒的立場に対する共感が、分析家と被分析者との間に起こり得る状況の中で常に最もセラピー的であるとか、ましてやそのような関係性に到達することが目標であるなどと言おうとしているのではない。そのような立場を取ることは、分析家の補足型同一化（ラッカー，1968）と、それらが呼び起こす逆転移の中の本物の応答性の意義を否定することである。それはまた、抱えることの重要性を無視することである。抱えることにおいては、共感は相互的ではあり得ないし、そうであってはならない。分析家は、肯定的なものであれ否定的なものであれ、被分析者の感情を、時にはかなりの分量を、かなりの長期間にわたって、ただ受け入れねばならない。私たちはみな逆転移の中にあっての分析家の経験の自由と、転移の中にあっての患者の経験の自由が（患者の場合のそれは、露骨な報復を受ける現実的な危険や、分析家の経験を理解することを要求されることによって、妨害されることがいつもほとんどないという自由である）、セラピー作用の重要な側面であると信じている。

ストを]発狂させる存在となっているかを伝えることは不可能だろうと思う」(邦訳226頁、[ ]内は訳者による補足)。自分が取り組んでいるものを伝統的なやり方で解釈することに努めた長く徹底的に実りのない期間の後で、ボラスは患者と共にいるときに、患者が引っ越すこと、自分に幻滅して他の治療者のもとに行くこと、破綻を起こして入院してしまい自分の手を離れることなどを空想し始めた。「あるいは、個人開業の限界などの理由から、残念だが治療を続けられないとかいうことを彼女に伝えなければいけないと私は思った」(邦訳225-226頁)。しかしある日、彼女が訴えた不満が、ボラスに居住まいを正させ、耳を傾けさせた。彼女はボラスに、あなたは冷淡になって私から距離を置いていると言った。それ以前にはボラスは「私は彼女から引いており、彼女の自己の使用を悩ましいイベントとして常に警戒している」(邦訳226頁)という所見を構成したことはなかったが、彼には直ちに患者の言うことが正しいとわかった。そこでボラスは患者に次のように言った。

　「あなたがそう言ってくれたことはとても嬉しいことです。それは、ある意味ではあなたは確かに正しいと思うからです。あなたの言うように私は多少冷たいし、セッションでは距離をとっているのにも自分で気づいているし、あなたもそれをよくわかっているように思います。でも、考えてみてください。どうしてそうなるのでしょうか。もちろんこれは私の見方ですが、もしあなたが人を傷つけるのをなんとかしてくれたら、私はもう少しあなたといやすくなって、私たちは、あなたを理解するという作業に取りかかれるのだろうと思うのです」。(邦訳226頁)

この後ボラスは付け加えて、ボラスが彼女から距離を置いていることを彼女が話題に出したのは、彼女にはそれが自分の人生において取り組む必要のある何かであることがわかっているからだと思うと患者に伝えた。患者はこれらすべてに対して、ボラスがそれ以前には見たことがなかった成熟した様子で応答したのだった。

　一見したところでは、ボラスの介入によって、患者は彼に対してそれまでとは

違った接し方ができるようになり、その結果、彼は彼女の見方を構成することを許す心のあり方を選び取ることができたように思われる。しかし、ボラスはいったいどうして他ならぬこの影響力の大きな介入を思いついたのだろうか？ それは、どれほどそのメッセージが「悩ましいイベント」と見られていた患者のあり方によって曇らされていたとしても、**彼についての彼女の**観察所見を患者が率直に表明したことに対するボラスの反応の産物であった。患者がそれについて述べるまでは、ボラスは自分の冷淡さと患者から情緒的に距離をとっていることを理解できていなかったことに注目してほしい。それが意味するのは、私の言い方では、彼は孤立した（解離された）、非生産的な、無反応な自己のあり方に陥っていたということである。その自己のあり方においては、彼は自分の冷淡さも、それに対して患者が感じたに違いない苦痛も、構成することを思いつきさえもしなかった。つまり、ボラスの腹を立てた心のあり方は、患者についてのより生産的な認知が可能であったはずの自己のあり方から解離されていたのである。ヒステリーに苦しむこの女性を援助するために、彼が再び自分の心を利用できるようになったのは、少なくとも部分的には、ハンナが自分の夢についての解釈で私の解離を打ち破ったのとまったく同様に、患者による介入の結果であったように思える[*原注6]。

　おそらく、行き詰まりが解消する多くの例において、かなり頻繁に患者たちが分析家を助けているのではないかと、私たちはもっと考えてみるべきだろう。ボラスの場合のように、分析家が率直な情緒的反応を返すことで場の拘束を乗り越える例を取り上げてみよう。患者をコントロールしたいという自分の欲望にとらわれ、そうした欲望と格闘して思い悩む分析家は、どのようにして突然に、率直で、非難を含まない、洞察的であるがコントロールを及ぼそうとはしない観察所見を提供できるようになるのだろうか？ そのような応答をする能力があるとい

[*原注6]　私たちは第4章で、一方の当事者が相手についての「新しい認知」を受け入れられるようになったときにエナクトメントが終息することを検討するつもりである。新しい認知とは、ハンナが私に与えたものであり、ボラスの患者がボラスに与えたものである。このような新しい認知が姿を現せば、患者も分析家も、エナクトメントの間と同じように相手に接することはできない。

うまさにそのことが、重要な変化がすでに生じたことを示しているのではないだろうか？　時には、分析家がそのような解決を見いだすこともあるだろう。しかし、かなり多くの場合、たとえどれほど激しいやり方であったとしても、このような変化を促す事象を起こし始めるのは、患者のほうに違いない。分析家が自分の解離を解消して理解に達するためには、しばしば執拗な気持ちの引っかかりとして感知される、外からやってくる要素を認知できるように努めねばならない。そうした外からやってくる要素の中でも、患者からの予期せぬ援助は非常に重要なものの一つであるように思われる。

　しかし、はじめに解離を解消するのが分析家であるか被分析者であるかにかかわらず、話はここで終わりではない。理解は単に解離がないということでは片づかない、もっと謎めいたものである。理解は、理解を回避しようとする無意識的な理由が消滅したからといって、すぐに適切な場所に収まるとは限らない。ハイデガー、ガダマー、メルロ＝ポンティ、その他の人々が私たちに教えてくれることは、理解に到達する過程を系統的に示す方法はないということである。理解がなぜそのときに現れたのか、地平が融合したのはどうして今であって、5分前でも昨日でもないのか、言葉はどうしてそれ以前には捉えることができなかった経験を、次の瞬間には捉えることができるようになるのか、誰にも正確に言うことはできない。解離が解消した後でさえも、私たちにできる精いっぱいのことは、歴史や、伝統や、相手の言動が私たちの心の内で自由に動くことを許すことである。非常に恵まれた条件のもとでも、私たちは自分の意志で理解に達することはできない。私たちにできるのは、理解が生じるための最適の位置にわが身を置くように努めることだけである。したがって、分析家が自分の解離を解消することは重要であるが、それ自体は何も保証しない。それが意味するのはただ、無意識的に抱かれた動機によって妨げられることがより少ない状態で、意味の拡張や開花にたどり着く可能性のある循環的な動きが生じ得るということである。新しい理解はすぐに生まれるかもしれないし、生まれないかもしれない。解離を解消することで言語は自由を獲得するが、そのとき言語がどのような働きをするかは、私たちの能力では知ることはできない。

第4章

目が目そのものを見ること

解離、エナクトメント、葛藤の達成

第1部　目は目そのものを見なければならないのか？

　セラピー関係における分析家の無意識的な関与は、今日ではかつてとはかなり異なる理由で私たちの関心を集めている。逆転移の意義はもはや、分析家が真実を認識するうえでの主要な障害であるという点にはない。精神分析の目標が洞察の獲得から、本物であること、経験の自由、そして関係性の拡張へと移行するにつれて（例えば、ミッチェル，1993）、逆転移は分析家が感じ、考え、空想することであるのと同様に、分析家がとる行動でもあると、私たちは認識するようになった。そして、私たちはそれらをエナクトメントと呼ぶようになり、こうしたエナクトメントは障害であるとともに好機でもあると認識されるようになってきた。洞察は依然として重要である。なぜなら、それによって私たちの選択の範囲が広がるからである。しかしもはや、ほんの数十年前にはほぼ一様にそう思われていたのだが、新しい理解の出現こそが最も重要であるとは必ずしも見なされない。今では、少なくとも一部の分析サークルにおいては、洞察は重要な変化が、つまり、そもそもその新しい理解が生じるのを可能にした分析的関係性の変化が、すでに生じたことの表れに過ぎないと見なされることが多くなっている。例えば、ゲント（1995）は次のように書いている。

精神分析の初期の歴史においては、洞察と自覚によって、出来事を経験し、それに反応するやり方に変化がもたらされるといったように、そのセラピーの方法は本質的に知識をめぐるものであるという見解が行き渡っていた。時とともに、知識をめぐる見方から変容をめぐる見方へと微妙な移行が生じた。後者の見方においては、洞察は効果を及ぼすものであるよりも、後からの振り返りであることが多い。(p.479)

　中でも、ボストン変化プロセス研究グループのメンバーたちがこの流れで仕事をしている（BCPSG, 2002, 2005, 2007, 2008；スターン, D.N.ら, 1998）。セラピー作用に関して変容を重視する彼らの見解は、複雑性理論を精神分析に適用することから発展している。それは、理論的および臨床的な可能性に満ちた領域である[*原注1]。

　分析的関係性において阻害されているものを解放することがセラピー作用の中心的な課題になり、エナクトメントが緩和するのは多くの場合、私たちが意識的に意図した介入の効果とはほとんど関係ないと思われる理由からであることもわかってきた。それにもかかわらず、エナクトメントに対処するうえで私たちが努力を傾注すべき方法として知っていることは、患者との私たちの経験および相互交流のどこにエナクトメントが存在するのか、そしてエナクトメントは何をめぐって起きているのかについて、言葉にできる理解にたどり着く努力をすることのみである。変容を重んじる時代においても、分析家は自分の逆転移を認識しなければならないが、実際にはできないものである。逆転移においては、患者に関

---

*原注1　「複雑性理論」という用語は、複雑理論と非線形力動システム理論と決定論的カオス理論をまとめて指すことが多い。この領域における最近の精神分析の仕事に含まれるものとしては（私が本文で引用しているものに加えて）、以下のものがある。ギャラツァー＝レヴィ（1978, 1996, 2004）、ゲント（2002）、グロスマーク（2007）、ハリス（2005）、キーファー（2007）、レーヴェンソン（1994）、マンデルとセル（1996）、ミラー（1999）、モラン（1991）、キノドス（1997）、パロンボ（1999）、ピアース（2000, 2005）、パイザー, S.（1998）、シェーンとコバーン（2002）、スプリエル（1993）。

する自分の経験のそれ以外の多くの側面については理解できるのに、まさに逆転移理解に有用な理解こそが分析家にはできない。私たちが必要としているものは、私たちには持つことができないように思える。こうした皮肉な意味で、変化を媒介するものとしての洞察は健在なのである。

　そしてまさにここで、私が本章を書く理由になった困難に私たちは出会う。患者との関係の無意識的な部分で自分が何をしているかを、私たちは**いったいどのようにして**知るのだろうか？　いったいどうすれば目が目そのものを見ることができるのだろうか？　逆転移を自覚するということを、私たちはどのように概念的に考えることができるのだろうか？

　現代の精神分析家たちはほとんど誰もが、患者に対する自分の無意識的な関係性をできる限り内省しようと努めることが、分析家にとって決定的に重要であるという考えに同意するだろう。しかし、そのような内省能力がどのようにして生まれるのかということについては、おおよその合意にさえ近づいてもいない。実は（私見ではとても奇妙なことだと思うが）、分析家はどのようにして逆転移を知る立場に身を置くのかという問題は、提起されることさえめったにない。

　「どのようにして」という言葉を使うことで、けれども（「私たちはどのようにして逆転移を知るのか」といった例のように）、私は技法に関する問題を提起しようとしているのではない。私は、逆転移に気づくために分析家は何を**する**べきなのかを問題にしようとしているのではない。後で臨床的所見と説明を述べるつもりだが、私が取り組みたい難題は、決して技法的問題ではなく、理論的な問題である。進行中の関係性における自分自身の無意識的な関与を観察するという事態は、どのように**考えられる**のだろうか？　もし患者との無意識的な関与が不可避的で絶え間ないものであるのなら、私たちはそもそもいったいどうやって、ある特定の瞬間にどの解釈や関係的介入が最も有益であるかに関して、確信を持つことができるのだろうか？　なぜ、あらゆる臨床的な意図がすべてエナクトメントに飲み込まれてしまうわけではないのだろうか？　このような果てしなく思える循環は、エドガー・レーヴェンソンが『理解への隘路』(1972) と題した彼の最初の著書の中で記述しているものである。分析家の洞察は、分析家自身が洞察として考える内容には限られない。さらに重要なことに、理解されることを最も必要と

しているものへの関与のあり方もまた、分析家の洞察なのである。

　問題をこのように位置づけると、分析家は**決して**逆転移を知ることができるはずがないとは思われないだろうか？　無意識的に関与している分析家が、自分の視界を妨げているまさにその関与をどうにかはっきりと見ることのできる「見晴らし場」（モデル, 1991）は、そもそもどこにあるのだろうか？　純粋に論理的な観点からすれば、患者との無意識的な自分の関与を観察するという課題は一つの矛盾であるように、とうてい不可能な「自分の靴を引っ張って自分を持ち上げる」がごとき作業（ミッチェル, 1993）であるように思える。「敵を見つけたぞ」と、不滅の名声を誇るポゴ[†訳注7]が言ったのはかなり昔のことだ。「それは僕たち自身だ」。レーヴェンソンの著書が登場してから何年もの間、私たちの多くは、自分たちがその著書の考え方にわくわくしているのか、それとも臨床の仕事に対して私たちが及ぼせる影響についてその考え方が意味していることにがっかりしているのか、そのどちらともわからずにいた。しかし、私たちはその考え方に慣れ、それとともに生き始めた。おそらく私たちは慣れ過ぎてしまったのだろう。レーヴェンソンの思索が、そしてその後に続いた関係精神分析および対人関係学派における他の多くの思索が突きつけているように思える、答えることのできない疑問へと、今や立ち戻るときである。目はどうやって目そのものを見ることができるのだろうか？

問題の性質

　それぞれの当事者の振る舞いは、転移と逆転移の気づかれない、あるいは硬直的に認知された諸パターンに相手を「閉じ込める」うえで、とても重要な役割を果たしている。私は別の機会に、このような現象を「場の拘束」として説明したことがある（スターン, D.B., 1989, 1997）。またウォルスタイン（1959）はそれを「転移／逆転移の連結」と呼ぶ。逆転移が無意識的である理由の一部は、分析家の経験が転移により影響を受けることにある。また、**転移**が無意識的である理由の一

---

†訳注7　ポゴは、アメリカで新聞に連載されていた漫画の主人公のフクロネズミ。

部は、被分析者の経験が逆転移により影響を受けることにある。それらは相互的に組み込まれているために、転移と逆転移は相補的で不可分な全体の一部である。

　このような連結から頻繁に生まれがちなのは、どちらの当事者もそれに代わる関係性のパターンに気づかず、そのためそれを乗り越えることが、不可能ではないにしても、困難になる状況である。そのような関係性には、互いに硬直した側面があり、どのような善意もそれを緩和するには足りない。相手に対するそれぞれの態度は硬直して動かない。このような頑なな性質が両方の当事者にはっきりと意識されれば、つまりそれが互いに対する両者の意識的な見方に反映されれば、両者ともセラピーが行き詰まっていることを否定できず、解釈（あるいはむしろ再解釈）の必要性は明白である。そのような状況では、分析家も被分析者も、別の種類の理解と二人の間の関係性が必要であることを痛切に自覚する。けれども臨床家なら誰でも知っているように、そのような場合でさえも、互いに切実にそれを求める意識された願望がある場合でさえも、その状況に関する別の種類の有益な理解の仕方は、非常につかみ取り難い。

　しかし、もっとよくある、そのうえもっと困難な状況は、分析家も被分析者もそれが進行中であることを認識すらしていない無意識的なエナクトメントに閉じ込められている状況である。つまり、相互交流の硬直性が、患者にとっても分析家にとっても明らかではない状況である。後になって私たちの理解が広がってから振り返ったときに、次のようなことに気がつくことが非常に多い。それは、それらが分析の仕事の困難さや困惑の源泉だったという理由で、見定めることが決定的に重要だったと私たちが後に結論づける諸パターンは、それらが最も影響力を発揮していたセッションの間には、まったく認識できなかったということである。そうしたセッション中には、分析家にはそのような諸パターンに取り組み、それらを構成する理由がまったくなかったので、分析家が呼吸する空気のように、その関係性は概念的にはっきり認識できなかったのである。しかし、私たちがそのような硬直性に気づかないからといっても、それは存在しないわけではない。それは単に、分析家も患者も後になるまで、その関係性を硬直的と捉えることが適切だとわからなかったということに過ぎない。

したがって、私たちは矛盾と思われるものに直面する。一方で、分析家と被分析者が何か新しいことを学べるようになるには、場が変化しなければならない。その一方で、たいていの場合、まさに場が変化する必要があるからこそ、分析家も被分析者もこうした変化を引き起こすために何に取り組めばよいのかを見定められない。必要とされる分析的関係性の変化それ自体が、変化を成し遂げるための前提条件であるように思われる。したがって私たちには、精神分析は無限に循環する営みではないという事実を説明するすべがないように思われる。

ウォルスタインと「私的領域」による解決法

この概念的な問題は、次のような精神分析家たちにとっては、このような先鋭な形では現れない。それは、自己の重要な一部は非社会的な領域に、つまり他者との相互交流から完全に分離して社会的交流に触れ合うことも媒介されることもなく存在する心の一領域に存在していると信じる精神分析家たちである。明らかに、これらの分析家たちも、その大部分は現代フロイト派や現代クライン派の立場であるが、自分が関与しているエナクトメントを理解する際に私たちみなが経験する臨床的困難に直面する*原注2。しかし、少なくとも理論的な面では、彼らの立場からすれば、対人関係学派と関係精神分析学派の見方に比べると、問題の困難さは少ない。自己の一部は社会的交流から切り離されていると考える理論家たちは、少なくとも仮説上は、自分が関与しているエナクトメントについての理解を、たとえそのような理解にたどり着くことは苦しく、困難で、時間がかかるとしても、どうすれば分析家は組み立てられるのかについて考えることができる。もし自己経験の一部が非社会的領域の中に存在するのなら、つまり、被分析者と自分との間の対立を観察するために分析家が登ることのできる比喩的な意味

---

*原注2　リベラルな立場も含め、現代フロイト派におけるこうした諸問題についての検討としては、ハーシ（1996）を参照せよ。同様の諸問題に関する現代クライン派の考え方についての展望としては、スターン, D.B.（2001）とミッチェル（1997, 第4章）を参照せよ。ミッチェルは、一部の現代対人関係学派の分析家たちが採用している同様の問題をはらんだ立場についても述べている（1997, 第3章）。

で高い場所が、あるいはミッチェル（1993）の表現では、「踏み台」が存在するのなら、自己の中には足場にできる「場所」が、他者からいかなる影響も受けない私的な場所が存在することになる。分析家はこうした私的な領域に引きこもることができ、そこからは、たとえ自分の無意識的な関与を把握するのに内的な抵抗にぶつかることがあるとしても、少なくとも理論的には、関わりから離れた見方からその関与を展望できる可能性があるということになる。

　このように有用に思われる「私的領域」には、二つの特徴が必要とされるだろう。第一に、それは非社会的なものであり、逆転移の影響の及ばないところに存在するだろう。なぜなら、逆転移に影響されない「踏み台」のみが、分析家が患者との無意識的な関与から十分に距離をとり、その関与を振り返って眺めてそれを理解の対象とすることを可能にすると考えられるからである。第二に、そのような私的な心の「場所」は、異質なものや他者のものとしてではなく、分析家自身のものとして経験される主観性の一部であらねばならないだろう。換言すれば、もし分析家が自分の心の一部を通じて自分の無意識的な関与について知ることができるのなら、そのような部分は自分自身に属していると感じられなければならない。もしそう感じられないなら、もしそれが「自己」でないなら、分析家にはそれに「耳を傾ける」理由がないし、おそらく（無意識と同じように）それに耳を傾けることはできないだろう。

　こうした諸要素をまとめれば、臨床的に利用できる自己の私的な領域は、ウィニコット（1960）の「真の自己」についての説明のように、経験の中の「外部から孤立した」一面であり、それでもなお自分自身のものと感じられるものなのだろうと結論づけられる。しかしウィニコット（1949）さえも、逆転移の利用に対する初期の関心にもかかわらず、どうすれば目が目そのものを見ることができるかという問題に取り組むにあたって、「私的領域」論を使うことはなかった。そのような思考の道筋を展開できるのは、分析家が場に組み込まれていること、**およびその問題に取り組むための私的領域論の両方を認める者に限られるだろう**。私が知る限り、このような立場を取った唯一の著作家はベンジャミン・ウォルスタイン（1954, 1959）である。彼は転移と逆転移が不可避的に相補的であるという立場を取ったパイオニアたちの一人であったが、この点で彼がふさわしい評価

を受けることはめったにない。1970年代の初めに、ウォルスタイン（1971a, 1971b, 1972, 1974a, 1974b, 1975）は、レーヴェンソンが患者との不可避的で無意識的な分析家の関与という考え方を定式化しつつあったのとちょうど同じ頃に、まったく正反対の進路を選んだ。彼は自分の以前の見解に、「自己の心的中心」と彼が呼ぶ概念を盛り込み始めた。それは個人の人格の中核であり、それが生の営みにおいて挫折するか実現するかにかかわらず、その本質はいかなる点においても変えることができないものとされた。自己の心的中心には、必ずしも外界から（つまり他者との接触によって）手が届かないわけではない。しかし、それが社会的交流に参入する場合、それは拒まれたり認められたりすることはあっても、決して変化させられたり影響を受けたりすることはあり得ない。ウォルスタインは、セラピー関係の最も意味深い面が現れるのは転移／逆転移の連結が解消した後に限られると考えるようになった。その場合に限り、一方の自己の中心から他方の自己の中心への直接的なコミュニケーションが可能になることがあるというのであった。ウォルスタインは、こうしたコミュニケーションのうちの最も意味深い部分は相手が自覚すらしていない問題に関係すると考えた。彼は特に、分析家つまり彼自身の無意識的な諸側面を観察する患者の能力に期待した。しかし、そうした観察の成否は、サリヴァンの考えとは異なり、必ずしもそれが相手から明快に理解されたかどうかで判断されるわけではなかった。ウォルスタインにとって合意による確認以上に重要だったのは、相手に関して一方が観察し、コミュニケートした内容が、観察者自身の経験にとって真実であるかどうかであった。

　本章の目的に照らせば、自己の心的中心の意義は、ウォルスタインがそれによって目が目そのものを見るという謎を提起し、回答を示せた点にある。彼の理解が及ぶ限りでは、どのような状況においても他者からの影響を受けないでいるある種の経験を想定しなければ、分析家**あるいは**被分析者が互いに相手との無意識的な自分の関与を理解するすべはないと、ウォルスタインは明確に述べた。これまで見てきたように、自分の無意識的な関与を私たちがそこから観察できるような場所が心的生活の中にあらねばならないというわけである。したがって、転移／逆転移の連結を解消することは、精神分析療法の要点というよりも、他者に対する心の奥深くからの見方や感じ方を進んで認識して受け入れる能力とウォル

スタインが考える、愛することの前提条件である。ハーシ（2000）とのインタビューにおいて、ウォルスタインは次のように述べた。「自己の独自性が、あの連結を乗り越えて脱する最も直接的な手段なのです。それによって、親密さとはまったく性質の異なる愛が、あるがままに発展する可能性が開かれるのです」（p.198）。そしてその少し後で、ボラス（1989）が個人的なイディオムについて説明するときと同じ響きで、ウォルスタインは次のように付け加える。「私たちはみな生まれつき、独自の自己感覚を持っています。臨床精神分析の探究がそれを生み出すのではありません。私たちはそれを見いだすのです」（p.199）。

　自己には何らかの不可侵の非社会的な中核が存在するという、このような主張を受け入れるなら、逆転移の自覚の問題はかなり単純に解決できる。その非社会的な中核から観察すればよいのだから。

　しかしながら、ウォルスタインの立場がどれほど魅力的に思えても、そしてどれほどその立場に諦めきれない思いを抱いても、私にはそれは受け入れられない。自己がなり得るものに対する重要な生来的な制約や可能性と同様に、自己には気質的な差異があると仮定することには確かに意味がある[*原注3]。しかし、こうした生来的な制約や可能性が意味を持ち、影響を及ぼすのは、もっと後になってからの社会的領域の中に限った話である。自己とは、社会的な構築の産物である。だからといって、社会的構築には制約がないわけではない。そこには確かに重要な制約がある（スターン, D.B., 2000）。またこの考え方は、それぞれの自己に備わる独自性を否定することを私たちに求めるものでもない。

　私は、自己の非社会的な中核についてのウォルスタインの考えには同意できない。たとえそうではあっても、私たちは逆転移の自覚の問題を解決しなければならないという彼の早くからの認識を、私は高く評価する。そのような認識は今でも非常に例外的である。患者との無意識的な自分の関与について、（それがどんな

[*原注3]　この種の生来的な素質に関する近年の有力な諸概念として、ウィニコット（1960）の真の自己と、ボラス（1989）の個人的なイディオムの他に、自己の運命や中核的なプログラムに関するコフート（1984）の考え方や、フォナギーら（2002）による暗黙に処理される原初的な情緒状態に関する説明がある。

ものであれ）個人を離れた観察を可能にする客観性を、あたかも自分には利用できるかのように考えて仕事を続けている臨床家たちの多くは、自分がそうした客観性をどのように考えているかについて、実はじっくりと考えたことがないのだ[*原注4]。それは主観性の中の「どこに」あるのだろうか？　私たちみながそうすべきであるが、ウォルスタインは根拠のはっきりしない神秘的な客観性という考えに頼らないことで、そうした困難な状況にまったく陥らずにいる。彼の考えでは、私たちにできることは、心の最も奥深くにある感情と認知を、つまり自己の心的中心を知り、それに忠実であり続けることだけである。

　けれども、ウォルスタインの解決法を受け入れることも、客観性と個人を離れた理解に対する信念を受け入れることもできなければ、私たちは他の道を探さねばならない。私たちが知っているのは、自分がそれをどうやっているのか説明できないことを、それでも何とかうまくやっているということである。対人関係学派および関係精神分析学派の分析家たちにも受け入れられる理解の仕方を探し求めて（皮肉にも、ウォルスタインは非常に卓越した対人関係学派の一人であった）、私はある臨床例に目を向けたい。けれども、私がそれを提示するにあたっては、いくらか懸念がある。なぜなら、もし自分が意図していることを注意深く正確に述べなければ、この種のプレゼンテーション（つまり個別的なエナクトメントをめぐる議論）は、そのような過程への分析家の無意識的な関与は一時的な事象に過ぎないという印象を伝える恐れがあるからである。そのような理由から、私ははじめに自分の見方を述べようと思う。私とオリエンテーションを共有する多くの他の分析家たちと同様に、私が取るのは、互いに対する分析家と被分析者の無意識的な関与は不可避的で絶え間ないという立場である。

　当然、そのように言えば直ちに、私はジレンマの真ん中に再び踏み込むことになる。私たちはどのようにすれば、無意識的な関与が継続する一方で、分析家の

[*原注4]　だがしかし、精神分析における客観性を擁護する近年の思慮深い立場としては、フリードマン（2000）を参照せよ。もっとも、私の見解では、フリードマンも私たちが無自覚のうちに社会的に組み込まれていることを過小評価し、人々が自分の動機を説明できる程度を過大評価している。

（そして患者の！）思慮深さと観察力は損なわれないと主張できるのだろうか？ それが私の出発点となった逆説である。無意識的な関与は絶え間ないが、分析家が妥当で有益な観察と介入を行うこともまた疑いないのである。

しかし、エナクトメントは分析家の多様な無意識的関与のうちの一つに過ぎない。どんな二人組の間にも、非常に多くの相互交流の調整が働いている。そしてその大部分は自覚なく生じる（例えば、ビービーとラックマン、1998, 2002を参照せよ）。けれども、私の定義の仕方では、相互調整はエナクトメントではない。確かに、相互調整は、特に情緒状態の相互調整は、意識的な意図なく行われる場合が多い。相互調整は記述的な意味で無意識的である。しかし、力動的な意味で無意識的なのではない。また、多くのセラピーの重要な部分である応答的な関与の一種でもなければ、自己心理学者なら自己対象機能と呼ぶかもしれない、受け入れること、愛すること、ユーモラスであること、プレイフルであることといった修復的で促進的な無意識的関与の一種でもない。この種の関係性が他者にとって有益であるためには、それは「心からのもの」でなければならない。したがって、それは単なる意識的な意志決定の場合以上に、深く感じられたものであらねばならない。それは分析家の非意識的な関与の一部でなければならない。これと同じことが、ホールディングとコンテインメント、また一群のその他の非解釈的な関与といった、私たちの仕事を理解するうえで非常に重要になってきたものにも当てはまる。しかし、これらの関与のどれも、力動的な意味で不可避的なものではない。分析家はそうしたことをしようと意識的には考えないかもしれないが（もちろん意識的に考える場合もあるだろうが）、そうしたことをするようにしむけられているとも感じない。分析家の主体性は損なわれていない。自ら望めば、そのような関与の仕方をやめられるのであり、ただおおむねそうするのがよいと判断してそれを続けるのである。そのとき、非常に重要な意味で、こうした種類の関係性はすべて自由に選ばれている。これと対照的にエナクトメントは、分析家にとっても患者にとっても硬直的で柔軟性がない。それは両者のどちらにも抵抗できない感じがしたり、事後的に、（そうは感じられなかったが）不可避的だったと認識されたりする。

一般に、分析家にとっては、相互調整、支持、共感的理解、修復的および促進

的関与、ホールディング、コンテインメントといった自分の関わりについて自覚したり考えたりすることは苦痛ではない。そうした場合に何が無意識的な源泉であるのか、常に言えるとは限らないだろう。また、別の振る舞い方を強いる逆転移の圧力に直面している場合には、こうしたやり方のいずれかで関わるには情緒的な労力を要するだろう。しかし、そのような臨床的態度や介入について理解するために、何であれそこにあるものを明確にすることには、内的な抵抗はほとんど、あるいはまったく伴わない。そこでは、考える自由は奪われていない。したがって、目が目そのものを見るという問題は、こうした状況では生じない。その一方で、エナクトメントにおいては、分析家は自分がしていることや感じていること、自分が受けている影響に、多かれ少なかれ気づくことができない。分析家はしばらくの間、患者と共にいて両者が安心できるあり方にたどり着けない。したがって、分析家は原則として絶えず無意識的に関与しているのであるが、私が探究しようとする問題が生じるのは、分析家の無意識的な働きのうち、力動的な意味で無意識的であるという理由で、エナクトメントと呼ばれるのが適切な部分においてのみである。

エナクトメント――罪悪感と自己愛

　見かけのうえでは滑らかに進むセラピーにおいては、私たちは後で振り返って、それぞれがその状態を維持する影響をずっと相手に及ぼし続けていたことに気づくものである。私が経験した事例を取り上げたい。この患者は能力に恵まれているが未熟なところのある30代の男性であり、自分が手にしてきた多くの学業および職業に関するチャンスをほとんどすべて自ら投げ捨ててきていた。彼は熱心にセラピーに取り組み、深い感謝を私に表明していた。けれども彼はまた、私が何らかのやり方で彼に考えを吹き込み、彼がこれまで過ごしてきた多少なりとも自己破壊的な「周辺的」生活を送り続けられなくなることを恐れてもいた。高校生の頃に1年間、彼は学業上の問題で週1回の心理療法に取り組んでいた。しかし彼にはそのセラピーは個別指導、しかも役に立たない個別指導にしか思えなかった。彼によれば、セラピストは教師たちと（そしてまた彼自身と）同様に、

なぜこの利発で見るからに善良な若者が、心から成功したいと望んでいるように見えるのに、学業をやり抜くことができずにいるのか、まったく途方に暮れていたという。

　私たちのどちらにもセラピーが非常に生産的なものに思えた1年半ほどを経過した後、私は漠然と落ち着かない感じを持ち始めた。何かが私を悩ませていた。2、3週間にわたって、私は何が問題なのかを明確にしようとし始めた。私にはこのセラピーが、とても微妙に生気が乏しくなり、持続的な興味や活気が減退しているように感じられ始めた。最近まで興味深く感じられていたはずの時間が、今ではおそらく少し平板で生気のない、あるいは少しばかり無理強いされたものになっていた。それと同じ頃、被分析者は、できる限りの努力をしていると言い張る一方で、自分では進歩を示していると感じていた、そして私も暗黙に彼と同感だった、いくつかの学業活動にあからさまな失敗を重ね始めた。

　私たちはしばらく後になって次のことに気づいた。それは、被分析者が私に対してしていたことは、彼が両親に対してしたこととまったく同じであったこと、けれどもまた、よくあることだが、彼はとても自然にそうしていたので、それが私たちの相互交流を形作っていたことが目につきにくかったということである。表面的には、彼は従順で、快活で、愛情深い息子であった。しかし同時に彼は、意識的には自分の意図とはまったく無関係だと信じることのできる、無意識的に意図されたやり方で失敗し続けた。私たちが最終的に突き止めたのは次のことだった。それは、彼は両親から自分に向けられる期待に、いつも腹を立て落胆していたということである。両親の期待は、彼には自分が人生に期待していることや自分の気持ちと関係があるとは決して思えなかった。しかし、両親の自己愛の傷つきやすさと両親に対する愛情のために、彼は強い罪の意識を持ち、直接的に抗議することができなかったのである。その代わりに彼は、自分では気づいていなかったが、両親を傷つけ、痛手を与える方法で行動した。彼は両親を喜ばせるだろうことは何でも、劇的に達成し損なった。両親が苦心して彼に提供したチャンスを、ことごとく駄目にすることが使命であった。私との間に、患者は純粋に協力的な関係を持ち始め、私たちは多くのことを成し遂げた。私はこうした最初の印象を修正する必要性は感じない。しかし私たちは、次のことも見いだし

た。それは、私が彼の協力を喜ばしく感じ始めると、彼は私が喜んでいることに腹を立て始めたこと、そして、私たちがたどった過程を振り返り、私たちが協力関係を打ち立てたのは、彼自身のためというよりも、私のためだったのではないかと疑い始めたということである（自分がそのように感じていることを彼はまったく認識してはいなかったのだが）。それから彼は、両親が必要としていたと彼が（やはり未構成のままに）感じていたのと同じ自己愛的な満足を、あたかも私が必要としているかのように私に接し始めた。しばらくの間、私はこのような変化に気づかなかった。あるいはそれを単なる微妙な情緒の移り行きとしてしか、心に留めなかった。そして大部分の時間、急速に偽りの同盟と迎合になりつつあった関係に、私は満足を感じていた。それはちょうど、私が彼の報告から推測し得たところによれば、彼の両親が彼の見かけ上の愛情と快活さにいつも満足を感じていたのと同じであった。私は自分の解釈に対する彼の感謝に満ちた反応にも満足を感じていたことが、この数週間で私の注意を引くようになった。そして私はそのときになって、自分が最近はいつもよりも多くの解釈を行っていることを自覚した。言い換えれば、被分析者は私の自己愛の表れであると無意識のうちに見なしたものに対して振る舞っていたのであり、私たちが一緒にうまくやっていくためには、私を満足させ続けなければならないと彼が信じるに足るくらい、私はそれに満足を感じていたのだ。

　私が目的とするここでの説明のポイントは、被分析者の私への関わり方に私が反応して逆転移を発展させ、今度はそれが彼の転移を強化したことにある。そしてその結果として、よくあることだが、彼と私はある無意識的な対人関係のパターンに互いをしっかりと閉じ込め、そもそもどちらにそのような相互交流を呼び出した責任があるのかは、すぐに問題ではなくなったのだった。実際、それをはっきりさせようと考えていたとしたら、そう考えることそのものが、相手を非難することにしかならなかっただろう（実際しばしば、それどころかたいていはそのようになるものである）。

　私たちの関係性がひとたび明らかになることで、そこには変化の可能性が生まれた。したがって、私が取り上げたこの事例は、転移と逆転移の結合だけでなく、このような相互的な拘束をどのように乗り越えるかということをも例証してい

る。しかし、なぜ、どのようにして、それが生じるのかが私の主要な疑問である。なぜ私はこの自己愛のシナリオを愚直に演じ続けなかったのだろうか？　私が事態を違ったやり方で見ることを助けてくれた、漠然とした違和感はどこからやってきたのだろうか？　結局私は、自分の気持ちの一部を理解できた後に、患者の注意を私が気づいた私たちの間の雰囲気の変化に向けて、一緒にそれを探究しようと誘いかけた。結果はすでに述べた通りである。そこで、何が事態のこのような展開を可能にするのかを考えてみたい。

引っかかり

　もし私たちが、分析家と患者は一つの非常に複雑で変化し続ける自己完結的なシステムを作り上げているという考え方を受け入れるなら、行き詰まりの一部は、たとえそもそも私たちに理解できたとしても、後で振り返って初めて理解できるような理由で緩和するものであるということは、ほとんど必然的であるように思える。しかしそれは可能性の一つに過ぎない。別のシナリオでは、分析家は自分の無意識的な患者への関与を知る手がかりを求めて、つまりそのシステムの性質を知るヒントを求めて、自分の経験を吟味するように注意を促される。たいていの場合、注意を促すサインはかすかで微妙である。それは控えめに気になる性質を持つことが多い。気持ちの「引っかかり」や緊張が感じられる。それは、自分がうすうす気づいている以上の何かが、臨床上の相互交流において進行していることを告げる思いがけない「ヒント」や「感覚」である。何かがちぐはぐに感じられ、その瞬間まで自分が抱いていたことに気づきもしなかった気持ちのうえでの期待が裏切られる。微妙に「間違った」感じがしたり、矛盾する感じがしたり、ただ落ち着かなく感じられたりする。好奇心豊かな分析家にとって、セラピーの仕事はしばしば、森の小道をウールのセーターを着てあちこちで小枝に引っかかりながら歩くことに似ている。引っかかったら、立ち止まり、調べてみて、引っかかりを解きほぐす。私たちは自分の気持ちの何らかの変化に気づき、それについて自問し、自分がまだはっきりとは気づいていなかった被分析者の何かに反応していることを知る。新しい認知が現れる。こうした静かな内省過程は、

もちろん、騒々しくも劇的だが何ら有益なものをもたらさない相互交流が生じている停滞や行き詰まりや膠着において重要である。そして同様に、後で振り返って初めて理解できるようになるもっと静かな性質のエナクトメントにおいても重要である。

　サリヴァン（1950）は「私たちが傍聴者として思い浮かべる存在に多かれ少なかれ似た、批判的なスタンスの空想的存在、空想上の人物」（p.214）について述べている。私の中のそうした傍聴者は、ここまでの議論には満足できないと私に言う。この空想上の批判者は、絶対に必要だが常に励ましてくれるとは限らない助手であり、私が公的に検証できるやり方で問題を考え抜くことを強要する。そしてこれまでの議論に、この空想上の批判者は異論を唱える。たとえ、私が例に挙げたセラピーにおける活気の微妙な減退のような情緒的な手がかりを通じて、私たちがしばしばエナクトメントの自覚にたどり着けるということには誰もが同意できるとしても、なぜこのことが、私が取り組もうとしている概念的問題の解決に役立つのだろうか？　私たちは装いを変えただけの同じ問題、つまり目が目そのものを見ることの問題に、依然として直面しているのではないのだろうか？自分の無意識的な関与のサインに気づく能力を、私たちはどのように説明できるのだろうか？　エナクトメントを指し示すものに気づく私たちの能力は、エナクトメントそのものに飲み込まれてしまうはずではないのだろうか？　なぜエナクトメントはある面ではブラックホールであるはずなのに、別の面ではそうではないのだろうか？　もしエナクトメントが、それを観察する私たちの能力とそれに対してどうすべきかを知る能力をそれ自身の中に飲み込んでしまうのなら、いったいどうして同じ運命が微妙な情緒的ヒントの存在に対しては及ばないのだろうか？

　確かに、私たちはブラックホール論を受け入れたりはしない。しかしそれでも私たちは、そのような反論が純粋に論理的な観点では筋が通っていることを認めねばならない。私たちが十分によく知っているように、私たちは気持ちの引っかかりを経験するし、セラピーに生じているエナクトメントの表れのサインを私たちが手探りで把握することを、それらの引っかかりが結果的に助けてくれる。しかし今のところ、なぜそれが可能であるのかを説明する方法を、私たちは持って

いないのである。

第2部　エナクトメントの理論

解離と多重的な自己

　しかし、私の中に批判者がいるということそのことが、ヒントを与えてくれる。なぜ彼（私の中の批判者）は、私が述べたことが私が問うている問題の十分な解答になっていないと気づくのだろうか？　なぜ**彼は**、私たちはヒントを感じ取ることはできるが、エナクトメントの新たな認知に直接的に達することはできないと述べることが矛盾して見えることに気づくのだろうか？　**彼は**、私の中のその問題を解こうと努める部分とは別の課題を持っているから気づくのである。**私は**建設的な解決を生み出そうと努めている。その一方で**彼は**、私の考えていることが公的な議論の基準を満たしているのか確かめようと努めている。「彼の」課題は、「私の」課題とは別である。（人格全体を指す広い意味での）私は、部分に分かれているのである。私のこうした二つの意志は、私たちが自分の「部分」と呼ぶもの、あるいは関係論的な考え方の現在の用語法で言えば、「自己のあり方」や「自己」と同じものと見なされる[*原注5]。

　私は自分の議論の不十分さを理解できる。なぜなら創造的に考えようと努める「私」は、私の考えを調べる「私」を認めているからである。あるいはもっと厳密に言えば、創造的に考えようと努める「私」は、私の考えを調べる「私」と、**葛藤を経験する**からである。

　私が別の「私」と葛藤を経験**しない**可能性が考えられるだろうか？　もちろん

[*原注5]　以下の文献を参照せよ。ブロンバーグ（1998, 2006）、デイヴィス（1996, 1997, 1998, 1999, 2004）、デイヴィスとフロウリー（1991, 1994）、フラックス（1996）、ハリス（1996）、ミッチェル（1991）、パイザー, S.（1998）、スレイヴィン（1996）、スレイヴィンとクリーグマン（1992, 1998）、スターン, D.B.（1997）。

考えられる。そのような場合には、私のそれらの二つの側面は、つまり自己のあり方や擬人存在の二つの側面は、互いに**解離されている**と言えるだろう。もし私がそれに対する批判者から解離された空想的存在に同一化したとすれば、私は誇大的になってしまうだろう。その場合、私の考え方はあまりに多くの意義を持ち過ぎ、あまりに広く適用され過ぎることになるだろう。そしていつの間にか私は、根拠のないうぬぼれに陥るだろう。もし私が今度は自分の想像的側面から解離された（そうした側面との葛藤を経験しない）心の中の批判者のほうに同一化を深めたとすれば、私の書くものは平板で退屈でひどく用心深いものになってしまうだろう。それどころか、そもそも何も書かなくなるかもしれない。なぜなら、私の空想上の批判者の評価では、私が述べようとすることの中には常に誰かから間違いを指摘される余地があるからである（そしてもちろん、それは正しい見方である）。実際、ちょうどこのような性質の解離が、間違いは破局につながると感じる親のもとで成長した人に起きるのかもしれない。私たちはみな、そのような親を持つアダルトチルドレンを知っている。彼らは意識的に、そしてそれ以上に無意識的に、心の内なる批判者と外界の批判者からの非難を避けることで頭がいっぱいなので、自発的な経験をすることがほとんどできない。

　どのような状態が理想的なのだろうか？　理想的な状態は、そして多くの人が実際に近づける状態は、私たちの経験の少なくともいくつかの重要な部分において、自己のさまざまなあり方の間の葛藤を常に絶え間なく自覚している状態である。ブロンバーグ（1998）は、これを「間に立つこと（standing in the spaces）」と呼ぶ。多重的な自己の間の葛藤に耐えることができる場合に限り、私たちはそれらの間の不一致に取り組むことができる（パイザー，S., 1998）。けれども急いで付け加えるのだが、心のさまざまなあり方の間の交渉は、必ずしも葛藤の解決を目指すために存在するわけではない。そうした交渉は、果てしなく続く、異なる選択肢の比較評価である。もし私たちが互いに葛藤する意図を同時に受け入れて経験することができるなら、交渉は私たちがそれらに向き合う自然な姿勢である。その一方で、葛藤が現れるまでは交渉はできない。

　例えば、もし私が他者の役に立つことを書きたいと望むのなら、私は私の空想上の批判者と私の創造的な側面を同時に経験できねばならない。私は創造的に考

えると同時に、創造的に考えていること**について**批判的に考えることができねばならない。そしてそれぞれが目指すものの間に食い違いが生じる場合には、私が望む以上に実際にそうなることが多いのだが、私はそれぞれの意図をもう一方に照らして評価できねばならない。原稿を修正するか、空想上の批判者が満足するように答えるか、私にはそのいずれかができねばならない。言い換えれば、私は葛藤の経験を生み出すことを自分に許すことができねばならない。もし私がこうした自己のあり方のいずれか一つに閉じこもり、もう一方の自己のあり方が提供する見方を構成できないなら、そこには葛藤は生じない。そのとき、私は解離しているのである。

　解離された経験は、私たちが学んできたように、単に心の隠れた片隅にひっそりと姿を消すのではない。それはエナクトされるのである*原注6。私は自分が直接的に経験することに耐えられない自己のあり方を「行動に現す」だろう。そしてそうすることで、私は自分が関わりを持っている相手に無意識的に影響を及ぼし、そもそもその自己のあり方を解離するように私を導いたのと同様の危険な反応を、相手が経験するように仕向けるだろう。多様なエナクトメントの形で、私はトラウマを受けた自己を具現化し、すべてが過去とは違った形で起きるように仕向け、そうすることで自分を癒そうとする。しかしそれは、常に無益な試みに終わる。それどころか、痛ましいことに私が再びトラウマを受け続けることになるような形で、私は他者の経験と行動を引き出してしまう。このような相補的なエナクトメントにおいては、同じように無意識的なやり方で状況をコントロールしようと試みて、私は自分がトラウマを受けたのと同じやり方で相手にトラウマを与える。しかし、そうする中で自分が果たしている役割を、私はほとんどあるいはまったくわかっていない（そして、もしそのトラウマがひどく深刻なものであれば、私は気に留めもしないだろう（スタイン，2004，2006））。

---

*原注6　例えば以下の文献を参照せよ。アーロン（2003a, 2003b）、バス（2003）、ベンジャミン（1998）、ブラック（2003）、ブロンバーグ（1998, 2006）、デイヴィス（1996, 1997, 1998, 1999, 2003）、デイヴィスとフロウリー（1991, 1994）、パイザー，B.（2003）、パイザー，S.（1998）。

私たちは解離された自己のあり方の起源には近づき難いと考える。しかしエナクトメントにおいては、相手の中に呼び起こされた相補的なあり方は、私の解離された自己のあり方が私には近づき難いのと同じように、相手にも近づき難い。私の相互交流の相手は、彼の役割が彼自身の選択によるものでないということに気づいていない。私と同じく彼も、私たち二人が作り上げている相補的なパターンによって自分がそこへと動かされていることに気づいていない。それゆえに、それぞれが相手を、自分の間違った見方を押しつけてくる扇動者として経験するのである。

　例えば、もし私が自分の心の中の批判者を解離し、私の仕事が誇大的になれば、私は自分の行き過ぎに気づかないだろうし、したがって他者からの批判を引き出している自分の役割を理解できないだろう。批判が起きれば私は驚き、私はすっかり打ちのめされる（そしておそらく、相手の罪意識を刺激することを無意識的に目論むやり方で振る舞うだろう）。あるいは、（なんて**厚かましい**！と）激しく怒ったりするだろう。その一方で、もし私が自分の冒険的で創造的な側面を解離すれば、極度の自己批判をすることによって、自分が密かに（自分自身に対してさえも密かに）成し遂げたいと思っている貢献がいかに重要であるかを他者にほのめかしているということに、私は気づかなくなるだろう。

　サリヴァンは「空想上の批判者」の比喩の代わりに非人格的に定義された認知過程の記述を用いるべきだったなどとは、私たちは思わない。なぜなら、彼がその比喩で意味していることは、私たちには直観的かつ直接的に明白だからである。私たちは想像の中で、葛藤する多様な自分の意図について思い描くとき、そうした意図そのものだけを思い浮かべるのではない。私たちは自分の意図を、自分の「部分」や自分の自己の「あり方」として思い浮かべる。私たちは自分の心の中の世界を単純に描写するのではない。私たちはそこに人々を住まわせる。たとえ一定の条件のもとではそのような用語で自分の心を描写することがいかに合理的であるとしても、私たちは自分のことを情動と認知と意欲との結合物として理解したりはしない。その代わりに、私たちは自分の諸断片を複数の人格として感じる。サリヴァン（1954）の理論では、人格の多様な諸側面が「擬人存在（personifications）」として記述されるが、そこには、私たちの心の中の風景の諸要

素には人間的な性格があるという彼の見解が反映しているのである（彼はこの一点においては対象関係論の著作家たちと考えが似ている）。

　それには立派な理由がある。こうした擬人存在はそれぞれ、特定の重要な人物との関係性を軸に、あるいはさまざまな重要な人物たちの諸部分との関係性を軸に生じたものだからである。経験がトラウマ的である場合、その子どもは安全感のあるときに生まれたあり方と、危険でトラウマ的な人物、あるいは（例えば「怒っている父」のような）部分人格が現れているときに生まれたあり方とを、同時に経験することに耐えられない。そこで、解離が生まれる。その子どもは、そしてその子どもが成長して大人になってからは、そのトラウマ的なあり方をエナクトし、自分に耐え得るあり方の範囲内で、自分が「慣れ親しんだ」生活を送るのである。

解離、エナクトメント、そして葛藤の達成

　本章の残りで論じられることはすべて、解離とエナクトメントについての以下の提案を精査し、拡張したものである。これらの考え方を十分に吟味し終えたあとで、どのようにして目は目そのものを見るのかという問題に戻りたいと思う。そうすることで、この答えられない問題に答える準備が今以上にできるようにはならないだろうが、その問題は設定し直されるべきであり、その新しい形式において、それは理解可能な問題になると述べることができるようになるだろう。

1. エナクトされた経験は、そして解離されたあり方も同様に、象徴化されることができない。それゆえに、エナクトメントそれ自体以外の姿では顕在的に存在することはない。エナクトされた経験は、未構成の経験である。
2. 解離されたあり方は、象徴化されていないので、私たちが安心して「自分」と見なしており、容易に意識できる形で存在している心のあり方と、葛藤的な関係を形成することはないし、可能でもない。
3. エナクトメントは、解離の対人関係化である。一つの心の中で経験され得ない葛藤は、二つの心の**間**で、あるいは二つの心を**またいで**経験され

る。患者によって解離されたあり方は、顕在的には分析家によって経験され、顕在的には患者によって経験されるあり方は、分析家の心の中で解離されている。それゆえ、それぞれの当事者は生じていることの部分的な理解しか持つことができない。
4. エナクトメントは、したがって、内的葛藤の表れではない。外的葛藤、つまりエナクトメントの中にいる二人の人物の間の葛藤は強くても、エナクトメントは内的葛藤の**欠如**である。
5. エナクトメントは内的葛藤が達成されたときに終息する。つまりそれは、エナクトメントにおいてそれぞれの当事者に属している二つの解離されたあり方が、二人の精神分析の当事者のどちらか一人の意識の中で構成できる場合である。

こうした考え方を展開するうえで、私はフィリップ・ブロンバーグ（1998, 2006）の考えに恩恵を受けている。それらの考え方は彼の影響を帯びているとさえ言えるかもしれない。なぜなら、本章で描かれている解離と葛藤とエナクトメントの間の関係は、彼の著作にも登場するからである。具体的に言えば、ブロンバーグ（1998；とりわけ2000, pp.564-567を参照せよ）は、エナクトメントは解離の産物であり、エナクトメントにおいては葛藤が存在せず、葛藤が可能になったときにエナクトメントが解消すると考えている。私はこれらと同じ結論に、未構成の経験の考え方（スターン, D.B., 1983, 1997）と、無意識についての解離に基づいた見方と、そのような考え方に根を下ろしたエナクトメントについての理論から出発してたどり着いた（スターン, D.B., 1997；本書の第3章および第5章から第7章までも参照せよ）。

私はまた、ジョディ・デイヴィスとメアリー＝ゲイル・フロウリー＝オウディアの仕事（1991, 1994）に端を発し、デイヴィスの最近の著作（1996, 1997, 1998, 1999, 2003, 2004）においてさらに展開されている、次のようなオリエンテーションを参照してきた。それは、患者の解離された経験は決まってエナクトされるという考え方、そしてその経験に分析家が接近する唯一の通路は転移－逆転移の分析であるという考え方である。デイヴィスの臨床例の提示、とりわけ最近のもの（デイヴィス, 2004）は、すべての分析家がエナクトメントとその根底にある相互的

な解離に接近するうえで直面する諸問題についての、雄弁でニュアンスに富んだ解説である。

フォナギーら（2002）によって詳細に述べられた包括的な立場においては、ブロンバーグの考え方とデイヴィスの考え方と私自身の考え方の場合と同じように、解離と分裂とエナクトメントが顕著な役割を果たしている（特にフォナギーら, 第10章, pp.373-433を参照せよ）。このグループの仕事と私がここで提示するモデルの間には、興味深く、時に驚くほどの、いくつかの類似点がある。そしてそれらは詳細な検討に値する。本書の第8章において、これらの二つの見解の間の類似点と相違点の両方を論じる。

二つの背景的考察

私が先ほど提示した論点の説明に取りかかる前に、二つの背景的考察に光を当てたい。それらはそれぞれに、私が列挙した論点の理解を助ける理論的なコンテクスト、あるいは背景の一部を提供するものである。

葛藤の源泉

生み出されるのを待っている葛藤について私が言及する場合、私が指しているのは主観の中で進行する葛藤のわずかな部分に過ぎない。例えば、あたかも他にはいかなる源泉もないかのように、すべての葛藤は自分と自分でないものの関係の分析から生まれてくるなどと、私は主張しているのでは**ない**。言うまでもなく、葛藤的な経験の多くはセラピーに先立って患者に十分に認識されている。また、セラピーが展開するにつれて患者が認識するようになる葛藤の多くは、それどころかセラピー中に生み出される葛藤の大部分は、サリヴァンが**よい自分**と**悪い自分**と呼んだものの間で生じる。これらの表現は、人生早期における重要人物からの承認と不承認に起源を持つ自己の多様なあり方を包括する用語である。それらが合わさって、私たちが自分や自己と感じるものが作り上げられる。よい自分と悪い自分の間の葛藤は、たとえはじめのうちは患者に認識されていなかったとしても、達成することがひどく困難というわけではない。なぜなら、葛藤の両方の

側面はすでに自己の中に存在しており、つじつまの合わなさや矛盾を指摘して患者にどう思うかを尋ねるだけで、あるいは分析家が解釈を伝えれば、それで十分な場合が多いからである。言い換えれば、よい自分と悪い自分の間の葛藤は未構成であっても、それらのあり方そのものはすでに構成されているか、患者が詳細に述べることができる範囲内にある。よくある例として、よい自分と悪い自分の分離が患者と分析家との間のエナクトメントに表れている場合でさえも（例えば、**よい**役割と**悪い**役割が分析家と患者の間で分裂する場合がある）、一般的にそのジレンマは大きな困難を伴わずに乗り越えることができる。

けれども、自分と自分でないものの分離に由来するエナクトメントは、はるかに乗り越えることが難しく、手に負えない場合も多い[*原注7]。解釈だけでは十分ではない。少なくとも、分析家の機知と直観といった心の働きを多少なりともゆとりをもって専門家として活用するだけでは不十分である。エナクトメントに取り組むには、分析家は実際に、時にはかなりの長期間にわたって、その経験の非合理的な、情緒的負荷の大きい部分に身を委ねなければならない。自分でないものがセラピーを支配することは一時的にしか起きないとしても、そのようなエピソードは必ずしもまれであるとは限らず、それはその事例次第である。しかしそれらに適切に取り組むことは、おそらくすべてのセラピーにおいてセラピー作用の最も重要な部分だろう。なぜなら、自己（つまり自分）が拡張するのは、自分でないものを統合することを通じてだからである。したがって、よい自分と悪い自分との間の未構成の葛藤も含めて取り扱うが、私がここで取り組むエナクトメントは、主として精神分析の仕事にとって最も重要なエナクトメント、つまり自分と自分でないものとの関係に根ざしたエナクトメントである。

[*原注7] 私は別の機会に対照的な臨床例を提示したことがある。よい自分と悪い自分との間の未構成の葛藤を特徴とする比較的乗り越えやすいエナクトメントと、患者が自分でないものに入っていく場合に生じるかなり深刻で困難なエナクトメント、つまり停滞あるいは「行き詰まり」の例である。よい自分と悪い自分との間の未構成の葛藤は、私が別の機会に「弱い」意味と呼んだ形で解離されている。他方で、自分と自分でないものとの間の未構成の葛藤は、「強い」意味で解離されている（スターン, D.B., 1997；本書の第3章も参照せよ）。

✐ 分析家の解離

　二番目の背景的考察は、患者が分析家に引き起こす（そして、それもまた起こり得ることであるが、分析家が患者に引き起こす）相補的な解離に関するものである。たとえある重要な意味では、分析家の相補的な解離は患者に対する反応性のものであるとしても、それは、投影同一化という用語ではしばしばそう考えられているとしても、あたかも見知らぬ異質な物体のように分析家の心に植えつけられるわけではない[*原注8]。そうではなく、相補的な解離は、解離する者の生の営みにおいて、決まって力動的に意味深い事態である。分析家がエナクトメントに関与している場合、それは分析家に解離が起きているからである。そして分析家に解離が起きるのは、分析家が、しばらくは解離することで**しか**対応できない、傷つきやすい状況に陥るからである。エナクトメントは、二つの別々の主体の間に生じる。そこではそれぞれが、自分の意図と、相手の意図だと思っているものとのある種の結合に基づいて行動する。もし分析家がそれに対して傷つきやすくなければ、患者は分析家にそのような解離を引き起こせない。それゆえ、分析家の解離は、患者の解離の場合と同じく、分析家自身の生の営みの産物である。したがって、葛藤を生み出し、エナクトメントを乗り越えるには、患者の成長が必要なのと同様に、分析家の成長が必要なのである。言い換えれば、分析家の役割の本質は傷つかなさにではなく、自分の傷つきやすさを受け入れ、それと率直に向き合う、特別な（けれども一貫しない）積極性と熟練した（けれども不完全な）能力にある。

　これらのことは、ハインリッヒ・ラッカー（1968）が彼の仕事全体を通じて追求した主題であった。ラッカー（1957）は、ご存知のように、「分析は病んだ人物と健康な人物の間の相互交流であるというのは『分析状況の神話』である」（p.132）という有名な警句の主である。彼は、分析家は決まって患者の内的諸対象への同一化を通じて「逆転移神経症」を病み、それを発展させるものであり、セラピーの行く末は分析家がそれを解消する能力にかかっていると考えていた。例えば、もし分析家が自分の攻撃性を自分の性質にはないものとして否認するな

[*原注8]　こうした問題に関する議論としては、第1章を参照せよ。

ら、患者が攻撃的な気持ちでいる場合に、その分析家は共感を抱きそうにない。その代わりに、怒りを感じたからとか攻撃的に振る舞ったからという理由で患者を叱ったり拒絶したりする、患者の内的対象に同一化しそうである。つまり、患者は分析家（誰もが時としてそうであるが、少なくとも傷つきやすさを抱えた分析家）に影響を及ぼして、患者の内的対象世界が作り上げられる背景にあった、元の対人関係的環境を再現するのである。こうした「補足型」同一化が、現代的な用語では困難なあるいは執拗なエナクトメント、あるいは停滞と呼ばれるものへと至る通い慣れた道であることは、わかりやすい。

ラッカーはもちろん、停滞をセラピーにおいて起きて当然の部分とは考えなかった。これは別の時代の精神分析の話である。彼にとっては、自分の補足型同一化を観察して分析し、そうすることによって患者の自我と同一化する（融和型同一化）能力を回復することが、分析家の責任であった。ラッカーはそのようには述べていないが、逆転移神経症の治癒は、転移神経症も同様であるが、分析家が患者の対象への同一化を拡張して、同じく患者の自己をも同一化の対象に含むようになる能力に左右されると言えるだろう。分析家は両方の見方を同時に許容できねばならない。このように述べることで、私たちは多重的な自己の命題を定義し直したばかりでなく、自己は葛藤を生み出すことによって癒される、つまり、患者の中に存在する部分と分析家の中に呼び起こされて存在するようになった部分とを結びつけることによって癒されるという考え方をも定義し直したことになる。

したがって、本章で私が提示している考え方に対して、私は同時代の著作家たちに最も多くを負っているが、同様に、同時代の著作家たちの考え方の源流である、前の世代の著作家たちにも多くを負っている。サリヴァンは特に影響力のある知的先駆者であった。しかしそれはおそらく、その時期にサリヴァンだけがここで論じている問題に関連する見解を書いていたという理由よりも、私が対人関係学派の精神分析から出発したという理由のほうが大きいだろう。対象関係論の著作家たち、そしてクライン、ラッカー、ビオン、そしてビオンの投影同一化の考え方を援用してきたビオン以降のすべての著作家たちも、同様に重要な源流である。ある意味で、これらの著作家たちはみな、精神分析を断片化に苦しむ主体

のセラピーとして、患者の中に自分の自己の多様な部分に対する新しい許容性を生み出すこととして描いている。ラッカーとビオンにとっては、ブロンバーグとデイヴィスにとっても同じく、患者の自己の疎外された部分は、分析家の経験の中に呼び起こされ、そこを経由して回復へと向かうのである。

「ものの見方が一つである状態」を乗り越えること
──葛藤の欠如としての解離とエナクトメント

　エナクトメントは葛藤の産物ではないと考えることができるという考え方は、対人関係論になじみのない分析家にとっては驚きかもしれない。サリヴァンの業績以来、精神病理の基盤（あるいは、サリヴァンが好んだ用語法では、生きるうえでの困難さ）は、心の中の葛藤の欠如にあると考えることができるようになった。コフートは、サリヴァンとはまったく異なる理由から、自分の理論において葛藤の意義をはっきりと低く評価した。そのコフートとは異なり、サリヴァンは直接的には葛藤の問題に取り組まなかった。しかし、彼は主要な防衛として解離を導入し、防衛がそもそも発動する理由は「現実の」出来事にあると考えた。「実際のところ」と、ブロンバーグ（2006）は書いている。「サリヴァン（1954）の対人関係論的な精神分析理論は、私の考えでは本質的に、トラウマに反応して生じる人格の解離的な組織化の理論である」（p.215）。

　実は、ブロンバーグの説明は、サリヴァンの晩年の仕事よりも初期の仕事のほうによく当てはまる。初期の仕事においてサリヴァン（1953/1940）が説明する解離は、とても幅広く、自己の発展における促進的な役割を含んでいる。例えば、次のように書いている。

〈自己〉が、意識の枠内への表出を認可するものは、両親その他の重要人物による承認不承認を受けたことのある人格部分だけである。〈自己〉は、これ以外の人格部分は一切、その表現のために意識を使用することを、いわば、拒絶する。それらを表現することと意識とは相容れない。それらは意識に無視される。そのような衝動、欲望、欲求は〈自己〉との結合を断たれ、

解離される。(邦訳31頁)

　けれども、後の著作では、サリヴァンは解離の範囲を制限して、彼が「シゾフレニア」と呼ぶものに特徴的な強力な防衛手段を指す概念として主に使うようになった（彼のシゾフレニアの用法は、今日の私たちの用法よりもはるかに広い診断的カテゴリーである。そこには、私たちなら精神病的であるとは考えないような多くの人々が含まれる）。私が上に引用した文章を含む自分の以前の著作に触れて、サリヴァン（1954）は次のように書いている。「『現代精神医学の概念』では、解離を重視し過ぎた嫌いがある。解離の他にもいろいろのことが起こっているのだが、大きく取り上げる時間が取れなかった」（邦訳369頁、脚注）。

　解離を論じる現代の著作家たちが自分たちの仕事をサリヴァンに関連づける場合には、ブロンバーグ（1998, 2006）も私（スターン, D.B., 1997）もはっきりと明示したように、私たちは実際には主としてサリヴァンの初期の仕事に言及していると言えるだろう。それは少なくとも、その時期のサリヴァンが取っていただろうと思われる立場である。しかしながら、サリヴァンは後の仕事においても、人格（つまり自己システム）はかつて自分を傷つけたものを再体験しないように努めることによって形作られていると主張し続けた。そしてそのような理由から、サリヴァンの最晩年の仕事には、初期の仕事を引き継いで、葛藤ではなくトラウマと解離によって組織される精神病理のモデルが残っているという主張は、十分に支持できるものである。サリヴァンはその仕事全体を通じて、耐え難くて解離されているもの、あるいは自分でないものが、自己（よい自分と悪い自分）を作り上げている耐え得る経験と葛藤状態で存在するとは、決して考えなかった。自分でないものは、自己から追放された、未分化で、未熟で、象徴化されていない経験なのである。そして、自分でないものはそのような追放された状態にあるので、状況が好都合であれば（あるいは、むしろ悪ければ）自己に押し入ってくる恐れはあっても、意識的に表象される自己経験と共存することはない（もし状況がひどく悪化して、自分でないものが現れて明瞭に認識できるようになれば、好ましくない結果が生じる。深刻な混乱を抱えている人々にとっては、それはサリヴァンがしばしば「重大な（grave）」と呼んだ結果をもたらす）。この理論には、欲動は存在しない。だから放出を求める

切迫性も、意識に現れようとする圧力も、抑圧されたものの派生物も、抑圧されたものの回帰も存在しない。解離された経験は、普通の状況においては、単純に不在で、消え去っていて、未構成で、知ることができない（スターン, D.B., 1989, 1991, 1997, 2002a）。1930年代および40年代には、まだ解離とエナクトメントの間の関連について考えついた人など誰もいなかったのだから、サリヴァンが理解していたような、解離された経験が心に及ぼす影響は、ほとんどの場合、目立たず気づかれなかった（エナクトメントの概念は数十年先になるまで明確にならなかった）。解離によって、経験がどこで耐え難い不安のために進めなくなるかが左右された。しかし、このような心的な禁止は、心の中でコード化されたり象徴化されたりすることはなかった。むしろ、ちょうど絵画がキャンバスの空白部分に取り巻かれて形作られ得るように、人格はそれに取り巻かれて形作られた。特別な労力を払うことを必要としない、一種の逆向きの向性の働きによって、自己システムは解離された経験との関わりをまったく失った。説明のための比喩として、出舎道を思い浮かべてみてほしい。もしあなたがその道から逸れることがなければ、道沿いに歩いていて目に入らないものの存在について気にかける理由は何もない。また、自分は何かを視野から排除しているのではないかと怪しむ理由もない。それが自己システムの働きである。つまり、経験を安全な、慣れ親しんだ、決まった進路に保つことである。したがって、事実上、サリヴァンの理論における解離された経験は、単に存在しないのである。

　フロイト派の観点では、防衛は無意識的な葛藤から発展する。フロイト派の考える防衛の目的は、葛藤の一方の極のみが意識に表象されることを許すことで、葛藤が意識されるのを防ぐことにある。私がサリヴァンの仕事から発展させてきた見解では、防衛が私たちを意識的な葛藤の経験から守ることはその通りであるが、その方法はまったく異なる。葛藤は経験の一部を、私たちが解離されていると呼ぶ部分を、単にまとめ上げないことによって回避される。サリヴァンの理論が示すように、そのような経験は端的に存在しないのである。それは心の中の隠れた場所へ「移された」のでも、認識できないように変容されたのでもない。それは単に存在することを許されていない。それは象徴化されておらず、未構成のままなのである（スターン, D.B., 1983, 1997, 2002a）[*原注9]。そうした未構成の状

態においては、それは必ずしも意識の中に押し入ってくる恐れはないが、依然として困難の源であり続ける。なぜなら、今では誰もがはっきりと気づいているように、意識に対する防衛的な統制の代償として、解離された経験はエナクトされるからである（繰り返しておくべきだと思うが、この論点はサリヴァンには利用できなかった）。

けれども、解離された自己のあり方は許容されている自己のあり方と葛藤状態では存在しないと考える理由は、理論的なものの他にもある。それは理論的な理由以上に適切な理由、つまり経験それ自体である。エナクトメントにおいては、意識的な葛藤経験はまったく存在しないという事実を考えてほしい。葛藤経験の欠如は、エナクトメントの定義の一部と言ってもいいだろう。エナクトメントは、**両方の当事者の経験が、別の状況であれば葛藤を形成するはずのものの、一方の極のみに限定されること**である。エナクトメントにおいては、正確に言えば、患者と私たちがそれぞれに相手についての単一の見方の中に閉じ込められていることが問題なのである。私たちは認知を改めることができず、それぞれに「ものの見方が一つである状態（single-minded）」になっているのである。私たちは自分が閉じ込められている見方と葛藤を生むような、相互交流についての別の理解の仕方を経験することができない。まとめると、患者の顕在的な経験と分析家の顕在的な経験は葛藤を形成するが、それは断片化した葛藤であって、一人の心の中に抱えられるのではなく、二人の人物の心に分かれて存在するのである。**心の中の葛藤は欠如している場合があり得るのであり、葛藤の欠如は、それが臨床的に顕著な場合には、エナクトメントとして現れるのである。**

それぞれの当事者のエナクトメントの経験における葛藤の欠如は、二人の当事者の一方が、通常は分析家のほうであるが（しかしそうでない場合もある）、許容できるあり方と解離されたあり方の両方を同時に意識できるようになるまで継続す

＊原注9　ここで記述されている過程についてのより丁寧な理論的説明として、スターン，D.B.（1997）の第6章、第7章を参照せよ。こうした観点からのエナクトメントについての臨床的な説明としては、スターン，D.B.（1997）の第10章、第12章、そして本書の第3章を参照せよ。

る。そうしたことが起きたときにのみ、それら二つのあり方にそれぞれまとまっている互いに葛藤する意図が扱えるようになる。正確には、その場合にのみ、葛藤は一人の心の中で形成され得る。したがって、その場合にのみ、葛藤は直接的に経験され得る。言い換えれば、分析家か患者のいずれかによって葛藤が心の中で経験されることが、エナクトメントが乗り越えられるための必要十分条件なのである。

解離についての精神内界的概念と構成主義的概念

　議論を進めるために、先ほどの私のヴィネットにおける私の関わり方が、私が「分裂」仮説と呼ぶ、解離と多重的な自己についてのより伝統的で精神内界的な見方にはどのように映るかを考えてみたい。分裂においては、許容できる自己のあり方と解離された自己のあり方はどちらも心の「中に」ある。これら2種類のあり方の間の関係は、伝統的な精神分析的な意味で葛藤的である。一方のあり方は意識化可能であり、他方のあり方は自覚の外側に存在している。ここで次の可能性を考えてみよう。それは、私が患者の示す皮相な「進歩」を喜んでいた間、私は葛藤に、一方は自己愛的な満足を求める私の欲望、もう一方はよい仕事をするためにはそのような欲望を犠牲にしなければならないという私の理解（それは解離されてはいるが、十分に形作られて私の無意識的な心のどこかに存在している）、これらの間の葛藤に耐えられなかったという可能性である。この考え方においては、私はそれらの間の相互作用によって私の中に強まる葛藤を意識的に経験することに耐えられず、そこで私は許容できないあり方を解離する解決法をとり、その結果、解離されたそのあり方は依然として私の心の中の「そこにある」のであって、それは今度は私が意識的に心に抱いているあり方と**無**意識的に葛藤していることになるだろう。

　こうした精神内界的な観点では、分析家の側のエナクトメントは、患者との相互交流により作動した内的な力動が理由となって生じる。患者の側のエナクトメントも同様にして生じる。分裂においては、エナクトメントはそれぞれの当事者による、それぞれの解離されたあり方の間の心の中の葛藤の否認によるものであ

る。葛藤の両面がそれぞれの人物の心の中に存在し続けているが、それらは別々に切り離されたままになっている。それらは時には交代して経験されることもあるが、同時に経験されることは決してない。

　フロイトの抑圧理論において経験を無意識へと追放することが果たしていた役割は、分裂図式においては、心の中に分割を生み出す過程が果たしている。このような分裂の結果生まれる主観の断片は、次々に現れる、相互排除的なあり方として意識に現れる。これは心の「水平的な」軸に沿ってまとめられた防衛理論であって（さまざまなあり方が次々に入れ替わり経験されるという考え方）、抑圧の「垂直的な」次元に沿ったものではない（無意識という貯蔵庫へと「下りる」という考え方）。このような点では、精神内界的な分裂モデルは、私がここで提案している解離とエナクトメントのモデルに似ている。しかし、それ以外のあらゆる重要な点においては、分裂モデルは抑圧としての防衛の考え方に近いままである。力動性は心の異なる諸部分の間の無意識的で内的な葛藤に基づいており、この葛藤は、それに直接関連する外的な出来事が起きるときには、すでに準備ができている。分裂モデルにおいては、対人的な場に割り当てられている役割は、力のバランスを変化させること、つまり、その本質的な内容は遠い過去に与えられてすでに準備ができている内的な出来事を始動させることや「点火する」ことに過ぎない。言い換えれば、人と人との**間**に起きる無意識的に動機づけられた出来事（エナクトメント）は、彼らの**内側**の葛藤に根拠づけて理解される。したがって、無意識的で内的な葛藤がエナクトメントよりも**先に存在する**のである。

　その一方で、私が提示するエナクトメントの概念においては、人々の**内側**の葛藤経験は、彼らの**間**のエナクトメントの性質が明らかになった結果の産物であると思われる。簡略に、エナクトメントは常に象徴化されることを待ち受けているという論点を強調するために、私はこの後者のモデル、つまり解離とエナクトメントの**構成主義的な**概念化としての対人関係論／関係論モデルに、注意を向けたいと思う。

分裂と構成主義的な見方の比較

　おそらく、対人関係論の中でも最も革新的な主張は、意識内容に対して主要な影響を及ぼすのは対人的な場であるという主張だろう（ブロンバーグ，1998，2006；レーヴェンソン，1972，1983，1991；スターン，D.B.，1997；サリヴァン，1953/1940，1954）。対人的な場が経験を促進もするし制限もする。そして任意の時点に、患者と分析家が、どのような心のあり方や自己のあり方を生み出し、とり得るのかに影響を及ぼす。解離は経験に対するこうした制限のうちでも最も重要であるが、対人関係論において、解離が否認された精神内界的な葛藤とは考えられない理由がここにある。それどころか、それは私たちがまだ生み出していない主観性であり、まだ持っていない経験である。

　分裂においては、抑圧の場合と同じく、私たちは、自分の一部では知らないことを、他の部分では知っているのだと言われる。私たちは、実際には自分の隠れた一部では知っていることについて、経験することを無意識的に拒むというわけである。その一方で、構成主義の観点で捉えられたエナクトメントにおいては、意味の分裂は起きるが、それは一つの心の異なる部分の間においてではない。そうではなく、意味の分裂が起きるのは、二人の心の間においてである。分析家はその意味の一部を経験し、他の部分をエナクトする。そして患者は分析家がエナクトした部分を経験し、分析家が経験する部分をエナクトする。二つの心は互いに鏡像を成している。それらは二つに割れた皿の半分ずつのようにぴったり一つになる。最終的には一人の人物の意識的に経験された葛藤に**なる**ことを私たちが期待するものが、二人の間で行動に現される。その間、分析家と患者は互いに、**自分**だけがその状況を正しく理解しており、**自分**だけが相手から不当な扱いを受けていると判断しがちになる。

　もう一度私の臨床例に戻って考えてみたい。患者の「進歩」を喜ぶことを望んだ私の一部と、自分の観察力をその犠牲にして患者を失望させたことに罪悪感を持った部分との間の分離について考えてみたい。構成主義の見方からは、後者の自己のあり方（罪を感じる自己のあり方）は、あの不思議な情緒的な活気のなさがセッションに忍び入り、そこには「何かが」あると私に悟らせて、何が起きてい

るのかについての私の眠っていた好奇心を目覚めさせるまでは、**私の心の中のどこにも象徴化された形では存在しなかった**。気持ちの引っかかりによって引き起こされた状況下で、罪を感じる自己のあり方は**存在するようになり**（構成されて）、心の中の意識的な葛藤がついに可能になった。それ以前の私の「ものの見方が一つである」状態は、私の中に存在する葛藤の否認によるものではなかった。それは、エナクトメントへの私の関与によって生み出されて促進された、私の側の好奇心の（無意識的に）執拗に続く欠如のためであった。

　構成主義の立場からすれば、中心的な防衛は、経験を生み出したり明確化したりすることを無意識的な動機に基づいて拒むこと、つまりさまざまな別の可能性に背を向けることである（スターン, D.B., 1983, 1989, 1997, 2002a, 2009）。好奇心が働かないとき、経験は「作られていない」のであり、したがって、文字通りに欠如している。それは心のどこかの片隅に「置いておかれている」のでも隠されているのでもない。そうではなく、それはそもそも一度も明確化されたことも作り上げられたこともないのである。したがって、**解離された**自己のあり方は**潜在的な**経験である。それは、もし人がそれを許すことができれば存在**できる**が、実際には許すことができず、また無意識的に許そうとしない、そういう経験である（スターン, D.B., 1997, 2009；本書の第3章と、第5章から第8章も参照せよ）。

　目の前の状況に心の奥深くからの情緒と意志で相互交流することが、経験の一瞬一瞬を新たに生み出す。けれども、私たちは自分の経験を作り上げる過程に関わって自分がしていることを、直接的に経験することはめったにない。私たちが自分の創造的な役割をどれほど知的に確信しようとも、私たちの経験には、つまり私たちが実際に遭遇することには、思いがけなさという性質がある。未来は私たちのもとにやってくる。それは「見いだされる」のであり、「到来する」のである。

　次に何が起きるかは未構成なのだから、それは多くの異なるやり方で形作られる可能性がある。しかし、決してどのようなやり方でもいいわけではない。虚偽に陥ったり狂気に屈したりすることなく私たちに作り上げることができる経験には、厳しいものから緩やかなものまで、重大な制約がある（そして狂気においてさえも、制約は消えることはない。その代わりに、それらの現れは奇怪なものとなる）。未構

成の経験の概念は、現実が存在することを否定するものではない。むしろそれは、現実は決まった形で与えられるものではなく、経験が偽りにならずになり得るものの範囲に対する一定の制約であるという主張である。けれども、例えば私たちがあるエナクトメントの意味を構成する自由に対する制約といった、厳しい制約でさえも、多様な解釈の余地をまだ十分に残しているのである。

　解離とは、顕在的な経験の形で明確化されたり構成されたりするかもしれない一定の範囲の可能性（つまり、一定の制約の範囲内にある可能性）について考えることを無意識的に拒むことであり、それらの可能性を明るみにもたらすかもしれない好奇心を働かせないことである。私たちが任意の時点で自由に作り上げることができる可能性は、私たちにとってのその時点の対人的な場の意味に左右されるのである。

分析家の自己許容性の回復

　私の臨床例について、次のように言うことができるだろう。私は自己愛的な満足を**直接的に経験**し、患者を失望させる振る舞いを**エナクトしており**（私は事態がうまく進むのをあまりにも安直に受け入れ過ぎた）、患者は私を喜ばせようとする企てを**エナクトし**（自分の「進歩」に満足を覚えるように彼自身が私を促していたことを、彼は理解していなかった）、事態は申し分ないとあまりにも簡単に欺かれて信じ込む親／分析家に失望させられる状況を**直接的に経験して**いた（つまり、その過程の途中、彼自身は賢明にも、自分が見せかけている成果を信じていなかった）。私は、実際に患者を失望させて**いた**自分の無意識的な関わりに気づくことができ、それによって自分の罪の意識を構成することができるようになって初めて、葛藤を経験してそれに向き合う立場に立ったのだった（しかし、自分が行っていたエナクトメントについての私の説明は、エナクトメントが解消して私自身の心の中の葛藤になるまでは構成できなかったことを覚えておいてほしい）。

　けれども、私は経験に基づいて、エナクトメントにおいて自分が無意識的に果たした役割に関して自分を責めるのは、あまりにも単純過ぎることがわかっていた。実際、もしそれに関して私が自己嫌悪に屈していれば、私はエナクトメント

を別の形で繰り返してしまっていただろう。その場合、私の自己嫌悪は、私の自己愛的な満足がその前にそうであったように、硬直した一面的な見方しかできないものだっただろう。私がエナクトメントと向き合うことに努め始められるような経験を生み出すために、私は、患者を失望させたことに対する罪意識と自分は最善を尽くしたと感じる気持ちの、二つの葛藤するあり方が共存する経験を生み出せる必要があったのである。

　時間をかけて、私はようやく、この患者とのセラピーにおいて自分の分析能力を行使することに自己愛的な満足を感じる能力を取り戻した。患者の家族が解決しなかった問題の観点からすれば、よい親であるかのように振る舞ったり感じたりする可能性を放棄することなく、患者の自由を尊重することができるようになるまでに、私には時間がかかったのだと言えるかもしれない。患者の両親も私も、患者がどれほど私たちを心配させようとも、私たちは最善を尽くしているという気持ちと、それは、たとえ十分ではなくても、私たちにできる精いっぱいのことなのだという気持ちを、持ち続けることができなかったのだ。

　言い換えれば、自分自身に対する許容性、つまり自分の経験全体についての理解を回復するのに、私には時間がかかったのだった。おそらく、自分の分析能力が低下するたびに、私たちはそうした許容性と理解を失い、そして取り戻すのだろう。おそらく自分に対する許容性を分析家が再発見することは、分析家の自己のさまざまなあり方の間に折衝が起きていることの表れの一つなのだろう。この事例の場合、変化のきっかけは、セッションの雰囲気が以前とは違っているという感覚が私に生じたことだった。その引っかかりが、未知の感情の存在、心の動きの手がかりであった。その存在について、感じ取ることができ、説明できるような気づきを構成するには、労力が必要であった。そして、以前は欠如していたものについてのそのような気づきが、私がすでに感知していたものと合わさって、ついには葛藤を形作るようになった。こうしたことが起きていたはじめのうちは、気持ちの引っかかりは、見た目以上の何かが進行しているという唯一のサインであり、やがて葛藤となり得る何かを示す私の気づきの中の唯一の痕跡だった。こうしたサインへの私の臨床的関心によって、そして臨床の課題にいつも通りに専念することによって、やがて私の解離は明るみにもたらされ、それ以前に

は何もなかったところに、私は葛藤を経験できるようになったのだった。

　ここで私は、しばらく前に提示した問題に立ち戻って答えることができる。もしエナクトメントが、エナクトメントを観察し、それらに関して何をするべきかを知る私たちの能力を飲み込んでしまうのなら、エナクトメントの存在をほのめかす気持ちの引っかかりは、なぜ同じ運命に陥らないのだろうか？　もし目が目そのものを見ることができないなら、いったいなぜ、そのものを**ほのめかす手がかり**を見ることができるのだろうか？

　実際には、おそらくこの種の手がかりの大部分は、私たちの探知を逃れるのだろう。しかし私たちはそのわずかな一部をとらえるのであり、分析の課題に普通に専念することで、こうした例外が可能になるのである[*原注10]。気持ちの引っかかりは、私たちが生み出しつつある葛藤が姿を現しつつあるサインである。そうした葛藤は、たとえ私たちがそのような考え方をしないとしても、エナクトメントが乗り越えられれば、直接的かつ意識的に経験されるに違いないものである。

　私の事例においては、自分が解離していた心のあり方を構成できるようになって、私は初めて、エナクトメントを続けるかどうかを選択する機会を得た。そしてもちろん、いったん選択の機会を手にすれば、結果は明らかだった。エナクトメントは、当事者のうちの一人がそれに代わる選択肢を思い浮かべることができるようになると、たちまちその威力を失う。その一方で、もし私が自分の解離を乗り越えることができず、いつまでも葛藤を経験することができなければ、エナクトメントは衰えることなく、最後までそれ自身の道を進み続けただろう。おそらく最後には、自分が助けを求めた相手によって再び失望を味わわされて、患者はセラピーから去ってしまっただろう。

---

*原注10　「分析の課題に普通に専念すること」は、言葉通りの意味であるが、私が考えていることを無難にした表現でもある。結局のところ、分析家の仕事は過酷なものであり得る。そして、そこから何らかの代価を得ることなく、日常的に困難なことを行うことを選ぶ者は誰もいない。精神分析家たちは、彼らにとってセラピーを行うということが、ラカンが享楽と呼ぶ、倒錯的で、しばしば少しばかり背徳的な、あるいは罪の意識を伴った満足を刺激するような、そういう人々であるに違いない。

苦痛、および自由の創出

　臨床経験とともに、分析家は不快な情緒的手がかりを重んじることを学ぶ。私たちはこうしたニュアンスを、さらなる考慮と検討に値する交流の契機を告知するものとして重んじる。そしてまた、できる限り正確に感知する必要があり、やがてまだはっきりと見ることすらできない世界に足を踏み入れることを私たちに許す、そういう経験を告知するものとして重んじる。専門家として活動し始めの頃は、こうした不慣れな刺激は単に苦痛であったり心をかき乱すものであったりすることが多いかもしれない。けれども、その同じ相互交流の中の手がかりが、後には私たちに対して自由を示唆するものになる。こうした直観に関心を持つ私たちの能力が、そして、患者にとっての自由はもちろん、それに劣らず私たち自身の自由を含む、自由への欲望に根ざした私たちの臨床の仕事への傾倒が、私たちがそうした苦痛な経験に耐える動機となる。臨床経験を重ねるにつれて、自分が理解していないものの存在に気づかせる、かつては不快だったものが、高い価値を持つようになる。私たちは自由をいっそう重んじるようになり、安心感を重んじなくなる。あるいはおそらく、経験とともに、自分たちに安心感をもたらすために割く労力が少なくてすむようになり、自由への欲望をより容易に許容できるようになるのだろう。時とともに私たちは、シミントン（1983）が「自由の行為」と呼ぶものを目指す仕事を、つまり、以前は無意識的だった場の拘束から分析家を解放することを目指す仕事を、患者の欲求を満たすことに努めたり、真実を知ったりすることによって進めようとすることは徐々に減り、ますます私たちが患者と共にいる経験と患者が私たちと共にいる経験のあり方を感じ取ることによって進めるようになる。例えば、おそらくきっと、臨床実践を始めた最初の数年間であれば、ここで例に挙げたセラピーにおいて私は何かが間違っていると感じはしただろうが、この印象に自分がどのように取り組めばよいかについて、考えをしっかりと練り上げることはなかっただろう。私はそれをチャンスとしてではなく、警告として感じたことだろう。

　関係の動揺のまっただ中でこそ、患者の自由と自分の自由を求める分析家の欲望は、患者からの援助に気づき、理解し、受け入れることを、分析家に可能にす

ることがある*原注11。もしサールズ（1976）が正しければ、このような援助は心を動かすものであるばかりか、変容を促すものでもある。患者を助けたいという分析家の欲望が、**分析家を**助けたいという患者の欲望を受け入れることを、分析家に許すと言えるだろう。

　患者は私に、何らかの水準で、何らかの未構成の、言葉にできない仕方で、二人の間の雰囲気の微妙な変化に気づいてほしかったのだろうか？　そうだったのだと私は思う。彼は私に、彼が私から微妙に引きこもっていることに気づくくらい彼のことを愛してほしかったし、それを不安に思うことなく気遣ってほしかったのだ。しかし、彼は転移の中で、私自身の「治癒」のための機会をも、私の自己愛を犠牲にして彼の期待に応えることで私がよい「親」になる機会をも、私に提供していたのではないだろうか？　おそらく、彼はそうしていたのだと思う。

再構成

　ここまで、葛藤が生じたときに起きる変化は、解離された自己のあり方を経験すること、つまり、未構成だった経験が構成されることに限られるという印象を、私は与えてきたかもしれない。しかし、私はそのような印象を残したくない。エナクトメントが解消する場合には、比較的安心感のあるあり方、つまり多少なりとも心地よく感じてきたあり方についての経験にも、同様に変化が生じる。つまり、エナクトメントの間に自分および相手について顕在的に意識されていた経験もまた、それまでとは別のものになるのである。

　葛藤が現れて、解離された自己のあり方が自覚されると、新たに構成された経験によって、それ以前に意識的かつ顕在的に経験されていたものの**コンテクストが更新される**。コンテクストが更新されることで、そうした経験は必然的に**再構**

---

*原注11　以下を参照せよ。アーロン（1991, 1996）、ブレヒナー（1992）、ギル（1982）、ホフマン（1998）、ミッチェル（1993, 1997）、サールズ（1975, 1976）、シンガー（1971）、タウバー（1954, 1979）、ウォルスタイン（1983）。本書の第3章も参照のこと。

成される。意識的に接近可能だった以前の経験は、新しい別の認知とともに意識されれば、それまでとは違って感じられざるを得ない。その意味は、少なくともわずかなりとも、変化せざるを得ない。なぜなら、そのコンテクストは更新され、それは心の中に違った位置づけを得るからである。エナクトメントが終息すれば、解離されていたあり方も、（それまで）安全であり顕在的に意識されていたあり方も、以前と同じままではいられない。それぞれがコンテクストを更新し、他方を定義し直すことに携わるのである。

　私の事例では、患者と作業に取り組むことに私がたやすく感じた満足は、その満足には自己愛的な性質があると私が少しずつ気づき始めることで、まずコンテクストが更新され、急速に受け入れ難く思えるようになった。私にはそれは何らかの兆候として感じられた。時が経ち、自分自身に対する許容性を取り戻すにつれて、たとえ心地よくはないとしても、私は罪の意識と満足を同時に経験することができるようになった。そして今度は、満足と罪の意識という私のあり方は**両方とも**患者の側のエナクトメントに対する反応として理解できるという私の気持ちが強まることで、私の満足は再びそのコンテクストを更新された。その結果、私の満足の経験はずっと顕在的であったが、同じ満足のままではなくなった。その意味と私の感じ方は、以前は解離されていた私のあり方が構成できるようになって変化した。素朴な満足として始まったものが、まず私の自己愛の兆候に変容し、やがて私の心の中に、患者と私との間のエナクトメントの一部として収まった。患者についての私の顕在的な経験に関しても、これと同じような過程が進行した。私は彼のすばらしい進歩を額面通りに受け入れることから始め、それに勇気づけられ、その後、彼の進歩が偽りに見えて、私は無益な失敗をしたという気持ちになり、彼に欺かれたといういらだちを彼に感じた。最終的に、彼が示してみせた成果は、それに対する私の満足と同じように、そのコンテクストが更新され、より臨床的に生産的で、私たち二人にとって許容できるものになったのだった。

第3部　難題の再定義
——ものの見方が一つである状態と心の中の葛藤

　目はどうやって目そのものを見るのかを考えるために、私たちは精神分析の起源に、そのルーツである心の中の葛藤に引き戻される。私たちは私たちの考え方において葛藤が占める重要な位置を再検討しなければならない。しかし、私たちが考えねばならない心の中の葛藤は、フロイトが理解したような葛藤ではない。つまり、欲動と防衛の間の葛藤でもなければ、イドと自我と超自我の間の葛藤でも、意識と無意識の間の葛藤でもない。私たちに必要なのは、意識的に利用可能な個人的な意味と社会的な意味との葛藤、私たちの内部と私たちの間で同時に進行する葛藤、意図と関心と欲望の葛藤の概念である*原注12。

　そのうえ、そしてさらに重要なことに、主観性はあらゆる面で葛藤によって境界づけられているという仮定を、私たちは考え直さねばならない。強い情緒的な苦痛が生じている状況においてさえも、心の中の葛藤は欠如している場合があり得ること、葛藤の欠如は苦痛の源となる場合があり、それは葛藤を新たに生み出すことによって取り組まれねばならない問題であること、こうした見方を反映するために、私たちの考え方を練り直す必要がある。言い換えれば、反復強迫は必ずしも、意識的な意図と無意識的な意図の間の葛藤が硬直したやり方でエナクトされることによって維持されるばかりではない。それは、私たちに選択の余地があると感じるためにはそれを経験できることが必要であるような、そういう葛藤の**欠如**によっても維持されるのである。自己のさまざまなあり方が解離されている場合、葛藤は所与の前提ではなく、達成すべき目標であるという見方について、私たちはその要点を、伝統的な精神分析の考え方の範囲には収まりきらないものとして理解する必要がある。人生は葛藤に満ちていることを否定することなく、

---

*原注12　例えば、ブロンバーグ（1998, 2006）、デイヴィス（1996, 1997, 1998, 1999）、エーレンバーグ（1992）、ホフマン（1998）、レヴェンクロン（2006）、ミッチェル（1993, 1997）、レニック（1993a, 1993b）、スレイヴィンとクリーグマン（1998）。

人は心の中の葛藤を**十分に**経験しない場合があること、人間関係の中の苦痛の重要な一部は、私たちの心の中に実現するはずの葛藤が欠如しているために生じること、これらのことを私たちは受け入れねばならない。

　問題にしている事象を「見る」ために、相手と共にいて起きていることから十分な距離をとって内省する機会を作ろうとするなら、私たちには複数の見方が必要なのだから、意識的な心の中の葛藤が不可欠である。私たちには代わりの解釈が必要である（それは代わりの**経験**と言ったほうがいいかもしれない。もっとも私はどちらの言い方でも同じ事態を指しているのだが）。そして、代わりの解釈は必然的に私たちがすでに持っている解釈と葛藤する。解離の観点に立てば、自分の心のあり方を感じ取るには、それが図になるときの地として働く第二の心のあり方が必要だと言える。もちろん、第一のあり方も第二のあり方の地として働くのであり、だから、心のあり方の一つを感じ取り内省できるようになれば必ず、二つのあり方を感じ取り内省できるのである。以前の、ものの見方が一つである状態に、代わりの見方を対置しなければ、新しい認知に達することはまったく不可能である。したがって、葛藤の達成とエナクトメントの意味の明確化は、事実上、同一の出来事である。これは両方向から見ることができる。まず、新しく達成された葛藤に含まれる代わりの見方が、未構成だったものの構成を可能にすると言える。あるいは、未構成だったものを構成することは、それ自体、新しい葛藤を形作る代わりの見方を生み出すことであると言える。

　心の中の葛藤を生み出すことは、主導権が自分にある感覚を生み出すことでもある。葛藤する選択肢が欠けた状態での欲望は強迫に過ぎない。そして強迫は自分が自分の生の営みを選択している感覚を打ち消す。したがって、エナクトメントを解消することで、人はある種の心理的な隷属状態を脱するのである。隷属状態を作り出す動機は往々にして相手を支配する企てにあるという事実は（ベンジャミン, 1990, 1999, 2000）、その隷属状態を同じく制約する。エナクトメントの荒涼とした平板な世界においては、支配する側は権力を持ち続けるが、彼らは抑圧される側と同様に自分の自由を失うのである。このような意味で、私が描写しているエナクトメントは、つまり解離に基づくエナクトメントは、ベンジャミンが反転可能な相補性（「する者とされる者」の相補性）と呼ぶものと似た形で生じる。

患者も分析家も、自分を新しい見方で経験することができないのと同じく、相手を新しい見方で認識できない。二人とも、二人の心の**両方を**全体として適切に理解できずにいるのである。

　うまく進む分析から得られる最も重要な成果は、自分の人生は自分のものであり、自分の人生を生きるのは他の誰でもなく自分自身に他ならないという、確固とした意識されるまでもない確信である。自分の人生は自分の心の働きが生み出したものだというこの感じは、より無味乾燥な用語では主体性の感覚と記述できるものであるが、私たちが葛藤経験に触れることから生じる。なぜなら、自分が直面する取り組むべき諸問題について、どのような見方をするべきかを選択する必要性に迫られて、私たちは自分が舵を握っていると感じることができるからである[*原注13]。これに対して、エナクトメントにおいては、経験は、あたかも自分にはそれを形作ったり、それに影響を及ぼしたりすることはまったくできないかのように感じられたり（そこで人は経験に影響を及ぼしたいと切望したり）、相手から押しつけられているように感じられたりする。時には、それは気づかれることなく通り過ぎる。こうした経験はすべて、しかし中でも強制されている感覚は、私たちの誰もがエナクトメントの中でしばしば持つ感情、つまり無力感と自分の心の所有感の欠如に、最も深く関わる要因である。私たちは隷属させられていると感じる。私たちはこのやり方で生きることを**強いられている**と感じ、実際はそうではないと知っていても、あたかも自分にはそれを避けることはできないかのように感じられる。解離は、ウィニコット（1960）が真の自己に備わる「実在して

[*原注13]　けれども、次のことは繰り返して述べるに値する。私たちが選び取るものの見方は、単に意識的な基礎に基づいて構築されるのではない。多様なものの見方が**利用可能である**ことは、意識的な意志決定よりもはるかに深層で働く、志向性の問題である。私たちが自分に許す解釈（経験）の範囲は、私たちが関心を向けようと意図することができるものを越え出る、好奇心の働きに左右される。私は、主体性とは私たちが意識的な選択を行う能力の成長の問題に**過ぎない**という意味の含みを与えることを避けたい。私たちの主体性の感覚は、経験の自由の認知からも、つまり、皮肉にも、私たちのもとに思いがけずやってきたものに対する驚きによってしばしば生み出される認知からも、生じるのである（スターン, D.B., 1991, 1997, 2002aを参照せよ）。

いるという感じ」(邦訳183頁) として説明した、自分の人生全体を掌握しているというかけがえのない感覚を損なうのである。

　私は本章を、目はどうやって目そのものを見るのかという解き難い難問を自分自身に課すことで始めた。そこで私は、この問題を解答可能になるように再定義することを約束し、それを実行した。そこで明らかになったのは、私たちがものの見方を一つしか持たない立場から考えている限り、逆転移を認識することは不可能に思えるということである。私たちにただ一つの心のあり方しか生み出せない場合には、それ自身を観察するためには、あたかも心は何とかして身をよじって、あり得ない別の場所からそれ自身について考えねばならないかのように思われる。つまり、自分の靴を引っ張って自分を持ち上げるかのような問題である。葛藤を達成すると、私たちは自分を現状に閉じ込めてきた硬直した認知に代わる選択肢を生み出す。私たちは多重的な意識を生み出すのである。ものの見方が一つである状態が、複数の心の中の立場に置き換わると、私たちの一部は、形而上学的な複雑なひねりを実行する必要なく、別の部分を観察できるようになる。そのような心は、以前は闇雲に生きることしかできなかったものについて、感じ取って考えることができる。したがって、私たちは結局、目が目そのものを見るという問題を解く必要はない。逆転移の自覚という不可能に思えたジレンマは、その代わりに、私たちはどのようにして、葛藤経験を生み出すことでものの見方が一つである状態を乗り越えるのかという、考えることの可能な問題になるのである。

自由はいつ生じるのか?

　しかし、ものの見方が一つである状態を乗り越えることは、言うは易く行うは難しである。私たちは常に、新しい考えを考えることで、新しい経験が利用できるようになることを期待する。確かに私は、私がここに導入した考え方に対してそのような期待をしている。しかし、新しい考え方は新しい経験のための基盤を準備する助けにはなるかもしれないが、いかなる考え方もそれ自体では、私たちが新しい認知を必要として (そのことを知ってか知らずかにかかわりなく) ひどく惨め

な気持ちでそこにじっとしていても、患者に関する新しい認知を私たちに生み出してはくれない。臨床的な自由の問題には、一般解はないのである。

　おそらくこのことは、不都合なことではなく、むしろ有益なことだろう。もし私たちは何がなされるべきであるかを十分に知っていると考えるなら、おそらく分析家たちは以前のほうが現在よりもそう感じることが多かっただろうが、もし私たちは依然としてコンテクストと無関係な技法論を持っていると考えるなら、精神分析は究極的には適切な方法で実践すればすむ営みに、つまり、DSMが指示する決まりきったやり方のような、もう一つの道具的なセラピーになるだろう。私たちと患者たちがエナクトメントの間に感じる嫌悪、欲求不満、怒り、妬み、悲しみ、罪意識、恥、屈辱にもかかわらず、場の拘束からの自由は私たちの意志の働きでは生み出すことができないということは、生きることの謎を、そして人間の威厳を、私たちに思い出させるのである。

　経験は十分に多様で複雑なので、私たちはその大部分を、それが私たちのもとにやってくるがままに生きるのみである。全体的に見れば、実は、経験を内省する私たちの能力と傾向は例外的なものである。そして、私たちが他者との自分の関わりを理解することを妨げるのは、無意識と関係性の力動ばかりではない。もし私たちの理解を妨げるものを数え上げようと思えば、存在の（非関係的な）偶然性をも、つまり、法則にまったく適わず、秩序と規則性を生み出そうとする私たちの意図を台無しにする、ラカンが現実界と呼ぶものをも、要素に含めなければならないだろう（それこそまさに私たちにはできないことなのだが）。次にはいったい何が起きるのだろうか？　セラピーは事故や病気や家計の悪化によって中断するのだろうか？　当事者の一人または両方が、仕事を共にやり遂げる前に亡くなることだってあるかもしれない。あるとき、患者を部屋の外に送り出そうとして、私のオフィスのドアノブが外れて私の手に残ったのを見て、患者はついに、そして突然に、私が人間であることを理解したのだが、それを前もって予言することなどまったく不可能である。また、そのような効果を発揮したのが、なぜ**この**出来事だったのかを私が理解する見込みもまったくない。なぜこのときでなければならなかったのだろうか？　いったいなぜドアノブなのだろうか？　なぜ、私がセッション中に手洗いに行くことを我慢できずに中座したときには、同じことが

起きなかったのだろうか？　**それ**だってまったく疑いもなく人間らしいことではないだろうか？　そのときに限って私たちの間に本質的に異なる何かが進行していたようには**思えない**し、患者と私がそれらのエピソードに対して心に思い浮かべ得る象徴的な意味は、私たちは一生懸命にやってみたのだが、この点について私たちに何も明らかにしてくれない。結局、誰にわかるというのだろうか？　ジョン・レノンの最もよく知られた警句が思い浮かぶ。「人生は計画を練っている間に過ぎていく（Life is what happens while you are making plans）」。場の拘束を乗り越えることは、きっと何か他のことで頭がいっぱいになっているときに起きることなのだろう。

　なぜ私たちが突然に気持ちの引っかかりを感じるようになるのは、**今**なのだろうか？　なぜ私たちがそれまで気づき損ねていたに違いないのは、**これらの**引っかかりであって他のものではないのだろうか？　なぜ昨日は受け入れられなかったのに、今日は患者からの助けを受け入れることができるのだろうか？　時には、その渦中で、あるいは事後的に、なぜ葛藤に達することが許されたのがこの瞬間、あるいはこの一両日、あるいはこの3週間なのか、理解できる場合もある。しかし多くの場合、なぜそのときに場の拘束が緩んだのかを知ることはできない。私たちが望む成果を生み出すために私たちにできることは、それらの準備をすることだけである。私たちにできるのは、どんな情緒的手がかりがやってきても、それに気づく開かれた心でいようと努めることだけである。しかし、なぜ私たちの準備、作業、そして精いっぱいの意図が、十分であったりなかったりするのかは、謎のままである。私たちは精神分析の文献を読みふけり、私たち自身の経験と患者の経験の検討に没頭する。そして自分に適切だと感じられる規律と創意のバランスをとりつつ、何年間も実践を続ける。あるセッションでは、私たちはものの見方が一つである状態を乗り越える。その成果は満足のいくものである。また別のセッションでは、私たちはセッションが終わっても始まったときと同様にエナクトメントに埋もれたままである。セッションを満足いくものにするのは、私たちが到達する自由である。しかし、多くの場合、分析に深く入り込んでいる被分析者と共に私たちが自分の能力を駆使して仕事をしている間は、なぜ自由がそのときに私たちに訪れたのか、実際にはわからないものである。

第5章

考えるパートナー
ナラティヴの臨床過程理論

ある遭難者の日記

　私が偶然テレビで『縮みゆく人間』という、SF作家のリチャード・マシスンが脚本を担当し、1957年に公開されたB級映画を見たのは、精神分析におけるナラティヴの問題について長らく考え続けていたときだった。ほぼ40年間、私はこの映画を観る機会がなかったのだが、おもしろい映画だと記憶していたので、もう一度観てみようと思った。ぎこちなくて素朴な1950年代のSF映画の雰囲気に再び浸れば、懐かしい気持ちになれるだろうと、私は思った。ところが意外にも、その映画は私が記憶していた以上にすばらしいものだったが、それは、私がはじめに見たときに理解していたよりも、その作品が優れていたという理由だけではなかった。シェーファー（1983, 1982）やスペンス（1982, 1987）はそのように説明しているのだが、精神分析における新しいナラティヴは分析家の単なる客観的な解釈の産物ではなく、臨床過程の無意識的な諸側面から思いがけず生じてくる産物だと、私は長い間感じてきた。意外にも、この点についての私の考えを導きまとめるのを助けることで、『縮みゆく人間』は本章で私が提示するナラティヴの構築に関する対人関係論／関係精神分析的な理解を後押ししてくれた。とはいえ、私が提示する理解は、一定の理論のみに基づくものではない。それはまた臨床過程に関する個人的な感覚にも根ざしている。だから、私がここで

選んだ論調も個人的なものである。おそらく本章は、ある信念の表明として読まれるべきだろう。しかし私は、私の信念が読者の信念と共鳴することを期待している。

『縮みゆく人間』の筋書きは、次のようなものである。小型船に乗っていたある男が、偶然に海上を漂っていた放射性物質を含む小さな霧に、10秒間遭遇するという不条理な出来事が起こる。その間、霧は船に近づき、船を包み込んで、通り過ぎていった。男の妻はビールを取りに船室に入っていた。彼女が戻ってみると、夫の胸にはきらきらと光る斑点状のシミが残っていた。こうした映画によくある現実離れした設定だが、妻は船内にいたので、きらきらと光る物質からも、それが後に夫に及ぼす影響からも、逃れることができたのだ。男はきらきらと光る物質を払い落として、奇妙な霧について妻にぶつぶつ言うだけだった。この出来事について、それ以上話し合われることはなかった。しかし、この不可解な出来事には、いかにも不気味な伴奏音楽が流れて、何か謎めいた災いが訪れたことが強く印象づけられる。

これがこの映画の発端である。やがて、主人公は自分のからだが縮んでいくことに気づく。悲痛な喪失が次々に続き、ついに、彼がとても小さくなり、玩具の人形用の家で暮らすようになったときに、ずっと彼に忠実で、彼の新しいサイズの世界では巨人のような存在だった妻は、彼に別れを告げる。そして家を去るときに、不注意にも猫を家の中に入れてしまう。続いて恐怖に満ちたシーンが展開する。猫は人形の家を壊して、小さな男を捕まえようとする。男は逃げながら、何とか地下室へのドアを肩で押し開けたが、過って階段の横から足を踏み外し、床に置かれた洗濯かごの中へと転落する。誰も彼がそこにいるとは気づかない。それどころか、彼の妻も世間の人々も、"縮みゆく人間"として有名になっていた彼のことを、猫に食べられてしまったものと思い込んだのだった。

この映画が本領を発揮するのはここからである。この映画の奇抜な冒頭の設定は、この映画の脚本家であるマシスンにとっては導入手段に過ぎなかったことが明らかになる。マシスンが本当に語りたいのはロビンソン・クルーソーの物語なのだ。そして、そのストーリーはすばらしい。それは、小さな打ち捨てられた男の物語である。彼は死んだと思われ、自宅の地下室で孤立し、まったく脱出の

チャンスがなく、とてつもなく孤独である。マッチ箱の中で暮らし、一段一段が今ではそびえ立つ断崖と化した階段を、自分が見つけた材料でこしらえた装備でよじ登る。ねずみ取りに残されたチーズを食べ、深い谷と化したボール紙製の空箱の開口部を渡る方法を考え出さねばならず、彼を獲物に狙う巨大な蜘蛛と捨てられていた針山で見つけた針を武器に闘い、水漏れを起こすボイラーからの突然の出水に脅かされる。こうしたエピソードが、細部にわたるまで注意深く想像力豊かに、当時としては驚くほど優れた特殊効果で撮影されている。最後には、こうした強いられた、不思議に心動かされる冒険の数々のあとで、彼はついに地下室の窓の網戸の網目を通り抜けられるほど小さくなって、自宅の裏庭に脱出することに成功する。彼は今ではあまりにも小さく、私たちの目には見えないが、私たちには彼がそこにいることがわかる。私たちの想像の中で、彼はそびえ立つ草の葉の森の中に立ち、私たちに彼の物語の最後の台詞を語りながら、消滅に向かって縮んでゆく。映画の最後、彼がすっかり消えてしまう前に、カメラは上方にパンし、満天の星空を眺める小さな主人公は、無限の小ささと無限の大きさは以前の自分が想像していたよりもはるかに近いところにあると考える。驚くべきことに、それは平静で、すべてを受け入れた、尊厳に満ちた瞬間である。異変に見舞われた最初の数か月に味わったトラウマと屈辱と冷笑的な思いのあとで、彼は自分自身に立ち戻ったばかりでなく、自分の身に振りかかったものを乗り越えたのである。たとえ何とか自分の経験を受け入れて生きられたとしても、トラウマを生き延びた人々が自分の受けた苦しみを成長の契機にすることは、決してありふれたことではない。もちろん、縮みゆく男の物語はフィクションであり、しかも空想的なフィクションである。しかし、この虚構の中の小さな人物は成長を遂げたのである。

　映画の大部分において、物語の語り手は主人公である。しかし映画の最初の部分ではまだ、誰の目を通してこの物語が語られているのか、観客には何の説明もない。やがて私たちにわかるのは、この物語が実は主人公自身が書いた日記だということである。彼の数々の冒険の途中、猫が人形の家を襲うエピソードの直前に、絶望的なまでに冷笑で惨めな気分の主人公は日記を書き始める。映画の中で私たちをはっとさせ、事情に気づかせるのが次の台詞である。「私は世間に向

かって自分の人生を語っていた」と、縮みゆく男は私たちに向けて日記を読み上げる。「そして語るにつれて、人生は生きやすくなった」と。

この簡潔な言葉に込められた真実を理解するには、特別な訓練も経験も必要ない。もしここに謎があるとすれば、私たちはその謎と共に生きることにあまりにも慣れているので、少しも驚きでないことこそが謎である。このようにB級SF映画においてさえも、ナラティヴが意味深い人生を生み出すのに自然な役割を果たしている。この事実から、私たちは自分の経験を意味のあるエピソードの継起にまとめることで個人的な意味を作り上げるのだとする多くの著作家たちや学者たちの主張を支持する確かな根拠が得られる[*原注1]。

しかし、直観的に明白というのでは十分ではない。縮みゆく男にとって、日記は実際のところ何の**役に立つ**のだろうか？　なぜそれは、彼が自分の物語を語る助けになるのだろうか？　**どのように**それは、彼の助けになるのだろうか？

縮みゆく男の人生に起きた不思議な出来事についてのナラティヴが彼にもたらすのは、次々に起きる奇妙な事件の中で彼が失っていた、まとまりを持って感じられる経験の秩序である。日記という形ではっきりと言葉にして自分の物語を構築する前は、彼は自分自身の人生の中の客体に、つまり、明白な理由もなく、混乱した理解不能な出来事に見舞われる、感情の麻痺した人物になっていた。無意味で、無力で、絶望的に感じられていたものから意味が出現することで、自分が行動の主体であるという感覚が、そして尊厳がもたらされる。彼は再び主体性を取り戻す。洗濯かごの中に転落したあと、この小さな人物は自分の経験世界を作り出し、自分が直面する障害をめぐる自分の物語を生み出し、それらを受け入れ、あるいは乗り越え、本物のパトスに満ちた最期を迎える。混乱と虚無感が増し続ける数か月を経て、彼は自分の人生を、深い思索と生き生きとした情緒を備えた人間として終える。

日記を作り出すにあたって、縮みゆく男は想像上の他者たちとの関係をも創造

[*原注1]　以下を参照せよ。ブルーナー (1986, 1990, 2002)、フェロ (1999, 2002, 2005b, 2006)、ポーキングホーン (1988)、リクール (1977, 1981)、サービン (1986)、シェーファー (1983, 1992)、スペンス (1982)。

し、彼らは彼が「語る」ことの立会人としての役割を果たす。欠点はあるものの、この映画が私たちの心を引きつける理由の一部は、このような立会人の存在が彼の助けになることを、私たちがどこかで理解していることにある。つまり、私たち自身が彼の立会人になるのである。ここで私は、立会人がいるということ、および立会人であるということが持つ意味について、一つの見方に目を向けたい。こうした考え方の位置づけを終えてから、縮みゆく男の事例に戻りたいと思う。

立ち会うこと

　私たちが立ち会うことの重要性を最初に学んだのは、トラウマの研究からであった。そこでは、一般に何らかの立会人がいることが自分の経験を物語る能力の不可欠の必要条件と考えられる。立ち会うことの必要性が最初にわかってきたのがこのコンテクストであったのは、立会人の**不在**による非常に深刻なダメージの影響がトラウマの衝撃の中に観察されたからであると、私は思う。立会人がいなければ、トラウマは解離されねばならない。そして、孤立したトラウマ被害者がひとたび立会人を得れば、トラウマ経験について、認識し、感じ、考えることが、かなりできるようになる（例えば、ブーランジェ, 2007；ブリソン, 2002；ローブ, 1992a, 1992b, 2005；ローブとアウアーハーン, 1989；リッチマン, 2006）。私はここで、立ち会うことを、私の考えでは発達の最早期から、日常的で非トラウマ的な経験に決まって伴うものとして論じるつもりである。

　実際、フォナギーら（2002）は私がここで使っている表現は使っていないものの、自己の起源について彼らが語っていることは、立会人の存在が自己の存在に先立つという主張として読むことができる。彼らの表現では、「私たちは他者を通じて自分を推し量る」(p.2)。養育者たちは、幼児の中に一定の感情や欲望を認め、それに従って幼児に接する。この接し方が、幼児の比較的未発達の世界をナラティヴの観点でまとめ始め、自己のあり方はこうした最初期のストーリーを軸にまとまる。ある意味で、このとき、私たちは他者による認識作用によって、存在のあり方を呼びかけられる。私たちが一定の不快感を持っているときに他者が

私たちに食事を与えるので、私たちは自分が空腹なのだということを学ぶ。そして「私は空腹だ」という気持ちに沿って進むストーリーを持つようになる。私たちがまた別の苦痛な感情を持っているとき、他者が私たちを慰めてくれるので、私たちは自分が悲しいのだということを学ぶ。そして「私は悲しい」という**この**感情に沿って進むストーリーを持ち始める。これが、私たちが物語を語り始め、生き始める道筋の一つである。他にもさまざまな道筋がある。さまざまな要素がナラティヴにまとめ上げられ、経験が生み出される。空腹は食べさせてもらうことを必要とするときのあり方であり、悲しみは慰めを必要とするときのあり方である。ハリー・スタック・サリヴァン（1953/1940）が繰り返し書いたように、私たちは自分を、自分に返ってくる評価を通じて知るのである。フォナギーらは、同じことを次のように述べている。「私たちの自己の中核には、自分がどのように見られていたかの表象がある」(p.348)、また、「成長した子どもの自己の中核には、自分を映し出したときの他者がいる」(p.380)と[*原注2]。

発達が進むにつれて、私たちはついに、はじめは主として私たちの養育者に属

[*原注2] フォナギーらとサリヴァンは、母親との関係を通じた乳幼児と児童の世界の構築を記述する、これまでの膨大な量の文献の蓄積に貢献した人々の一員である。こうした文献の一部は、メンタライゼーションの題目のもとにまとめられる（シャスゲ＝スミルゲル，1990；ファインとデヴィッド，1963；ファインとデヴィッドとマーティ，1964；グリーン，1975；ルクールとブシャール，1997；リュケ，1987；マーティ，1990，1991；マクドゥーガル，1985）。別の一部の業績は、他者性の認識に対する関心から発展している（ベンジャミン，1988，1990；ビオン，1962，1963；アイゲン，1981；ラカン，1977；モデル，1984；シーガル，1957；ウィニコット，1971）。これらに関連する第三の思考の流れは、母親－乳児間の相互交流の研究と対人的な場の発展に根ざしている（ビービーとラックマン，1988，1994；サンダー，1962，1988；スターン，D.N.，1977，1985；サリヴァン，1953/1940）。こうした文献のすべてが、立ち会うこととパーソナリティの起源としてのその位置づけに対する私の関心が発展する基となるコンテクストを構成している。この文献リストの最後に挙げるのは、最後ではあっても決してその価値は最小ではないものだ。それはポーランド（2000）の、精神分析において立ち会うことについての魅力的で革新的な論文である。この論文において、立ち会うことは解釈と対比されて、それを通じて他者性が認識される行為として特徴づけられている。ポーランドの論文の影響は、本章の至るところに見られる。

していた能力を内在化して、自分の経験を独力で構成する能力を獲得する。しかし、ウィニコットの表現を借りて説明すれば、私たちは母親の目に映る自分を見ることを必要としなくなることはない。その必要性は、より洗練されたものになるだけである。私たちはもはや、私たちが乳幼児だった頃のように、他者から私たちの経験の意味を実際に示してもらう必要はないだろう。しかし、もし私たちが自分の経験を内省的に知ることができるのなら、もし私たちがナラティヴを構築できるばかりでなく、自分が構築したナラティヴに自覚的でいられるのなら、私たちは自分が他者から知られていると信じていなければならない。私たちは、自分が他者の心の中に存在しており、私たちの存在は他者の心の中で持続していると感じていなければならない。そして、自分がその人の心の中に存在しているその他者は、自分に対して情緒的に応答する人であり、私たちが経験していることやそれについて私たちがどう感じるかについて関心を払ってくれる人であると感じていなければならない（バーク，2006；ベンジャミン，1988, 1990, 1995）。これが、私の考えでは、立会人がいるということである。たとえ想像上の立会人であっても、立会人がいなければ、出来事はナラティヴとしての意味あるエピソードのパターンになり損ねるか、あるいは、私たちは自分の物語をただ闇雲にエナクトして、それらについて考えたり、それらがどのように感じられるかを知ったりすることができないか、そのどちらかである。私たちの立会人は、私たちにとって考えるパートナーなのである*原注3。

そのような立会人は、ただ一人そこにいると感じられるものだが、実際には、自分の心の（複数の）部分や他者の心の（複数の）部分、あるいは同時にその両方から構成されている場合がある。立会人は、自己や他者の（複数の）あり方であり、

---

*原注3　結論的に（もし実際に示す必要があった場合には）示されてきたことであるが、思考と論理性は同等視されるべきではない。思考が創造的で有効に働くのは、十分に感情が伴っている場合に限られる（例えば、ダマシオ，1994）。このように思考と感情は切り離せないのであるが、私たちはその両方を指すことのできる単語を持っていない。私が「考えるパートナー」に言及する場合はいつでも、私は思考と感情の両方を指すことを意図している。私が記述しているパートナーを組むことは、認知的な事象であるのと同じくらい、情緒的な事象である。

その必要性が生じているその特定の時点で、パートナーを組む目的を最もよく満たすと想像される存在である。それは、過去に実在した母親的養育者が単に内在化されたものではない。自分の存在の連続性を把握し認識してくれた愛情豊かな親の内在化は、おそらく自分自身の立会人になる能力の発達のための必要条件だろうが、十分条件ではない。立会人は、そのような種類の内在化を起源とするが、やがて過去、空想、現在の現実の合成物に変化する。それは心の構造の一つではなく、機能の一つであり、さらに正確に言えば、あり方の一つである。その構成内容は、もちろん、当人の経験によって制約される。しかしその制約の範囲内で、立会人は立ち会われる出来事と同様に絶えず変化する。ある場面に立ち会うために、自分自身や他者のどの部分が選択されて呼び出されるかは、その場面のコンテクストによる。しかし、変化するのは立会人だけではない。立ち会われる側の当人も同じである。なぜなら、立ち会われることを必要とする自己のあり方もまた、コンテクストとともに変化するからである。その現象を三人称で記述することがどれほど複雑であろうとも、現象学的な観点では、事態は比較的単純である。立会人は、意識的にあるいは密かに、自分に耳を傾けていると想像される存在である。

　自分の物語が他者の心の中に存在しているという持続的な感覚を持つためには（たとえその他者が私たち自身の心の中に存在する場合でも）、私たちはまず（そしてたいていは空想の中で）その他者に私たちが経験していることを絶えず「語る」必要がある。私たちは自分自身について知っていることを、他者に同一化して他者の耳を通して私たちが語っている物語を「聴く」ことによって構築する。言い換えれば、私たちは自分の物語を自分自身に向けて語ることによって知る。しかし私たちにそれができるのは、他者の耳を通じて自分自身に耳を傾けることによってのみである。精神分析家たちは、まさしくこのようにして仕事をしている。彼らは患者たちが患者たち自身に耳を傾けることができるように、患者に耳を傾けるのである*原注4。この主張に納得するためには、自分自身が分析を受けている間、あるいはその後に、ときどき自分が自分の分析家に何かを語っているところを想像していることにふと気づくことが、どれほど頻繁にあるかを考えてみればいい。私は自分がそうしていることに最初に気づいたときのことを覚えている。そ

れからしばらくして、こうした語りがどれほど頻繁であり、しかもどれほど注意を向けられずにいることが多いかを、私は実感した。

けれども、この種の語ることと聴くことは、一般に人々が心理療法や精神分析に足を運ぶようになる年齢よりも、はるかに早い人生段階で生じる。もしあなたに子どもがいれば、子どもを寝かしつけた後で、子どもがベッドで、多くの場合とても生き生きと、ひとり言を言っているのを耳にした覚えがあるだろう。子どもたちはその一日の自分の経験をまとめ上げ、それに意味を与えているのである。しかし彼らは、誰に話しかけているのだろうか？「自分自身」に対してではない。少なくとも、厳密には、大人になってから「自分」という言葉が持つようになる特別な意味では、そうではない。この幼い年代には、自己と他者はまだ意識的なまとまりを持った経験の一部とはなっていない。例えば、自己についても他者についても、はっきりと考えることはできない。それに、聴き手が自分一人だけなら、なぜ声に出して話すのだろうか？ベッドの上の子どもたちが、自

---

*原注4　この種の主張は、おそらくは多数の著者たちにより、幅広く受け入れられている。イーシェル（2004）は、「同一化」を「患者の非常に苦痛で恐ろしい諸経験を分析家が徹底的にわが身に引きつけて経験すること」であり、それによって「それらの経験は耐えられるものになり、それらが『存在する可能性』が許容可能になる」と説明する（p.331）。ファーバー（1956）は、「耳を傾ける中で、私たちは相手の言葉を口にする。あるいは、別の言い方をすれば、分析家が耳を傾けることができるのは、少なくとも潜在的にその分析家が言葉にして言うことができることに限られる」と述べている（p.145）。ローブ（1992a）は、「聴き手は犠牲者の困難の克服、挫折、沈黙を感じなければならないし、それらをその内側から知らねばならない。その結果、それらは証となり得るのである」と述べている（p.58）。そして最後に、あるいはむしろ最初にかもしれないが、ウィニコットの著作にはこの種の文章がたくさんある。次のものはその代表例である。「無統合現象の例は、次のような患者にきわめて共通する経験としてもたらされる。その患者は、週末について詳しく述べ続けて、分析家が何ら分析的な仕事がなされてこなかったと感じていても、もしすべてが述べられてさえいるならば、最終的に患者は満足したと感じるのである。時として分析家はこれを、患者のばらばらの断片すべてにおいて、1人の人物、すなわち分析家によって知られたいという患者のニードとして解釈しなければならない。知られているということは、少なくとも分析者の人となりの中では、統合されているように感じるということを意味している」（1945，邦訳199頁）。

分たちの最初の立会人に、つまり両親に話しかけているのだと想像することは理にかなっている。しかし、それは内在化された両親、あるいは最初に内在化された対象のうちの誰かである。こうした子どもたちは、想像の中で両親の耳を通じて自分自身に耳を傾けており、そうすることで、自分たちの経験に、そうしなければそれが持ち得ない、信頼性、まとまり、そして感情の深みを与えるのである（ネルソン，1989）。実際のところ、眠りに落ちる直前に子どもたちがまとまりを生み出す様子に耳を傾けているときに私たちが聴いているものは、おそらく彼らの自己形成過程の一部なのだろう。

　縮みゆく男の日記は、患者たちが自分の分析家に話すことと同様に、はっきりと言葉にされた語りである。ただし患者たちの場合と違っているのは、縮みゆく男の聴き手は、ベッドの幼い子どもに耳を傾ける聴き手と同じく、想像上の存在であることである。子どもの場合と同様に、縮みゆく男は、彼の心の中の世界の誰かに向けて書いているのである。想像上の聴き手は、とてもありふれた現象である。しかし、想像上の聴き手に向けてはっきりとした言葉で語ることは、ありふれたことではない。私がここで説明している語り、つまり、人が自分自身の考えに耳を傾けることを可能にする性質の語りの大部分は、暗黙的なものである。それは、明確にではなくぼんやりと進み、気づかれることもめったにない。例外は、子どもの頃のベッドでの習慣の名残の場合、つまり成人の入眠直前に生じる状態の場合、あるいは私たちが一人でいて、誰だかはっきりしない相手に向かって語ることで自分の考えを構成していることにふと気づく場合である。けれども、そうした場合のほとんどは、それは**あたかも**私たちが語っているかのようであったり、**あたかも**私たちは耳を傾けられ、そして自分自身に耳を傾けるようであったりする。しかしそのような行為は、曖昧であっても想像されたものであっても、同じく重要である。そもそもこのような過程が生じるためには、おそらく私たちは、私たちの経験を知ることに関心を持って存在し続ける他者の存在を、とりわけ一定の想像上の他者の存在を、少なくともいくつかの自己のあり方においては、私たちが信じられるようにしてくれる親たちを持つ幸運に恵まれねばならないだろう（バーク，2006；ベンジャミン，1988，1990，1995）。

　日記を書き始める前の縮みゆく男にとってそうであったように、人生が気まぐ

第5章　考えるパートナー　151

れに、愚かしくも残酷に、あるいは無意味に感じられる場合には、おそらく人はいかなる物語にもまったく気づかないだろう。出来事は気まぐれに思われ、ナラティヴの秩序に収まらない。感情は平板になるか消えてしまう。人はある種の麻痺や無感覚しか意識的に感じないかもしれない。心の中の生きて傷ついている場所、つまり、実のところ私たちが最も保護しなければならない部分である**自己の傷ついた部分**は、それが日々の生活に影響を及ぼすのにもかかわらず気づかれない。それに気づくようになるのは、**進行中の関係性の中で何かが起きて**、自分では知ることも感じることもできなかった苦痛に他者が気づいていることが私たちにわかるようになるときである。以前は解離されていた自分の経験を、私たちが想像の中で他者の目と耳を通じて把握することは、新しい意味の創出に等しい。経験についてのまとまりあるナラティヴが出来上がると、苦痛の自覚も含めて、自覚が生まれる。幸運な場合には、安心も生まれる。苦痛も安心も、それ以前には感情が欠如していたことを明らかにする。

　これが縮みゆく男の運命であった。自分の物語を語り始めるまで、彼は一日ごとに勇気を失い、ますます怒りっぽく冷笑的になっていった。しかし、日記を書き始めると、彼が「語る」物語に「耳を傾ける」彼の想像上の読者は、彼が、解離された自分の活力とつながり、それを再び「自分」と感じられる心の一部にすることを助けるように思われた。その変化は何であれ、自分を待ち構えているものに向き合う決意を取り戻すのに十分であった。ここでは、私は次の点にのみ触れておきたい。それは、想像上の立会人は、実在の立会人と同等の影響力を持ち得るということである[*原注5]。

　確かに、日記によって縮みゆく男は自分の物語を知ることができたのだと、私は思う。しかし、だからどうだと言うのだろうか？　なぜこの人物は、それでも生き続けることを望んだのだろうか？　なぜ縮みゆく男は、自殺しなかったのだろうか、あるいは少なくとも自殺について考えなかったのだろうか？　もし自分が彼の立場だったら自殺について考えないだろうか？　それが描かれていないこ

[*原注5]　想像上の立会人と実在の立会人の間の重要な違い、そしてこれら二つの状況の間の立ち会う過程の重要な違いの探究を、私は先延ばししなければならない。

とは、脚本の欠陥だったのだろうか？　彼は人類最後の一人も同然である。彼は永遠に、完全に、絶望的に、孤独であった。絶対的で逃れようのない孤独は、必然的に絶望に至るのではないのだろうか？　あるいは、この脚本家には何か考えがあったのだろうか？　主人公の忍耐は、自分の孤独の物語を誰かに語ることで彼が自分の人生に価値を取り戻したことの表れだと、私たちは考えるべきなのだろうか？

　この問題に対する別の見方として、私は『ロビンソン・クルーソー』(デフォー, 1957) に注目した。それは少年の頃の私の心を、縮みゆく男の物語よりも前に、そしてより深くとらえた物語であった。この本の第一部は、難破した船の唯一の生存者であり、無人島で孤独に数年間を生きたクルーソーの日記である(クルーソーは貴重なインクを使い切るまで書いている)。日記類の書き方の常として、その記録はあたかもクルーソーが誰かに向けて話しかけているかのように書かれており、読者はすぐにそれに魅せられる。あたかも、クルーソーは**読者**に向けて自分の身に起きたことを語っているかのように思える。私は初めてこの本を読んだとき、クルーソーに親密感を抱いたことを覚えている。私は自分もその島にいるかのような気持ちになった。それはちょうど、自分も縮みゆく男と一緒に地下室にいるかのように感じたのと同じであった。それは私の子どもの頃の、最もスリルに満ちた読書の冒険の一つだった。私はクルーソーが一人でそれほどしっかりと生きられたことに驚いたことを思い出す。そしてまた、『縮みゆく人間』を最近観た経験が引き金になって、私はまだ子どもであったにもかかわらず、クルーソーの孤独は日記のおかげで和らいだに違いないと感じていたことも思い出す。

　日記を書き、その日記の読み手として想定された想像上の他者が自分たちの経験に関心を抱いていると信じることができたことで、クルーソーと縮みゆく男は考えるパートナーを、人生を共有する想像上の他者を生み出した。私たちはみな常に、考えるパートナーを生み出している。けれども、人生の大部分において、実在の身体を備えた他者がどこにでもいて、私たちの人生の物語は知らず知らずのうちにまとまるので、ナラティヴの重要性とそれを生み出すうえでの立会人の役割の両方を正しく認識することはとても難しい。立会人としての役割を果たし続けられるくらい十分に相手を理解しているという安心感を、まったく暗黙的に

互いに提供し合う持続的な相補的過程は、普通は気づかれることなく進む。そして、ボストン変化プロセス研究グループ（BCPSG，2002，2005，2007，2008；スターン，D.N.ら，1998）の「暗黙の関係知」と同じように、調律の失敗によってその流れが妨げられたり、情緒的に応答してくれる他者がそこにいるという私たちの信頼の揺らぎに目を向けさせられたりすることが起こらない限りは、あるいはそうしたことが起きるまで、その過程は維持され続ける。私たちはクルーソーと縮みゆく男が経験した孤立から、ナラティヴを生み出すことには自分の人生に意味を与える役割があることを理解する機会を得た。また、私たちは立会人の概念によって、日記を書くことが彼らの助けになった理由を理解できるようになった。

　立ち会うことについては、トラウマ関連の文献においてしばしば言及されるが、中でもソフィア・リッチマン（2006）の「トラウマを自伝的なナラティヴに変容すること」を主題とした著作は、私が読んできたどの文献よりも、私が述べようと努めていることに正確に当てはまる所見を提供している。縮みゆく男が自分の日記について述べたことを思い出してほしい（「私は世間に向かって自分の人生を語っていた。そして語るにつれて、人生は生きやすくなった」）。そしてそれを、リッチマンが自伝とトラウマについて私たちに語る次の言葉と比べてほしい。「生み出されたものを世界と共有することで、隠れているものが現れる機会が生じ、一人で苦しみ続けてきたものに立会人が見つかる機会が生じ、トラウマを生き延びた人々が抱え続ける疎外と孤立の感覚を克服し始める機会が生じる」（p.644）。リッチマンはまた、ジョーン・ディディオンの、書くことで経験をまとまりあるリアルなものにできるという意見を引用する[†訳注8]。ディディオンがその意見を述べたのは、チャーリー・ローズとのテレビ・インタビューで、夫の死を主題とした回想記について話しているときであった[†訳注9]。「私が生き延びる助けになったのは、この本を書くことでした。他の方法では、私は自分が経験していることを理解することはできなかったでしょうから」（p.648）。そして最後に、リッチマンは立会

[†訳注8]　ジョーン・ディディオンはアメリカの小説家。夫を亡くした後の1年間の生活を綴ったノンフィクション作品が全米でベストセラーとなった。
[†訳注9]　チャーリー・ローズはアメリカの人気テレビ・インタビュー番組のインタビュアー。

人が想像上の存在である場合もあることに同意する。次に挙げるのは、彼女の父親が書いた強制収容所における生活についての回想録に関して彼女が述べていることである。「自分の行動について書くためには、彼の物語に関心を持ち、彼の立会人としての役割を果たすことのできる一人の読者を、彼は眼前に思い浮かべなければならなかっただろうと、私は信じる」(p.646)。

ナラティヴを自由に選択できることと持続的で生産的な展開

　臨床場面においても、他の場面においても言えることとして、私たちに最もぴったりと感じられるストーリーが語られているときには、それらはまったく正しいものと思われる。このことが、何世代もの精神分析家たちに、変化を促すのは分析家が患者に語る内容、つまり臨床的解釈であると確信させてきた。しかし私は、別の捉え方でこの事態を理解する人々と見解を共有する。それは、ぴったりと当てはまる新しいストーリーが語られるときには、実質的な仕事はすでに成し遂げられているという見解である[*原注6]。私は、解釈のセラピー作用を関係論的に理解する多くの著者たちの仕事を高く評価する。なぜなら、彼らと私は同じ問題に取り組んでいるからである。例えば、ミッチェル(1997)は次のように書いている。「解釈が有効に作用するのは……患者がそれらを新しくて異質な、以前には出会ったことのない何ものかとして経験する［からである］」(p.52)。しかし、これは私がここで取っている立場ではない。私が主張したいのは次のことである。それは、セラピーにおいて、一般にナラティヴの形式で、相互に受け入れられた新しい内容や新たにまとめられた内容が現れることは、通常は変化の手段ではまったくなく、むしろ変化が生じたサインだということである。確かに、理解

＊原注6　例えば、ボストン変化プロセス研究グループ (BCPSG, 2002, 2005, 2007, 2008)、ブロンバーグ (1998, 2006)、ゲント (1995)、パイザー, S. (1998)、ラッセル (1991)、スターン, D.N. (2004)、スターン, D.N.ら (1998)。また、本書の第3章、第4章、第6章、第8章も参照せよ。

が新しく生まれることは、可能性が実現することである。しかし、変化を引き起こす源として私たちが注意を向けねばならないのは、**そのような可能性の創出であって、それが実現された姿ではない**。新しい理解に関して重要なのは、それを提供したのが分析家であれ患者であれ、その内容の新しさよりも、それが分析空間に現れたことで開かれた新しい自由である。それは、以前とは違ったやり方で感じ、関わり、理解し、言葉を発する自由なのである。このことは、幅広く認識されている次のような所見をうまく説明するように思われる。それは、かつて分析を受けていた人々は、そして自分が受けたセラピーは自分の人生を救い一新したと信じる人たちでさえも、自分の分析家が行った解釈をほとんど覚えていないものだという所見である。助けになったのは解釈そのものではなく、そもそもその解釈を可能にした自由であった。実際のところ、うまくいったセラピーから**思い出される**ことは、分析家の言葉や考え方であるよりも、そのような自由の出現に関わること、ある特定の重要な瞬間にどんな**感じがした**かということ、感覚的、知覚的、および情緒的なことであるほうがずっと多い。その場合、新しい物語は変化の原動力ではなく、変化が生じたサインである。あるいはおそらく次のように言うほうが正確だろう。新しい物語は変化を生み出すのではなく、起きた変化を私たち自身に示す表現を形作るのである。

　私はこうした意見に同意するけれども、しかしそれは、少しばかり行き過ぎた意見でもある。ナラティヴ解釈には変容促進効果があるという主張は誇張されてきたことを認めれば、私たちは大事なものを無用なものと一緒に捨ててしまう愚を犯していることに気づけるだろう。私たちは次のことを認めなければならない。それは、それぞれの新しいストーリーは、変化のサインであるばかりでなく、新たな好奇心を刺激し、それによって新たにナラティヴを自由に選択できるようになることと、それに続く新しいストーリーへと道を開くことを助けるということである。新しいストーリーはそれぞれ、変化が生じた表れであると同時に、次に生じる臨床的事象を生成するものの一部でもある。いや実際は、もっと強い言い方をしてもいいだろう。新しいストーリーはそれぞれ、次に生じる臨床的事象の生成に**つながる**のである[*原注7]。

　したがって、患者たちは自分のセラピーで起きた諸事象を必ずしもナラティヴ

として思い出すとは限らないことを私たちが認めるなら、私たちはまた、ナラティヴの想起は必ずしもナラティヴの影響を表す最良の指標ではないことも認めねばならない。セラピーにおいて生じる情緒的な変化は、そしてそこでまとまる新しいナラティヴの中に記憶される情緒的な変化は、私たちが過去を思い出し、現在を作り出し、未来を想像するやり方に反映する。私たちが新しい物語の最も深く及ぶ影響を見て取るのは、こうした影響においてである。ナラティヴは経験を組織したものであり、経験に形を与える絶えず変化し続ける組織である。ナラティヴがなければ、情緒は、崩れたテントのように形のはっきりしない、混乱してわけのわからないものになるだろう。そして情緒がなければ、ナラティヴは無味乾燥で無意味なものになるだろう。

　新たにナラティヴを自由に選択できるようになることで、患者も分析家も、互いに相手の心の中に住まい、分析の課題に協力して取り組み、互いに相手にとっての考えるパートナーとしての役割を果たす能力が深まることに、私たちは気づく。臨床状況における新しい理解はどれも、患者と分析家が互いによりよく自分の物語を「語る」ことができるようになり、相手の耳を通じて自分の語りによりよく「聴き入る」ことができるようになった証である。ここで私は「語る」と「聴き入る」を、想像の中で進むものであり、また、自分は相手にとって揺るぎなく存在していると信じられることと、想像の中で相手が見ている自分の姿を認識することの両方に立脚するものであるという特別な意味で使っている。

　臨床状況において新しいナラティヴを自由に生み出せることは、あるいは他者が生み出した新しいナラティヴに自由に価値を見いだせることは、ナラティヴを

---

*原注7　新たにナラティヴを自由に選択できるようになることをこのように強調するからといって、性格や、何であれパーソナリティの中にあって持続するものが重要でないということを言いたいのではない。ただ、性格を関係的観点で見るには、性格を単一のものではなく多重のものとして捉える必要がある。つまり、性格はコンテクストの中で定義されねばならない。つまり、これこれの状況下では、ある人物の行為と経験は、少なくとも部分的に予見可能なものとして定義されるだろう。しかし、その人物が関与している対人的な場の性質について私たちが何も知らなければ、私たちは誰であれその行動と経験を予測することはできない。

自由に選択できることという一般的な事例の特殊な例である。状況についてのこのような新しい理解の大部分は、暗黙の関係知と同様に、意識的な努力なしに、思いがけず、患者と分析家の間に進行している関係性から現れる。相手の立会人としての役割を果たすそれぞれの人物の能力が妨げられていない限りは、ナラティヴを自由に選択できることは期待してよい事態である。絶えず新しくなる好奇心を通じて新しい経験を開いていく分析家と患者の能力は、時間の経過とともに、彼らの親密性が発展するにつれて深まる。そこには、何かが持続的で生産的に展開している感覚がある。こうした状況下では、患者にとっても分析家にとっても、多少なりとも、新しい情緒的経験と理解の途切れることのない流れが存在する。古い物語が姿を現し、均衡が崩れ、解体する。新しい物語がまとまる。その過程は多くの場合、滑らかで心地よい。この種の臨床作業は、多くの患者たちとの間で多くの時間を占めるが、それがよく起こる患者もあればそうでない患者もある。そのような過程は、ためらい、突き当たり、引っかかりといった比較的小さな困難に出会って中断することもあるが、この作業の全体的な性質は、患者の経験と分析家の経験の意識に許容できる部分についての、さらに豊かでより徹底的な探究と経験にある。一般に分析家は、自分は価値があり、巧みで、役に立っていると感じ（そして実際そうであり）、患者は助けられていると感じる。患者との無意識的な分析家の関わりは存在しているが、それが厄介な問題となることはほとんどない。それは妨害ではなく助けになっており、分析家は患者に、患者がはじめに持っていた見方とは異なる患者の経験に対する見方を、つまり役に立つと患者が経験する場合が多い新しい見方を、提供することができる。そこには、作業がうまくいっているという満足感がある。持続的で生産的な展開とは、分析家の心の中では、ホフマン（1998）が儀式と自発性の無制約な相互作用と呼ぶもの、ノブロック（2000）とリングストローム（2001, 2007）がセラピー関係における即興と呼ぶもの、そして、こうした考えの源泉であるウィニコット（1971）が遊びと呼ぶものである。

自分でないもの

　このような比較的滑らかで生産的な臨床過程は、経験が耐えられるものと感じられる限り続く。しかし、患者か分析家の、あるいは両方の心の中に呼び起こされた経験が耐えられるものでは**ない**場合、つまり、前面に現れ出て意識的になる恐れのある状態が自分自身のものと認められない場合、かなり違った、とても厄介で、時には破壊的ですらある関係性が生じる。そのような存在のあり方が**自分でないもの**である（ブロンバーグ, 1998, 2006；スターン, D.B., 2003, 2004；サリヴァン, 1953/1940）。それは通常の生活においては、解離においてのみ、**自分**と感じられるものとは離れて存在する[原注8]。自分でないものは、一度も意識に入ったことがなく、それは解離された状態にあって、一度も象徴化されていない。それは未構成であり（スターン, D.B., 1997）、輪郭の漠然とした経験であり、未分化で包括的で観念化されていない情緒状態である。それは自己の範囲内には存在しない。なぜなら、それは自己のあり方の一つに固定化されることを許されたことがないからである。自分でないものは、経験の前面に現れることができるなら、自己のあり方の一つに**なる可能性がある**と言える。しかし、もしそのようなことが起きても、自分でないものは自分の一部と**感じられ**はしないだろう。そのような経験は耐え難いだろう。だから、自分でないものは解離されたままになる。私は自分

[原注8]　「自分」と「自分でないもの」は、対人関係論精神分析の文献におけるその長い歴史になじみがない人に対して日常会話で使われるその名称が意味するものよりも、重要な意味を持った考え方である。この用語はハリー・スタック・サリヴァン（1953/1940）によって、パーソナリティのうちの自己として受け入れられているものの範囲内に存在する部分（つまり「自分」）と自己から解離されたものの範囲内に存在する部分（つまり「自分でないもの」）とを表現する手段として考案された。解離に関する現代の文献は、とりわけフィリップ・ブロンバーグによる最近20年間の仕事は（1998年と2006年に出版された著作に収録されている；シェフェッツとブロンバーグ, 2004も参照せよ）、この考え方に新しい生命を与えてきた。最近では、それらは私の思考においても中心的な役割を果たしている。本書の第3章、第4章、第6章から第8章までも参照せよ。

でないものであっては**ならない**し、自分でないものである**はずがない**。自分でないものが意識に押し入ってくる脅威は、自分は自分であるという感覚を危険にさらす。解離を主題とした私の仕事においても、フィリップ・ブロンバーグ（1998, 2006）の仕事においても、自分でないものは一度も構成されたことがないものである。解離された経験は、ビオン（1962, 1963）のベータ機能とベータ要素や、グリーン（2000）の非表象といった概念と共通する性質を持っている[*原注9]。

　自分でないものは、耐え難い恐怖や屈辱、強力な他者のサディズムの標的となった経験に対する反応として生じる。それは、かつての苦しみに襲われていた人物に戻る感覚である。威嚇を受けておびえ、時には身動きできなくなり、破壊的な怒りに駆られる。屈辱を感じ、時には自分や他者を破壊したくなるような激しい自己嫌悪に陥る。恥ずかしさと恐怖を覚え、時には生きる望みを失ったり、殺人願望が生まれたりする。自分を弱々しく感じ、時には、自殺しなければ逃れられないかのように、あるいは暴力を振るわなければ食い止められないかのように感じられるほどの、恥に満ちた完全に無力な屈服感に至る。自分はこのような人物になる**つもりはない**し、そのような人物である**はずがない**。なぜなら、もしそうなれば、人生は耐えられないからである。そして、もし自分でないものが意識に入れば、自分はそのような人物に**なる**のである。

　すべてのパーソナリティが、自分でないものを抱えている。けれども、もちろん、被ったトラウマの程度は人により非常に幅がある。自分でないものが意識に現れて「現実」になった場合のインパクトの大きさは、トラウマの深刻度とその結果としての自分でないものの残酷さ、忌まわしさ、恐ろしさ、惨めさの程度、そしてパーソナリティ全体の不安定さと傷つきやすさに左右される。深刻なトラ

[*原注9] 　ベータ要素や非表象の場合と同様に、解離された素材は伝統的な防衛操作では対応することができない。なぜなら、解離されたものは象徴的な形式を獲得していないからである。「未構成の素材は、伝統的な防衛操作の適用が可能になるほどはっきりと明確化されたことがない経験である。人が忘れたり歪曲したりできるのは、そもそも一定程度の明確さを備えて形作られた経験に限られる。未構成のものは、記憶や歪曲といった術語が意味を持つレベルの分化にまだ達していないのである」（スターン，D.B.，1983，p.73）。

ウマを受け、そのため傷つきやすさが制御困難な人々にとっては、自分でないものが突然姿を現すことは破滅的であり、大規模な感情調整の不全や精神病的な代償不全を引き起こし得る。困難さがより小さい人々にとっては、その結果は恐ろしくても、それを回避することができる。

エナクトメント——実例による説明

　自分でないものが臨床過程の中の諸事象を通じて立ち現れる場合、セラピーの自然な展開はさまざまなエナクトメントによって妨げられる。以下の例においては、詳細な検討を行うために、実際にその相互交流が起きていたときに私が認識していた以上に、私自身の経験と患者の経験について詳しく記述する。

　患者が遅刻していたので、私は浮いた時間を利用して軽食をとっていた。患者が到着したとき、私は楽しんでいた食事をちょうど終えようとしていたところだった。そのため、ただ患者を待っていた場合よりも、私が待合室に出ていくのに数秒長くかかった。私が待合室に入ると、患者は立ったまま私を待っていた。彼が腰掛けていなかったことを、私は彼が部屋に入りたがっているサインだと理解した。おそらく、わずかな時間とはいえ、私は遅れるべきではなかったのだ。そこで私は、自分の利己性が引き起こした小さな事件に直面することになった。自己批判を避ける防衛的な試みとして（それは後で振り返って初めて利用可能になった洞察であるが）、私は暗黙のうちに、言葉にするまでもなく、「まあ、患者が遅刻したんだから、その時間を私が活用して悪いということもないだろう」と思っていた。しかし、私は彼にあいさつしたときに、自分がいつもの温かみを欠いていたことに気づいていた。

　この患者は、彼に期待してはすぐにがっかりする父親との関係のために、面目を失うことにひどく傷つきやすかった。（私の気のない出迎えという）軽くあしらわれたこの経験は、私の重荷になっているのではないか、私を失望させているのではないかと彼を（密かに）不安にさせ、そのために、自分でないものが突然意識に上る恐れが生じた。患者の心の中では、私のあいさつは彼が恐れていることを

裏づけた。彼に対する私の軽視が垣間見えた。私が彼のことをこれまで大目に見てきたのは、彼が料金を支払っているからに過ぎなかった。秘密は明らかになった。彼は、自分が忌まわしい軽蔑に値する男の子であるという脅威と、いつも戦い続けてこなければならなかった。そして、彼はそのような男の子であってはならないし、そのような男の子であるはずはなかった。

　このような危機的状況では何が起きるのだろうか？　患者は軽蔑に値する自分でないものが意識に現れることを避けるために、できる限りのことをしなければならなかった。彼の普段の防衛手段は、今度は役に立たなかった。危険が彼に迫っていた。私たちのこれまでの面接においては、私は彼の傷つきやすさにとても慎重に配慮し続けていたが、彼にあいさつするときに一時的にそのような配慮を怠ってしまった。これまでは、患者もまた、私との関係性に（無意識的に）影響を及ぼして、決して私を失望させても怒らせてもいないことを確認し、それによって私が彼を軽視しているという厳しい「証拠」に直面する可能性をことごとく避けることで、自分自身を守ってきた。しかし、彼のいつものやり方は、今度は彼の助けにならなかった。

　自分でないものが差し迫ってきた場合の、最後の防衛手段は、「**私は**軽蔑に値しない。軽蔑に値するのは**あなただ**」というような、解離の対人関係化、すなわちエナクトメントである。患者はこのときになって、次のような主張を始めた。私が本気で関心を持っているように見えていたとき、そのほとんどは、私はそのような振りをしていただけだ。私は本当は気にかけてなどいなかった、そのことが今初めて明らかになった。他のセラピストたちは、私がやっていたように見せかけたりしない。彼らは本当に自分の患者について深く知り、気にかけるようになるものだというのが、その主張だった。患者は過去のさまざまな場面を引き合いに出し始めた。彼が信じるところでは、それらは彼の意見、すなわち私はまったくこの仕事に向いておらず、私は自分の能力の限界が相手を傷つけることのない仕事を選ぶべきだったのだという意見に、裏づけを与えるものであった。

　私は軽蔑の対象になっていることに対する自分の情緒的反応と闘った。惨めな気持ちで、傷つき、今にも怒りに駆られそうだった。私は患者が一生懸命に避けていた恥を感じていたのだった。しかしそのときの私には、そのような理解は

まったく浮かばなかった。私は、それは濡れ衣だと異議を唱えることを何か言った（何を言ったのかは正確に思い出せないのだが）。それが防衛的に聞こえることは承知のうえだった。

　この状況は、この時点で二つの方向のどちらにでも動く可能性があった。一つの筋書きは、私は患者に対する自分の情緒的反応と折り合いをつけて、それに耐えるというものである。そのような状況では、自分の防衛的な反応に続いて、私は患者に対してセラピーを促進する対応を模索するだろう。もっとも、おそらくそのような対応は、患者の挑発を受けた後ではすぐには生じないだろう。なぜなら、非難に対する最初の反応は誰しも防衛的なものになりがちだからである。これが実際にこの事例で起きたことであり、このストーリーのその部分をすぐに以下に語るつもりである。しかし、次のようなもう一つの筋書きも、分析家がひどく脅威を感じる状況ではよく起こる。それは、患者の解離されたあり方のエナクトメントに対して、**分析家の中に**解離されたあり方が、すなわち自分でないものが呼び起こされるという筋書きである。そこで起きるのは**相互**エナクトメントである。この患者との場合、その筋書きは次のようなものになったかもしれない。軽蔑に値するのは**彼**ではなく**私**だと患者が感じ始めたのと同じように、今度は私が（普段の私がそうであるように、たとえ私が実際には「もっと冷静である」はずであっても）、**私は何も間違ったことはしていない、患者**がひどくサディスティックなのだという強力な感覚に屈するという筋書きである。私はほぼ間違いなくこのような自分の立場を不快に思い、おそらく自分は悪い分析家であるという罪の意識を持つだろう。しかし私にはしばらくの間、この状況を抜け出す方法がわからないだろう。相互エナクトメントは、それは伝統的な精神分析の文献を読んで受ける印象ほど珍しくはないのだが、かなりの期間にわたって続く可能性があり、多くの場合、セラピーを深刻な危機に陥れる（スターン, D.B., 2003, 2004, 2008）。

エナクトメント、立ち会うこと、そしてナラティヴ

　ナラティヴの観点で考えることで、エナクトメントは、分析家の関与が解離さ

れていてもいなくても、患者あるいは分析家が互いに相手を明瞭かつ十分に理解することが無意識的な動機によりできない状態であるばかりか、それ以上の意味を持つものであることが明らかになる。エナクトメントによって臨床的関係性が硬直化すると、それぞれが相手の立会人としての役割を果たす能力もまた妨げられる。言い換えれば、たとえ分析家が相補的な解離で応じていなくても、患者は少なくとも一時的に、分析家が自分の考えるパートナーであることを許す能力を失う。患者はまた一時的に、分析家の考えるパートナーである願望を、そしておそらくは能力も失う。分析家が相補的な解離で**応じる**場合には、もちろん、状況はより厄介であり修復はより難しい。どちらの場合でも、持続的で生産的な展開の間に進行する、ナラティヴを苦もなく、思いがけず生み出す過程は停止する。

　自己のあり方を規定する方法の一つがナラティヴである。それぞれのあり方は絶えず変化するストーリーである。さらに正確に言うなら、私がすでに示したように、自己のあり方は単なる経験や記憶ではなく、アイデンティティの諸側面なのだから、それぞれのあり方は、その内部から語られ得るストーリーによって規定される自己の一側面である。私たちが多くの自己のストーリーを一度に自由に語れることは、言い換えれば、私たちが多重的な存在のあり方を同時に自由に占めることができることは、私たちが自分自身と他者をどのように認識しているかを表現するそのような数々のストーリーに、状況に応じて変化する柔軟性を与える。「自分」を構成している多くのあり方は、私が生きていく状況を形作ることに関与するばかりでなく、その過程の中で改めて形作られる。こうした持続的なやりとりと更新が、「自分」を作り上げている自己のあり方の特質である。

　しかし、自分でないものは語ることができない。自分でないものは、執拗に、頑強に、そして防衛的に未構成であり、まだ一度も形作られたことも物語られたこともなく、孤立しており、解離されており、そうすることで沈黙させられている。これが、単独のものであれ相互的なものであれ、エナクトメントにおいて生じている状況である。分析家も患者も、そこで起きていることの意義の物語り方がわからない。どちらも、そこで起きている交流の意味も、その交流を作り上げている感情と認知もわからない。したがって、こうした諸事象は手続き的な観点でのみ、つまり行為でのみコード化される状態にとどまる。もし自分でないもの

が私たちの語る能力の中に入ることができるなら、自分は、つまり解離を行っている者の自己は、自分でないものを含み入れたり、それと接触したりできるように、ともかく拡張しなければならない。

　それでは、私と患者との間に実際に起きた出来事の話を再開しよう。私は患者の非難に対する反応として、防衛的な気持ちと恥ずかしさを感じた。私の防御的な態度は自分には明らかだったし、おそらく患者にも明らかだろうと私は思った。しかし、私は自分の側の相補的な解離では応じなかった。私は気を取り直して、次のようなことを言った。「私はあなたが言ったこと（私に対する患者の非難）に驚きました。それがどこからきているのか私にはわかりませんでした。でも私は今、あなたの感じ方は前回のセッションの間にあなたが感じた何かと関係があるのではないか、あるいはあなたが今日やってきたときにあなたが感じた何かと関係があるのではないかと、自分に問いかけています。あなたは私が言ったこと、あるいはしたことで何かが気になりましたか？　なぜなら私には身に覚えがあるからです。これは重要なことではないかもしれませんが、私は自分がいつもと同じようにはあなたにあいさつしなかったことに気づいていました」。患者からの非難に対する私の反応にもかかわらず、言い換えれば、私は患者が不満を持ち始めるうえで自分が一定の役割を果たした可能性を考えることができた。このコンテクストにおいては、少なくとも、私は報復的な解離とエナクトメントへと屈することなく探究を行うことができた。言い換えれば、患者が彼自身の解離的過程の中から振る舞うしか選択の余地がなかったときに、私はナラティヴのさまざまな可能性を閉め出さなかった。その代わりに、好奇心を抱き、何であれ自分の心に浮かぶことに対して比較的開かれた状態に立ち戻った。

　患者の解離もエナクトメントも、これらのことが進行している間、著しく硬直したものではなかった。もっとも、もし私が自分自身の反応をつかみ損ねて防衛的なままであったなら、状況はきっとそのような方向に進んだことだろう。しかし私はこの事例においては幸運であった。なぜなら、私がもはや脅かされていないことを感じて、患者が私の思い切った応答にいくらか興味を示したからである。しかしそれでも、彼はまだ疑い深く、彼の非難に対して私が言ったことに言及して、「じゃあ、いったいあのときどうしてあなたは防衛的になっていたんで

すか？」と言った。私は再び腰を据えて、次のように言った。私は自分が防衛的だったと確かに思う。誰にとっても、強力な批判に直面して防衛的にならずにいることは、多くの場合難しいものだ、と。

　患者は態度を和らげ、そして（実を言えば私には意外だったが）私が言ったことに対応する事柄を探して自問し始めたようだった。彼はようやく、私のあいさつが実は彼の気持ちを傷つけたのだと言うことができた。場の雰囲気はさらに落ち着いた。そうして患者は、私の見方に立って、私の防衛的な態度は彼自身の批判的な意見に対する反応として理解できると、ほとんど苦もなく了解した。さらに重要なのは、自分は私の重荷であるとか、私の心配は本物ではないといった、自分の束の間の確信が反証されるエピソードを、患者が今や経験したことである。このことは、彼にとって主に認知的な意義を持ったのではなかった。私にとって彼から非難を受けながら彼と共にいることがどのようなことであるかを、患者は**感じる**ことができた。このことが重要であった。しかしさらに重要なのは、私が気持ちを傷つけられたり彼に怒りを感じたりしても、彼に対する温かい気持ちを見失わなかった（あるいはほんの一時的にしか見失わなかった）という信頼を、初めて患者が感じたことであった。わずかではあるが重要な点で、患者は今やかつての彼とは別の人物であった。続く数か月間、この種の別の新しい諸経験が彼の目前に展開した。なぜなら、彼の経験と私自身の経験に私の心が開かれていることに対して彼の信頼が増すことで、彼は、重荷になっているという彼自身の気持ちに、私の耳を通して、想像力を働かせて耳を傾け始められるようになったからである。そしてその過程において、こうした経験は一方で彼にとって実体を伴った現実味を獲得し、他方でより恥ずかしさの少ない耐え得るものになった。こうした事柄に関するストーリーは、彼の心の中にますます頻繁に現れた。明確に表現されたものもあれば、暗黙のものもあった。時が経って、自分でないものは自分になった。私のほうもまた、彼の辛辣な批判に対する自分の反応を経験することを経て、よりいっそう患者に立ち会うことができるようになった。それに加えて、例えば彼が結局は彼の批判に対する私の反応を受け入れた例に見られるように、私は改めて私に立ち会う患者の能力を信頼するようになった。

　解離は洞察によっては乗り越えられないし、エナクトメントは言葉による解釈

を通じては解消されない。解釈は分析家の主要な介入ではない。エナクトメントが終息するのは、情緒と関係性の変化の結果である。そしてそれが、それぞれの当事者の相手と自分に関する認知（そしてストーリー）の変化を引き起こす（第3章、第4章、第6章、そして第8章を参照せよ）。このように変化した事態への洞察は、それが一定の役割を果たす場合には、後からやってくる。歴史の再構成は多くの場合、新しいストーリーが出現した後に生じ、それは非常に役立ち得るものである。しかし、セラピー作用は、通常はわずかにだが、今ここで、それまでとは異なる人物になることにある。自己の拡張は今ここで、少しずつ生じる。エナクトメントが弱まると、セラピーは持続的で生産的な展開に戻る。そして新しいナラティヴが、再び分析空間の中に思いがけず現れ始める。セラピーが進むにつれて、患者と私が語る新しいストーリーは、ますます頻繁に、軽蔑に値する幼い少年をめぐるものになっていった。

再び遭難者たち

　しかし、もし患者にとって分析家がそれほど重要であるなら、私たちはロビンソン・クルーソーと縮みゆく男のことをどのように理解すればよいのだろう？彼らには分析関係はもちろん、いかなる関係も存在しなかった（クルーソーはやがてフライデーに出会うが、それは彼の長い物語が始まって数年後のことであった）。私は本章のはじめに、これらの物語の主人公たちは、その強いられた孤立ゆえに私の主張を説明する好例になると述べたが、もはやその理由は明らかだろう。これらの物語の著者たちが示唆しているように、主人公たちが彼らの置かれた状況にもかかわらず成長し変容したことは間違いないし、私たちがどこまでも社会的な存在であることを論駁するものでも決してない。その反対に、これらの物語以上に立ち会うことの必要性をはっきりと示して見せることができるものはないだろう。強いられた孤立をめぐるあらゆる物語においては、実際に、現実の存在であれ架空の存在であれ、何らかの想像上の立会人が呼び出されるのだろう。

　映画『キャスト・アウェイ』において、トム・ハンクスが演じる主人公は、航

空機事故に遭って独り流れ着いた島で、浜に打ち寄せられたサッカーボールを見つけた。そして、それに顔を描き、それを相手に、自分の孤独さをめぐって自分に皮肉なコメントをする会話のまねごとを始める。彼はそのボールを、製造元のスポーツグッズ会社の名前にちなんで、「ウィルソン」と呼ぶ。しかし年月が経つにつれて、皮肉は妄想的な真剣さに変質し、ウィルソンはついにはこの遭難者の親友に、絶え間ない話し相手になり、腹心の友になる。そうした年月の後、この難破した男は自分で作り上げたいかだに乗って、島を脱出する。海上で嵐をやり過ごした後、静かにないだ海上で、のどの渇きと強烈な日射しのために彼は瀕死の状態に陥る。そのとき彼は、流されないようにマストにつないでおいたウィルソンが、つなぎ目から外れて、うねる波間を漂い去っていくのを目撃する。この映画の本当に感動的な瞬間の一つが訪れる。自分の弱り果てた状態では、いかだを失い自分が溺れてしまうことなく自分の「友」を救出することができないことを悟ったこの遭難者は、漂いながら波間に姿を消していくウィルソンに向かって、痛ましくその名前を叫びながら許しを請い願うのだった。

　最後にもう一例挙げたい。フィクションと同様に実例においても、立会人を求める遭難者のニードが示されていることを記録にとどめたいのである。私は最近、ニューヨーク・タイムズ（オオニシ, 2007）で、東京のある男性に関する痛ましい記事を読んだ。この男性は、極度の貧困のため1週間以上も食事を摂っていなかった。そして、まったく孤立していたため、彼の状況を知る者も、心配する者も、誰もいなかった。彼は最期の日々に日記を書き続けていた。餓死に至る前の最後の書き込みの中の一つには、日本中のコンビニエンスストアで100円ほどで売られている軽食である、おにぎりを食べたいという願望が、次のように綴られていた。「午前3時、ここにいる人間は10日間何も食べていないが、まだ生きている。ご飯が食べたい。おにぎりが食べたい」。彼が日記を書いたという事実そのものが、彼が聴き手を思い浮かべていることの証拠である。しかし、彼が自分自身のことを三人称で述べていることにも注目したい。彼が本当に自分自身だけに語りかけていると思っていたなら、彼がそんなことをすると信じられるだろうか？　他者の耳を通じて聴き入るニードのこれ以上に雄弁な表現が他にあるだろうか？　この男性は死に絶えつつあったにもかかわらず、それは書き留められ

たのだ。

　自分の経験が何であるかを知り、それについて考え、感じるためには、私たちは自分の人生の物語を、それに関心を向けてくれる誰かに対して語り、そうすることで自分自身に耳を傾ける必要がある。もし自分の聴き手を自分で作り出さねばならないなら、そうするまでである。立会人を求める私たちのニードはとても深いので、時には想像上の立会人で間に合わせねばならない。

自分の自己に立ち会うこと

　私たちは、自分の中の部分と部分の間で心の中で対話するという考え方に慣れ親しんでいる。もし私たちが心の中での対話を持つことができるなら、私たちの一部は別の部分の立会人としての役割を果たすことができるだろうか？　私たちは、リッチマン（2006）がそう考えているのを見た。ローブ（1992a, 1992b, 2005；ローブとアウアーハーン，1989）もまたそうである。彼の示唆によれば、大規模な心的トラウマは、連想、象徴化、およびナラティヴ形成の過程を損なうので、心の中の対話、好奇心、反省、および内省の欠如をも引き起こす。それでは、ローブはこのような心の中の荒廃の原因は何にあると考えるのだろうか？　彼によれば、それは、心の中のよい対象、「心の中の共感的な他者」（ローブとアウアーハーン，1989）、そして心の中の対話のパートナーとナラティヴ形成の壊滅である。ローブ（1992b）は、メナヘム・Sの物語を紹介する。彼はある種の遭難者であり、強制労働収容所に入れられた小さな子どもであった。彼は何とかホロコーストを生き延び、奇跡的にも、後に両親と再会した。彼は、常に身につけていた母親の写真に話しかけては祈りを捧げて、戦争を生き延びた。「実は、母親は戦争が終わったら彼を迎えにくると約束していた。そして、彼はその約束を一瞬たりとも疑わなかった」（p.87）。しかし彼が再会した両親は、「げっそりとやせ細り、縦縞模様の制服を身につけ、歯は今にも抜け落ちそうで」（p.88）、彼が記憶に抱いていた両親とは別人だった。母親は「見違えるほど醜くなり、同一人物には見えなかった」（p.91）。戦争を生き延びたあと、この少年は精神的に崩壊してしまった。ロー

ブは次のように書いている。「私はこの物語を読んで、彼は現実の母親を取り戻したときに、母親のイメージの中に見いだしてきた心の中の立会人を失わねばならなかったのだと理解した」(p.88)。

　リッチマン (2006) の経験はここでも関連する。以下の文章で、彼女はホロコーストの間潜伏して過ごした自分の子ども時代をめぐる回想記 (2002) を書く中で、自分がその人に向けて書いた心の中の存在について説明している。

　　　内在化された他者（投影された読者）は、はっきりとした特徴を持たない漠然とした存在だったが、関心を寄せてくれる観察者、立会人、私および私の人生についてもっと知りたいと思っている人物のように思えた。おそらく、その漠然とした存在が表していたのは、私の母だったのだろう。母は私の最初の読者にして聞き手であり、私の学校時代の作文に耳を傾けることを楽しみに生き、揺るぎない賞賛の念で私の書いたものを迎えてくれた。(p.645)

この種のことが、私が引用した遭難者たちに、ベッドの中の幼児たちに、私たちすべてに、毎日かなりの時間、起きるのである。だから私たちには、遭難者たちの経験は決して珍しいものではなく、それは私たち誰もがごく普通に行っていることだとわかる。実際は、遭難者たちは孤立を強いられており、そのことによって、立ち会う過程が強く際立っているのである。
　しかし、ローブの心の中の共感的な他者がトラウマによって破壊され得るのと同じように、次のような場合には直ちに、私たちは心の中の想像上の立会人を呼び起こすことができなくなる。それは、私たちが立ち会わねばならない経験が、あまりにひどく自分を傷つけたり脅かしたりするために受け入れることができない自分の一部、すなわち、自分という組織の中核にあり、それに気づくことがパーソナリティの残りの部分を脅かすような、自分の傷ついた一部に触れる場合である。言い換えれば、立ち会われることを必要としているのが自分でないものである場合には、心の中の想像上の立会人は利用できなくなる。しかも、この部分こそがまさに、私たちが成長するためには何とかしてそれに耐え、それについて知ることを学ばねばならない、そういう自分の一部である。そのような場合に

は、私たちの心の外部に立会人がいることが非常に重要である。そのような場合には、精神分析家に会うことは、私たちに有益であるだけではなく、必要なことである。

最終考察

　ナラティヴに関する私たちが最も慣れ親しんでいる精神分析的説明では（シェーファー, 1983, 1992；スペンス, 1982）、物語そのものが重要であるかのように述べられている。そこでは、生の営みの中の諸問題は、自分の人生について防衛的に動機づけられた物語を語ることによって、経験が弱められたり歪められたりする結果から生じるものとして、あるいは頑なに一つの特定の説明を選ぶことによって、経験がねじ曲げられる結果から生じるものとして説明される。セラピー作用は、それぞれの分析家が重んじる理論に基づいた客観的な解釈を通じて、新しいよりよい物語を、つまり、より包括的で、まとまりがあって、より目的に適った物語を生み出すことを軸に展開する。シェーファーとスペンスによるナラティヴの説明によれば、分析家のやり方にはかなりの柔軟性が認められているとはいえ、臨床精神分析を規定するのは、そこで用いられる技法である。そして技法を規定するのは、解釈の用い方である。
　シェーファー（1992）の考えでは、精神分析的な臨床の仕事はテクストを解釈することにとてもよく似ている。この「テクスト」には、患者と分析家が「深く染み込」んでおり、患者と分析家はそれを「共に生き」ている。しかし、それはあくまでテクストである。分析家が、「反論する」患者（つまり、分析家が提供する解釈について、自分の意見を分析家に語る患者）に対して行うことを考えてみよう。

　　分析家は被分析者に、多くの文芸評論家たちが著作家たちに向き合うのと同じ態度で向き合う。つまり、被分析者が自分の発言と選択の狙いについて語ることに関心を抱くが、しかし、従順さや慣習的な礼儀正しさよりは、どこまでも独立した批判的な距離をとった態度で、そして、こうした説明的な

コメントを、あるがままに聞き取られ**かつ**解釈されるべき単なる発言以上のものとして見なす心構えで、向き合うのである。(p.176)

精神分析家にとっては、患者が言うことには患者自身は気づいていない意味が含まれることがしばしばあるという主張は、ほとんど論争の余地はない。しかし現在では、分析家は**いつも**「どこまでも独立した批判的な距離をとった態度」をとることができるという主張に対しては、異論を唱えるかなりの量の文献が存在する（例えば、ブロンバーグ，1998, 2006；ホフマン，1998；ミッチェル，1993, 1997；パイザー, S., 1998；レニック，1993a；スターン，D.B., 1997）。こうした著者たちは大きなグループを形成しており、彼らの多くは自らを関係的あるいは対人関係論的分析家と見なしている。彼らは、患者と分析家の関係は持続的で相互的な無意識的影響が及ぶものの一つであるという立場を取る。患者**も**分析家**も**、自分の経験の意味に特権的にアクセスすることはできないのである。

　本章で展開した見解は、こうした幅広い見方に属している。改めて作り直されたナラティヴが人生を変化させることは確かである。けれども、そのような変化の源泉は、患者が新たに見いだした、自由に経験することができる状態にある。つまりそれは、部分的にしか私たちの意識的なコントロールの影響が及ばない臨床的相互交流の諸事象を通して生み出される、自己の拡張である。私たちは真実を学ぶというより、かつての自分とは異なる自分になるのである。私たちの最も重要な臨床的成果は、解釈でも解釈が伝える物語でもなく、分析家と患者が互いに相手の立会人としての役割を果たせるようになる範囲が広がることにある。このように互いに相手から新たに承認されることは、エナクトメントとその根底にある解離が解消された成果であり、また、その結果得られた、分析家と患者がより十分に互いの経験を詳しく知る能力の成果であり、より頻繁に互いの耳を通して聴き入る能力の成果である。解離とエナクトメントが弱まるにつれて、患者と分析家は再び考えるパートナーになり、彼らの協力関係の幅は以前よりも広がるのである。

　私たちはナラティヴを、意識的で目的志向的な構築物と考える代わりに、結果が予測不能で直線的でない自己組織化システムの一種として捉え直すべきだろう

（例えば、ギャラツァー＝レヴィ，2004；テーレンとスミス，1994）。臨床過程は、そこでナラティヴが停滞したり、発展したり、変化したりする媒体、あるいは非線形システム理論の用語を使えば、事象空間である。古いナラティヴの崩壊と新しいナラティヴの出現は、予測できない関係的事象の産物である。私の見方についてのこれまでの説明が、精神分析における新しいナラティヴは臨床過程から現れてくる、共同で構築された、思いがけず生まれる産物であるという私がはじめに行った主張を、補強できていればと思う。

　私が述べてきたことには、注意深い概念化や臨床的訓練の必要性を否定する意図はまったくない。私が意図しているのは、臨床精神分析はそこで用いられる具体的な技法によってその立場を明確に示すことができるという主張に、異論を唱えることである。むしろ、精神分析は、一人の人物がもう一人の人物に役立つことができる非常に独特な方法なのである。そこでは、私たちは一定の実践を共有しているが、同時にまた、そうした実践だけでは臨床過程への没入を生む経験にたどり着くには不十分な場合が多いことも私たちは自覚している。エナクトメントの認識と解消を臨床精神分析の中心的な課題と考える分析家にとっては、個人としてのあり方が職業的な専門性と必然的に結びついている。このことは、少なくともラッカー（1968）の業績以来、私たちが認識してきたことを補強する。つまり、患者が変わるためには、分析家も同様に変わらねばならないのだ。結局私たちが見いだすのは、たいていの場合、心が身動きとれなくなるときには、関係が鍵になるということである。

―――― 第6章 ――――

二つのものは出会うのだろうか？　メタファー、解離、共起

メタファーの意味

『アメリカン・ヘリテージ・ディクショナリー』(1992) は、メタファーについて次のような定義を示している[†訳注10]。

1. 比喩表現の一つ。本来ある事柄を示す単語や文が別の事柄を示すために使われ、暗黙の対比を行う。例えば、「トラブルの海」や「世界はすべて舞台」（シェークスピア）。
2. 別の事柄を代わりに表すある事柄。象徴。「ハリウッドは常に、洗練されていない人々、実利主義者たち、皮相的な人々、臆病な人々に対する、強力な、出来合いのメタファーであり続けてきた」（ニール・ガブラー『ニューヨーク・タイムズ・ブック・レヴュー』11月23日号，1986）。

この定義、特に二番目の定義から、メタファーと象徴機能は同義だと結論づけてよさそうである。多くの人はきっと、学校ではそのような意味を教わっていない。

――――――
[†訳注10]　メタファーは、日本語による比喩の分類で言えば、隠喩に相当する。

私たちはメタファーを第一の定義の観点のみで、つまり、二つの定義のうち、より単純かつ狭い定義のほうの、比喩表現の一つとしての純粋に言語的事象として考えがちである。

　しかし、レイコフとジョンソン（1980, 1999）の主張以来、今日では、事態はそのような単純なものではないことが明らかになっている（彼らの業績を精神分析に導入するうえで大きな役割を果たしたモデル, 2003も参照せよ）。彼らはメタファー、および認知におけるメタファーの役割についての私たちの理解に革新をもたらした。25年以上にわたって、これらの著者たちは、メタファーは単なる比喩表現の一つであるどころか、思考の核心部分を占めていることを、力強く主張し続けてきた。

　レイコフとジョンソンはメタファーを、驚くべきことに、身体の事象として特徴づける。最も基本的なメタファー、つまり他のあらゆるメタファーがそこから由来する「原初的メタファー」は、普遍的な身体的経験に、とりわけ乳幼児期と児童期の経験に基づいている。ある種の身体的経験が、情緒的とか認知的とか称されるのがふさわしい他のある種の経験に必然的に結びついて、結果として「領域横断的な概念地図」、あるいは「主観的経験」（思考と感情）と感覚運動的経験との結合が生み出されるというのである。

　レイコフとジョンソンの見解では、思考は原初的メタファーから始まり、それを素材として組み立てられる。そして、さらに複雑なメタファーが、それに先行するメタファーが浸透した経験を基礎に構築される。実は、経験にはメタファーが浸透していると述べるだけでは十分ではない。それは間違いではないが、レイコフとジョンソンにとっては、メタファーは経験の構造そのものでもある。

　二つの考え、意味、あるいは知覚が、同時に認識されるとき、一方が他方を指し示して表象したり象徴したりする可能性が生じる。一般に、私たちはこのような現象を連想と呼ぶ。例えば、祖母が台所で焼いているアニスクッキーの香りのことを思い浮かべると、私は安心感を覚えるといったように。それ以後は、祖母のことを思い浮かべなくても、アニスの香りは同じ気持ちを呼び起こす。つまり、アニスは心地よさと安心感を表すようになるのである。レイコフとジョンソン（1999）は、意味（例えば、心地よさと安心感）は感覚経験（例えば、アニスの香り）に

写像され、それ以後ずっとその香りに意味を与えると述べる。ただし、この写像関係は一般に一方向的である。つまり、アニスの香りを嗅ぐと必ず私は安心感と心地よさを抱くが、安心感や心地よさを抱いたからといって、（例えば、「あなたが安心感を思い浮かべるとき、心に浮かんでくる何か特定の香りはありますか？」といったように）その結びつきに注意が向けられなければ、私はアニスの香りのことを思い浮かべない。

レイコフとジョンソンは、最も基本的なメタファーを、文化の違いに関わりなく、普遍的で、身体的な基盤を持った、すべての人の人生の最早期に生じるものと考えている。そして彼らはその出現を、メタファーの諸要素が現れる同時性に基づいて説明している。それは、私自身のささやかな、かなり個人的なコンテクストにおいて、アニスの香りが心地よさのメタファーになったのと同じ種類の同時性である。さまざまな原初的なメタファーのうち、以下の二つだけを取り上げてみよう（ここではレイコフとジョンソン, 1999, p.50を基に、要約して表現を変えている）。

1. 愛情は温かい。愛情の主観的な評価は、温かさの感覚運動的評価と繰り返し対になる。なぜなら、赤ん坊たちは愛情深く抱っこされている間、温かく感じるからである。そのような情緒的経験がそのような感覚運動的事象に写像されて、その結果、例えば、「彼らは私に温かくあいさつした」という発言が、私たちに理解される。
2. 重要なものは大きい。重要性や意義の主観的評価は、大きさの感覚運動的評価と繰り返し対になる。なぜなら、赤ん坊や子どもたちは、「あの大きなもの、たとえば両親は重要で、自分に大きな影響力を及ぼし得るし、自分の視野全体を占め得る」ことに気づくからである。その結果、例えば、「明日は大きな一日だ」という発言は意味が通る。つまり、私たちは重要なことについて考えるとき、大きいものを思い浮かべる。

こうした例においては、私の例のように、感情（つまり、レイコフとジョンソンが主観的評価と呼ぶもの）は感覚運動領域の経験に写像され、その結果、一方向的な象徴過程が生じることに注意してほしい。愛情深い気持ちは温かい感じを呼び起こ

し、重要さの感覚は大きさの知覚を呼び起こすが、逆方向の過程は起きない。大きいサイズは自動的に重要性の感覚を呼び起こさないし、高い温度が愛情深い気持ちを呼び起こすわけではない*原注1。

転送(transfer)と転移(transference)

以下に挙げるのは、『アメリカン・ヘリテージ・ディクショナリー』(1992)の同じ項目から抜粋した、「メタファー」という単語の起源についての記述である。

---

*原注1　レイコフとジョンソンの業績は、数多くの理由で精神分析家たちにとって重要である。メタファーの意義の再評価はそのうちの一つに過ぎない。これらの著者たちによるもう一つの貢献は、欲動概念を利用することなく、あらゆる経験を身体に基礎づけて考える方法を提供したことである（彼らの1999年の著作のタイトルは『身体の哲学――身体化された心と西洋思想に対するその挑戦』である）。しかしながら、彼らの考えと精神分析に対するその潜在的な貢献を私は高く評価するが、一方で、彼らの認識論的立場は私と相容れない。確かに、ある面では、レイコフとジョンソンは客観主義を棄却している。私たちが真理と呼ぶものの多くは、あるいは大部分でさえも、私たちが考えるときに用いるメタファーの形で生み出されているのであるから、真理は私たちの心の外部に客観的な形で存在することはあり得ないというのが、彼らが取る立場である。したがって心は、少なくとも「客観的世界」と同様に、私たちが真理と考えるものを形作ることに大いに関わっている。実際、心と世界は一つの統一体なのだから、「心の外部の世界」を指し示すことは無意味である。ここまでは私も認められるし、高く評価もする。デカルト主義に対するレイコフとジョンソンの批判に、私は全面的に同意する。しかしレイコフとジョンソンは、結局は、客観主義を別の客観主義で置き換えている。彼らは自分たちのメタファー理論を、新しい客観的真理として、それまであった理論に取って代わるもう一つの理論として提示している。絶えず一つの「客観的真理」を導入し、別のものと取り替えるというこうした問題こそが、解釈学とポストモダニズムの洞察の引き金となったのである。彼らが自分たちのメタファー理論を新しい真理として提示していることを念頭に置けば、レイコフとジョンソンがポストモダンの考え方や構成主義的な諸見解にあからさまに異議を申し立てていることは驚くにあたらない。

第6章　二つのものは出会うのだろうか？　メタファー、解離、共起　177

中世英語の*methaphor*が語源。古代フランス語の*metaphore*、ラテン語の*metaphora*、ギリシャ語で転移、メタファーを意味する*metapherein*（*meta-*, meta-+*pherein*, to carry）に由来。「転送すること」の意。

「メタファー」はぐるりとその起源に立ち戻ったように思える。私たちはこの定義から、この単語の起源が意味の転送あるいは「持ち運ぶこと」にあることを学ぶ。もし私たちがレイコフとジョンソンに耳を傾けるなら、それは元来の起源に帰り着いたのである。ある意味を別の意味に写像することは、ある種の転送や持ち運びではないだろうか？　レイコフとジョンソンは、「写像」という用語を一定の厳密な意味で使っている。しかし、精神分析の世界では、「転送（transfer）」という言葉から「転移（transference）」が連想されるので、「メタファーが生み出されるのは、ある意味の実質が別の意味に転送される場合である」というように、私は「写像」よりもそちらのほうを使いたい。

　転移とメタファーの間には、非常に興味深い関係が存在するように思える。私たちが「精神病的転移」と呼び慣わしているものについて考えてみよう。それは象徴的な過程でもメタファー的な過程でもまったくなく、二人の人物が同一人物であり、したがって交換可能であると主張することである。自分の分析家は自分の父親**である**。他のいかなる解釈も無意味である。もちろん、もし転移が（再び古典的な立場の用語で）「神経症的」であれば、臨床的関係性はかなりの展開可能性がある。自分には自分の分析家が自分の父親である**かのように**感じられるが、分析家と父親は別人であるという認識は保たれる。転移は、その意味がメタファー的である場合には、臨床的に有用である。その一方で、それが文字通りに同一の存在を意味するなら、転移は解決困難である。この論点は十分簡潔に思えるが、綿密に吟味すると、かなり複雑な問題にぶつかる。

　自分の分析家が自分の父親である**かのように**感じるためには、二人の人物が何らかの重要な点で似ていると感じられねばならない。言い換えれば、転移があたかもという性質を持つためには、父親と分析家が両者とも属する**カテゴリー**が生み出されねばならない。しかし、カテゴリーを生み出すには、カテゴリーに含まれる項目間の類似性を同定するだけでは足りない。カテゴリーは、項目同士の差

異によっても定義される。カテゴリーに属する構成員を区別する差異がなければ、そのグループ分けはそもそもカテゴリーではなく、単に同じものを集めただけになってしまう。カテゴリーにおける項目間の差異が、項目同士の類似性を意味あるものにするコンテクストとして働く。メタファーとカテゴリーは互いに意味深い関係にあるように思われる。

メタファーとカテゴリーについてのモデルの見解

アーノルド・モデル（1990, 2003）は、メタファーに関する現代思想を精神分析に導入する先駆的な努力を重ねてきた。彼は、コンプレックスという古いアイデアについての新しい捉え方を考え抜く過程で、メタファーとカテゴリーとの間の関係を理解した。「『コンプレックス』は」、彼が2003年に1990年の自分の以前の仕事を振り返って述べるところでは、「部分的に無意識的であることもあれば、まったく無意識的であることもある、強い情緒的力を備えた、観念と記憶の組織化された集合体として定義され得る」。モデルが取る立場は、メタファーが「情緒的記憶を組織化する。カテゴリー形成が想起の一側面である一方で、メタファーは情緒的記憶と現在の知覚との結合を提供する」という立場である（2003, p.41）。言い換えれば、そこでは、ある過去の事象とある現在の事象に意味のあるつながりがあるという認識が生じる。このような結びつきが、カテゴリーの本質を生み出す。そのうえで、この論点の要が登場する。

> メタファー的な対応に基づいた類似性は、それを通じて情緒的カテゴリーが形成される手段である。無意識的な情緒的記憶は**潜在的な**カテゴリーとして存在し、それらは、想起の過程において、メタファーと換喩を手段として、今ここにおける諸事象に連想的に結びつけられる。(pp.41-42) *原注2

私たちはレイコフとジョンソン（1999）から、ある意味が別の意味を表すメタファーは、二つの経験の同時性によって生み出されることを学んだ。ある記憶と

第6章　二つのものは出会うのだろうか？　メタファー、解離、共起　179

ある現在の経験が私たちの心の中で同時に起これば、それらの間に意味のある結合が生じる可能性がある。このような理由で、メタファー的な対応は、同時にまた情緒的カテゴリーの創出なのである。

　またモデルによれば、トラウマは、被害者がトラウマ的な過去を現在のコンテクストの中に位置づけることを不可能にする場合がある。そのような場合、臨床家たちがトラウマを受けた人々の経験において、またそうした人々が過去と現在を統合できずにいる状態において日常的に出会う、おなじみの、過去の凝固化や平板化が生じる。モデルによれば、多くのトラウマ被害者の経験においては、「**メタファー的過程は排除されたり停止したりしていると言える**」（p.41：強調は原著者による）。つまり、トラウマにおいては、過去は凝固化した記録として存在しており、現在をコンテクストとして位置づけることができない。注目してほしいのは、この結果、現在は過去の一部とつながることで豊かさを増すことができないので、現在から意味が枯渇することである。しかし、メタファーの排除は過去からも意味を枯渇させる。より正確に言えば、私たちが現在において学び経験することを基礎に企てる過去の再構成から、つまり、フロイト（1895, 1918）が遅延作用あるいは**事後性**と呼んだものに類似した過程から、意味を枯渇させる。したがって、（モデルの言葉では）「停止した」メタファー的過程は、過去も同様に硬直化することを運命づける。なぜなら過去の硬直化した側面は、現在の目的に役立

＊原注2　メタファーと換喩は、それぞれ別の象徴的表現の形式である。メタファーにおいては、ある対象あるいは概念が別のものを表す。そこでは、メタファーに組み込まれる前に二つの項目の間に何らかの意味ある関係があったかどうかは重要ではない。したがって、アニスと心地よさの関係の例のように、もし二つの言葉がつながる理由を知らなければ、メタファーはしばしば恣意的なものに見える。換喩は、二つの経験や対象や概念が、換喩の一部になる前に有意味に関連しているという点で、メタファーと異なる。一般に、象徴されている事物は象徴として働く事物を包摂する。例えば、「兵士が旗に仕える」（国旗は国家全体を表す）や、「王が笏を持つ」（笏は統治権を表す）といった例のように。換喩的関係は、メタファー的関係の場合と同様に、カテゴリーを生む。しかし、それらの項目は互いにあらかじめ関係を持たねばならないので、換喩は相対的に柔軟性の少ない象徴手段である。項目同士の単なる時間的一致、本章の後の部分で私が「共起」と呼ぶものが、メタファーが生み出される潜在的な可能性を準備する。

つように再構成することができないからである。そのような意味で、硬直化した記憶は「もの自体」である。それは未来の意味に寄与することのできない具象物であり、ビオンがベータ要素と呼んだものによく似たものである。

モデルは「無意識的な情動的記憶」を「潜在的な情緒的カテゴリー」として説明している。しかし私はそれを、私たちが精神病的転移において見る種類の経験に他ならないと理解する。そのような経験は孤立し続けている。それはカテゴリーの一部になることができない。したがって、人はそれについて知ることができるようにそれを語ることができない。それについて内省することができない。あることについて知ったり内省したりするためには、例えば次のような言葉にできる何かを感じることができねばならない。「ああ、そうだ、こんな感じがしたことが（こんなことをしたことが、あるいは考えたことが）あった……」とか、「ああ、そうだ、これは……のときに私が感じたことに似ている」といったように。ある経験をある**種類**の経験と見なすことは、言い換えれば、ある一定の情緒的に定義されたカテゴリーの一員と見なすことは、私たちがその経験**について内省する**ことができるということである。転移の場合のように、その経験がそのカテゴリーに属しているというまさにそのことが、私たちがその経験の独自性を理解することを可能にする。トラウマがそうであるように、もし経験がカテゴリーに属することができないなら、もしそれが、具象物や「特殊なこと」として、孤立して存在しなければならないとしたら、それはもの自体にとどまらねばならず、認識されることも、知られることも、感じられることもできない。したがって、その他の点では互いに異なる別々の経験の間に連想的結合を生み出す過程は、心の成長にとってとても重要であるように思われる。

メタファーと立会人

もし一本の木が誰ひとり聞く者のいない森の中で倒れたら、音はするのだろうか？　確かに、空気の振動は起こるだろう。しかし、音がするには、それを誰かが聞かねばならない。そして、それを聞く立会人がいなければ、それは誰にも聞

かれることはあり得ない。

　同じことは他の場合にも当てはまる。立会人がいなければ、いかなる経験も「聞かれる」ことはあり得ない。私たちはトラウマの事例において、このことに慣れ親しんでいる。本人自身がトラウマをリアルな経験として感じられるようになる前に、トラウマを受けた人は、自分が経験してきたことについて知り、それを気遣ってくれる他者を、あるいは、そのような人物を想像できることを必要とする（例えば、フェルマンとローブ，1992；ローブ，1995）。たった一人で経験するということは、そして、それを気遣ってくれる人物を誰ひとりとして想像することができないということは、その経験を情緒的に理解できないということである。

　しかし、人は他者と共にいても、たとえ立ち会う意志と能力がある人と共にいても、まったく孤独である場合がある。私たちは相手と共にいて（繰り返すが、それは実在の人物かもしれないし、想像上の人物かもしれない。第5章を参照せよ）、自分の中の多様な諸部分が互いに関わり合うことを許容できるくらい十分に安全だと感じなければ、その相手が立ち会うことを許すことができない。私たちは二つの立場を同時に経験することができねばならない。一つはトラウマ経験であり、もう一つは何か別の種類の経験、つまり、トラウマ経験に関わるがトラウマ経験そのものとは異なる経験である。言い換えれば、私たちはトラウマ経験を、何らかの共通点を持つ別の記憶や、トラウマ経験に共鳴する現在の何らかの側面をコンテクストとして、位置づけることができねばならない。トラウマはメタファーの一部か、カテゴリーの一項目にならねばならない。私たちが経験を自分自身のものとして知るには、**考える**ことを、そして自由に考えることを自分に許すことができるくらい、対人的な場が情緒的に安全で応答的であると感じられることが必要である。そしてその場合にのみ、他者はうまくその経験に立ち会うことができ、それによって私たちがその経験をリアルに感じることを助けられるのである。もちろん、このことこそが、トラウマを生き延びた人々の一部が抱える問題なのである。彼らはどのようにして、他者と共にいて安心できるようになるのだろうか？

　相手の積極的な応答性は必要であるが、それだけでは十分ではない。そして多くの場合、トラウマを受けた人々は、そのような状況をどうやって作ればよいのかまったくわからずにいる。そもそも、トラウマを受けた人々は、そのような状

況を作りたいと**望む**理由をほとんど持たないことが多い。

　トラウマがメタファーの一部になると、私たちはそれを地に対する図として感じられるようになる。トラウマを自分自身のものとして感じ、それを自分の人生の一部として認めることを始めるには、それに似ているけれど、はっきり別物であるような人生の諸部分を背景として、私たちはトラウマを見ることができねばならない。もし私たちにそれができなければ、私たちはその苦痛と意味から遠く離れたままである。私たちは出来事についての事実関係の説明はできるかもしれないが、感情と、その出来事が自分の物語の中で果たす役割は、未構成で無意識的なままである。

　立ち会うことは、例えば以下に提示する臨床ヴィネットの中のエナクトメントのように、どんなセラピーにも生じ得るエナクトメントによって妨げられる。なぜなら、エナクトメントの情緒的な雰囲気は、定義上、安全とは感じられないからである。エナクトメントの中にいる当事者たちは、互いに対して、立ち会うことに必要な情緒的応答をしそうにない。エナクトメントに伴う硬直性は、後に見るように、あり方の単一性として定義することができる。それぞれの当事者は、相手と自分に関する特定の認知のあり方に閉じ込められているのである。エナクトメントにおいては、関係が硬直しているばかりでなく、メタファー的な思考が欠如している。

メタファーと解離

　メタファーとカテゴリーは、出来合いのものとして現れるのではない。それらは生み出されるのである。それでは、何がそれらの素材になっているのだろうか？　メタファーは何に由来するのだろうか？　言い換えれば、そもそもなぜ連想的結合が起きるのだろうか？

　私はすでにレイコフとジョンソン（1999）の簡潔な解答に言及した。同時性が、その解答である。二つの経験が同時に生じる場合にはいつでも、「アニスの香りが私に安心感と心地よさを思い出させる」の場合のように、ある意味が別の意味

第6章　二つのものは出会うのだろうか？　メタファー、解離、共起

に写像される、あるいは転送される可能性がある。

　自分にとてもぴったりするように感じられる経験は、私たちの心に思いがけずやってくるということを、私は長年にわたって主張してきた（スターン, D.B., 1983, 1989, 1991, 1997）。たとえ私たちがもっと賢明であったとしても、私たちには、その思いがけずやってきたものを作り出したのは自分ではないと感じられる。それよりも私たちには、自分がそれをそのまま受け入れているように感じられる。たとえそうだとしても、この「受け入れること」は、私たちが自覚的に行えることではない。その代わりに私たちは、自分はその思いがけずやってきたものの仲介者であるかのように感じる。私たちには、自分が何をすればそれが生じるのかはわからない。しかし、それが生じてくるのを妨げない方法なら、（私たちが自分のもとにやってくるどんなものにも耐えられると思う場合には）学ぶことができる。レイコフとジョンソンの同時性の説明は、このようなちょっとした現象学にうまく当てはまる。同時性は、思いがけず生じる経験と同様に、結局のところ、私たち**に**生じる出来事である。それは私たちの心に、さもなければ決してひとまとめにしようと考えもしないようなさまざまな事物を運んでくる、満ち潮のようなものである[*原注3]。私たちが自分の心に自由を許すことができる程度に応じて、つまり、最も奥深い意味において私たちが好奇心を抱く程度に応じて、私たちはこうした漂着物を、ほとんど意識することなく、意味の有益な共起として利用し、それらがメタファーと呼ぶにふさわしい経験へと発展することを許容できる。

　レイコフとジョンソンは、最も意味深い共起のみを選択するような、能動的で意識に上らない想像力の働きには取り組んでいない。彼らはまた、このような選択過程が、共起についての気づきを**受け入れない**場合にも、それを受け入れる場合と同様に、有効に働いている可能性にも取り組んでいない。

　実際、誰もが知っているように、そこから展開できたはずの潜在的なメタ

[*原注3]　これは大まかな表現である。私たちは自分の心の働きをコントロールできないが、自分の研究や実践といった領域に没頭することで準備を整えることはできる。それによって、自分の心に利用可能な共起が自分の直面している問題に関連するという事態が、より起こりやすくなる。

ファー的経験を含めて、共起への気づきの拒絶は日常的に起きている。トラウマを受けた人々の心の中で起きることを考えてみよう。私たちは、過去が現在をコンテクストとして位置づけられることを許す可能性のある共起が、こうした人々の日常においては起きないと本当に思えるだろうか？　私たちは、こうした人々には自分のトラウマ的な記憶を現在と結びつける**機会**が決してないと思えるだろうか？　もちろん違う。そのような共起はいつでも生じている。生じていないのは、こうした共起についての**気づき**、つまりメタファーである（モデルの言葉を思い出してほしい。トラウマ被害者の経験においては、「**メタファー的過程は排除されたり停止したりしている**」）。言い換えれば、メタファーは、共起において利用可能になる可能性の現実化である[*原注4]。

　私たちはここで、現実化の妨害を、つまり、共起が意識されてメタファーになる過程を妨げたり阻んだりすることを、言い表す言葉を必要とする。私たちは遠くを探す必要はない。私たちが記述しているのは、二つの経験を意識的に結合したり連合したり連想したりすることの妨害である。私たちが探し求めている言葉、それは**解離**である。

　解離の理解のされ方は一通りではない。トラウマ学の領域では、ピエール・ジャネを出発点に（エレンベルガー，1970）、解離は心が退却する働きを表す。それは他のすべての手段が失敗に終わる場合に、自動的に発動する死に物狂いの手段であり、意志の作用によらない、心がばらばらになるのを防ぐための機能停止である。この用語法においては、それはおそらく今でも非常に広く行き渡っている用語法であるが、解離は、無意識的な防衛操作として、能動的に用いられるのではない。それはたまたま人々の身に振りかかるのであり、人々はそれを受け身的に経験するのである。

　この用語のこれとは別の現代的な用法は、最初の意味と精神分析との交わりから生み出された。このモデルにおいては、解離は無意識的な防衛過程であり、能動的な過程であって、受け身的な過程ではなく、一般にトラウマ的と考えられて

[*原注4]　したがって、換喩は、共起に起源を持たないので、私がここで展開しているメタファーについての考えの筋道には、明らかに当てはまらない（原注2を参照せよ）。

いるよりもはるかに広い範囲の状況で用いられる*原注5。それどころか、このような見方を出発点として、解離は主要な防衛操作として抑圧に取って代わってきた。したがって、心は、意識と無意識という垂直的に積み重なった組織としてではなく、それぞれ互いに力動的な関係にある自己のさまざまなあり方、存在のさまざまなあり方、あるいは心のさまざまなあり方が水平的に並列して組織された集合体として理論化される。

　いくつかのあり方はうまく共存する。つまり、いくつかのあり方においては、私はある一定の他のあり方もまた「自分」であると感じることに耐えられる。心地よい、安定した存在のあり方においては、例えば、一定の状況下で他者をねたましく感じがちな自分の一部を受け入れねばならないことはおもしろくないだろう。しかし、私は少なくとも両方とも自分であると感じ取ることに耐えられる。もし私がそのように感じ取ることに耐えられないとしたら、そうしたあり方は解離されるだろう。つまり、それらを同時に経験することはできないだろうし、それらは互いに隔離されたままになるだろう。私が自分として受け入れている経験の一部においては、私の経験の拒絶された部分は、自分とは相容れない。私は自分のものだと感じられるものの中にそれが存在することに耐えられないし、耐えることもない。それは自分では**ない**、あるいは、サリヴァン（1953/1940）の用語では、「自分でないもの」である。そのようなあり方が孤立していて、**自分**と結びつく多数の経験から切り離されている限り、私は安全である*原注6。

　したがって、共起の現実化が阻まれたり妨げられたりして、メタファーが現れない場合、それは中核的で統一的な自己が、もしメタファーが現れていれば生じたはずの経験を知ることができないためではない。状況はもっと複雑である。メタファーが拒絶される理由は、問題になっている二つの経験が互いに解離されている自己のあり方を呼び起こすことにある。メタファーを受け入れるためには、

---

*原注5　この業績の流れは、ハリー・スタック・サリヴァン（1953/1940, 1954, 1956）に始まり、フィリップ・ブロンバーグ（1998, 2006）や他の人たち（ブッチ, 2007a, 2007b；デイヴィス, 1996, 1997, 1998, 1999, 2004；デイヴィスとフロウリー, 1991, 1994；ハウエル, 2005；ミッチェル, 1993；スターン, D.B., 1997, 2003, 2004, 2009）によって、精神分析的な一つの見方へと発展した。

自分と自分でないものを同時に受け入れることが必要になる。私は、自分がそうあってはならないものであることを、自分がそのようであることを拒絶したものであることを、受け入れねばならなくなる。つまり、メタファーが阻まれている場合に拒絶されているものは、想起ではなく、自分が何ものであるかについてのある一定の経験である。

臨床例

　ここで、転移と逆転移をめぐる話題に、そして約束したように、エナクトメントに戻りたい。私が述べてきた論点を説明する例として、ある事例についての長いヴィネットを提示する。
　2年前、私は並外れて美しく、魅力的で、社交に長け、知的で、教養のある女性とのセラピーを始めた。彼女は、結婚して子どもを持つことを常に考えてきたが、その方向に関係を発展させることができずにいるようだった。40歳に近づいてきた彼女は、自分の将来を心配していた。セラピーのはじめの頃、私は彼女には交際がうまくいったためしがないということに困惑した。そして私自身は別として、おそらく彼女の問題は、彼女が出会うほとんどの男性を脅かす、彼女の好ましい属性にあるのではないかと考え始めた（私はまだ彼女が自分を脅かしていることを理解していなかった）。しかし、この説明は私にはあまり適切だとは思えな

---

*原注6　私は二種類の解離を定義してきた。一つは、強い意味の解離、もう一つは、弱い意味の解離、つまり受動的な解離、あるいはナラティヴの硬直性である。これらの用語の定義に関しては、スターン, D.B. (1997, 2009) および本書の第1章を参照せよ。本章においては、私は解離を前者の「強い」意味のみで使っている。この用法が意味するのは、防衛されているものは能動的かつ無意識的に拒絶されているということ、それは防衛的な理由で未構成のままに置いておくように特に選ばれているということである。他方で、弱い意味の、あるいは受動的な意味での解離においては、私たちがある特定のナラティヴの筋に沿って自分の生の営みを作り上げることに縛りつけられるあまり、それに代わる意味がまったく考えられなくなるために、心的素材が未構成のままになる。

かった。なぜなら、彼女が自分の出会った**すべての**男性を脅かしてきたということは、ありそうにないように思えたからだった。そのうえ、この解釈では、それが何であるにしても、彼女自身がこの状況を作り出すことに関与している可能性が無視されていた。けれどもこの時点では、私は抽象的に「彼女の関与」という言葉を使うことしかできなかった。それにもかかわらず、私は彼女に、いくらか義務的に、もし彼女が自分の悩みの種を自ら無意識的に作り出して維持しているやり方を見つけ出すことができさえすれば、彼女が自分の人生のこの部分を変化させ得る実際的な希望があるだろうと指摘した。

　抽象的な原理では、人々を精神分析に導き入れるように動機づけることはまずできない。それは、この女性のように、自己観察能力が制限されている患者たちには二重に当てはまる（幸運にも、私は後にこの印象を修正する必要があることに気づくことになった）。分析家は、患者が無意識的に自分自身を損なっているやり方の具体例を挙げることができねばならない。そのうえ、分析家は自分が挙げるその具体例を信じる必要がある。この女性の場合、私は例を挙げることも、それを信じることも、どちらもできなかった。私は、彼女は完璧だという何とも非合理的な認知と闘っていた。もちろん、私にはまだできることがあるはずであった。彼女には内省力や気持ちを読み取る力が不足していることを示す例を、私はさかのぼって指摘することもできた。しかし、やはり私自身がそれには納得できなかった。私につきまとって私を悩ませていた認知は、感情であって合理的な認知ではなかった。私はまだ、彼女の完璧さそれ自体が問題であることを理解していなかった。彼女はガラスの山の頂きに住む完璧な王女のようだった。王女のもとにたどり着こうと、その山を馬で駆け上ろうと努める求婚者たちのように、私は何一つ足がかりを見つけることができず、彼女に話しかけても、彼女との関係性について何の感覚も生み出すことができなかった。私は彼女と共にいて、無力感を味わいがちであった。

　私は彼女と共に、彼女がついにセラピーに足を運ぶきっかけとなった、ある男性との関係の結末を繰り返し検討することを余儀なくされた。彼女はこのことに偽りのない苦痛を感じていた。そして彼女は、彼女の苦痛はその男性に対するものというよりも、彼女の将来への希望が急速にしぼんでいくことに対するものだ

という私の示唆を認めた。しかしこの考え方は、セラピーを進めるにはほとんど役に立たなかった。もし彼女がこの作業を深めることを助けられるように私がならなければ、つまり、もし彼女を恥じ入らせることなく彼女の経験の完璧には及ばない部分を話題にのせられるようにならなければ、セラピーは近いうちに終わりを迎えるだろうと、私には感じられた。彼女は少なくとも一時的には気分が改善するだろう。しかし、私にそれ以上提供できるものがなければ、彼女はセラピーから立ち去るだろう。

セラピーを始めて間もなく、私はこの患者の来訪を待つことが楽しみではなくなった。そして、2、3か月経ったこの重要な局面で、私は彼女に対してあまり有能な分析家ではないと感じることにすっかり慣れてしまっていた。彼女の最近の恋愛関係についての私の再検討は、私には退屈な、皮相的で知性化されたものに感じられた。そして、私には自分の無力感と彼女の心に入り込めないでいることを結びつけて考えるのは困難ではなかったけれど、いくらか気がとがめつつも、私が努力していることは彼女も認めているとも思っていた。

実際には、私がこの女性に完璧さ以外の何ものも見て取ることができなかったというのは正しくない。彼女の心への入り込めなさに印象づけられたことはすでに述べた。私はまた、彼女のいつも変わらぬ、しかしもろく崩れやすい快活さの防衛的な性質にも気づいていた。彼女は苦痛を訴えて泣くことができたし、怒りを示すこともできたが、しかしそれは外的世界の何らかの客観的な状況がそれに見合う場合に限られていた。それ以外の状況では、悲しみや怒りは彼女には筋が通らないように感じられて、おそらく彼女の目には弱さの表れに映るのだろうと、私には感じられた。それは彼女を恥じ入らせるのだろう。言い換えれば、彼女は私に対して傷つきやすくあってはならないのだろう。そしてきっと、彼女がそのように感じるのは私に対してだけではないだろうと、私には思われた。実際のところ、恋愛関係を維持するうえで彼女が直面している問題は、まさにこれではないかと、私は思った。けれども、私はそのような所見を患者に提供することはできなかった。姿は見えないが私には感じ取ることのできる彼女の恥を強めることなく、患者がそれを利用できるようにするには何と言えばよいのか、私にはわからなかったのだ。

第6章 二つのものは出会うのだろうか？　メタファー、解離、共起

　セラピーの継続のために残された時間は、尽きようとしていた。この患者はセラピーや私に対するフラストレーションを生産的なやり方で話し合うことができる人ではなかった。そうすることは、まるで彼女の立派な両親を批判することのように、彼女には受け入れ難い敵意的な態度だと思えたのだろう（このことが、セラピーを進めることを難しくしてきた多くの態度の一つであった）。もっと正確に言えば、たとえ彼女が自分のフラストレーションについて進んで話し合うことが**できた**としても、もし私がそのフラストレーションにその時それが持っていたのとは異なるより広い意味を与える何かを言うことができなければ、つまり、彼女にとってその作業にいくらか生気を吹き込むような何かを言うことができなければ、彼女の役には立たなかっただろう。もし私にそれができなければ、彼女のフラストレーションについて話し合うことは、彼女がセラピーから立ち去る前触れになっただけだろう。

　そこである日、完璧な（！）解釈を考え出し損ねて、セラピーに残された時間が急速に尽きつつあったときに、私は深く息をして、彼女が私に見せている姿に対する私の反応について、心から思うことを何か言おうと、ためらいながら試みた。私には、自分がどこに進むつもりか、そこにたどり着いたときにいったい何と言うつもりでいるのか、わからなかった。私は彼女に数分間、次のように自分の考えを話した。あなたには自分の気に入らない、おそらく嫌いでさえある自分の一部があるに違いない、なぜなら誰もがそのような部分を持っているものだから。いまだに（と、私は彼女に言った）、私はあなたのそのような部分を知ることはできていないように思う。あなたは私といると自分を傷つきやすく感じており、私に本当に自分のことを知ってもらおうとして、とてもつらい時間を過ごしているのだと思う。傷つきやすさは誰にとっても苦痛なことだが、それはあなたにとってはとりわけ苦痛に違いないと思う。もし私たちが、おそらくあなたが傷つきやすく感じることになっても、私があなたのことを知る方向へと私たちが取り組んでいる仕事を進めることができなければ、あなたはこのセラピーに何の価値も見いだせなくなるだろうから、セラピーは終わりを迎えることになると思う。私たちが取り組んでいることに、あなたがどれほどひどく欲求不満を感じているに違いないか私にはわかるし、そして私と同様に、私たちの間の状況を変えるた

めにどうすればいいか、あなたもほとんど何も考え出せずにいるに違いないことが私にはわかります。このように、私は彼女に言った。

　こうした考えは滑らかには浮かばなかったし、私はそれらを滑らかには言えなかった。私はどのように考え、どのように言おうかと苦闘した。そしてもちろん、私は彼女の反応を見守っていた。彼女は私が傷つきやすさについて触れたことに興味を示したようだった。そして彼女のフラストレーションに関する私の見方に直ちに同意した。こうしたことはうまくいった。しかしそれでもまだ、どうすれば彼女の経験の中にある何か、少なくとも彼女にも私にも同じように理解できる何か、そして私たちが取り組んでいることを精神分析的なセラピーへ進める道を切り開く何か、そういったことを見定められるようになるか、私にはわからなかった。

　私が話をしているとき、ある時点で、彼女に変化が起きたように私には思えた。それはとても微妙な変化だった。彼女はより穏やかで、より開かれた態度になったように思えた。けれども、「より穏やかで、より開かれた」という表現は、その時の私には思い浮かばず、後で振り返って初めて使えるようになった。それどころか、私は彼女に関する自分の新しい認知の存在にさえも気づいていなかった。それに気づいたのは、ようやく自分に思い浮かんだことを私が言えるようになったその直前に何が起きたのかを、後から振り返って理解しようと努めたときだった。そのとき私に思い浮かんだのは、彼女の経験に関する新しい何かであった。私には彼女もそれを認めるだろうと思えた。それはまた、私たちがより分析的な性質の関係性に進むことを助ける可能性のある何かであった。その考えは、私が話している間にひとりでに形作られた。実際には、その可能性は、それに先立つ彼女についての私の認知の微妙な変化によって生まれ、その変化は患者の情緒状態の変化によって生まれたのだと、私は確信している。私が話していたとき、私の新しい認知は、患者の表情にも助けを得たのだと思う。そこには、私が話していることに対する、率直で友好的で好奇心豊かな関心が表れていた。

　しかし、当時の私の経験は、今述べている説明ほど明確ではなかった。実を言えば、私は自分自身に驚いていた。私は口に出すまで、自分が何を言おうとしているのかわからずにいた。私は次のように言った。「あなたはきっとひとりぼっ

ちなんだと思います。いつもずっとひとりぼっちだったんだと思います」。彼女がはっと何かに気づいた様子と、彼女の目に涙があふれてくるのを見て、私は次のように続ける勇気を得た。「あなたはこれまで一度でも、本当に自分のことを誰かにわかってもらったと感じたことがあったでしょうか」。

　彼女は涙を流して泣いた。しかしこれは、恋人の自分への仕打ちを怒りに満ちて説明したときのつらい涙ではなかった。彼女は両手で顔を覆った。1、2分の沈黙の後、彼女は顔を上げて私を見て、率直かつ悲しげに言った。「私はひとりぼっち**なんです**。私はずっとひとりぼっちだったんです」。再び沈黙した後、彼女は、誰かが自分をわかってくれたと感じたことは確かに一度もなかったこと、両親でさえもわかってくれたと感じたことはなかったことは確かだと言った。両親は、彼女が成し遂げたことのすべてをとても誇りに思っていたが、同時に一方では、彼女についてそれ以上のことを知るまいと努めていた。彼女の話によれば、彼女が母親に気が滅入るような問題について話そうと努めた数少ない機会に、母親は実際に彼女から文字通りに顔を背けたのだった（続く数か月間にわたって、実を言うと気が滅入るような問題はこれまで数多くあったと彼女が打ち明けたことは、意外ではない）。

　そのセッションは終わった。私たちがそれまでとはまったく異なる何かを始めたことは、私たち二人には明白だった。次のセッションにやってきた彼女は、部屋に入り、腰を下ろし、私に微笑みかけて、「さあ、私たちには話し合うことがありますね」と言った。それは言うまでもないことだった。

　後のセッションにおいて、ときどき以前のような振る舞いに戻ることはあったが、彼女は驚くほど頻繁に傷つきやすい本物の自分でいられるようにもなった。彼女は、いったいどうすればうまく進む精神分析療法に必要なやり方で話せるのか、まったくわからずにいた人々の一人である。彼女は、私が以前に思った以上に、自分自身のことを考える能力を持っていた。実際、彼女は自分で思っていた以上に、そのような能力を持っていた。私は彼女の違った面を知るようになり、彼女をとても好ましく思うようになった。

　注目に値するのは、私は彼女の孤独を理解したと同時に、自分の有能感を突然取り戻したことである。すぐに、私はこのセラピーがうまくいき始めたと感じて、

臨床に対するいつもの自信を取り戻した。こうしたことは、私の経験の内部からのサイン（私たちはすでに彼女の内部からのサインについては見た）、つまり、彼女は完璧であり私はひどく無能であるという、相互的で無意識的なエナクトメントが解消したサインであった。

解離とエナクトメント

　過去数年間にわたって、本書の他の章でも述べているように、私は解離とエナクトメントの間の結びつきを理論化してきた。エナクトメントの必要条件は、患者が、あるいは患者と分析家の両方が、相互的な解離状態に陥ることである。一般に、誰がその過程を始めるかは重要ではない（それをはっきりさせようと努めることもあまりよい考えではない）。いずれの場合も、一方の当事者が、自分でないものを認めることを強制的に迫るやり方で相手に接する。それが起きるときにはいつでも、それがセラピーにおいてであれ、それ以外の日常の一部においてであれ、そこで起きていることはエナクトメントである。要するに、その人物の行動が表しているのは、「**私は**Xではない。**あなたが**Xだ」ということであり、そこでは「X」は、その人物のパーソナリティの何らかの自分でないものの一面である。この事例の場合、検討を進める便宜上、例えば患者はセラピーによって自分の受け入れ難い不完全な部分があらわになることを心配しがちで、彼女にとっての自分でないものに対する耐え難い恥に脅かされていたとしよう（つまり、私が患者のほうの関与から出発するのは単にわかりやすさのためである。同じように分析家の側から出発することもできる）。彼女はその可能性に耐えられず、そのため私に対して自分の磨き上げられた完璧なペルソナを示すことでその解離をエナクトし始め、それによって**私に**自分が不完全であることの恥ずかしさを感じさせたというわけである。

　私は分析家の側のエナクトメントを、投影同一化の見方のように、患者によって投影された外からやってきたものが心に入り込んだ結果生じたものとは考えない。そうではなく、それぞれの当事者の解離は、その人自身の私的な動機づけと

相手から受ける無意識的な影響の相互交流から生じる。両方の当事者が共に同じテーマに傷つきやすいという事態は、決まって起きるわけではないが、それでも結構な頻度で起きるものである。そのような場合に結果的に生じるのが、同じテーマをめぐる相互的なエナクトメントである。

　私はしばらくの間、彼女の隠された軽蔑の念を取り扱うこともできず、考えもなく恥を引き受けてしまうほど、患者の私への接し方に傷つきやすかった。つまり、このような性質の恥は、ある程度は私にとっても自分でないものであったに違いない。私の経験は、彼女の経験と同様に、孤立した、私にとっては心の中で利用できない具象物であって、それはもの自体にとどまり続け、したがって、感じることも知ることもできなかった。そしてもちろん、私の経験の孤立性は、彼女の経験の孤立性と相補的な関係にあった。私たちは手に手袋をはめるように互いにぴったりと合っていた。あるいは、以前にも使った私の好むメタファーで言えば、二つに割れた皿の片割れ同士のようだった。

　その一方で、私の恥は、**彼女に**恥を感じさせることを意図する対抗的性質の無意識的なエナクトメントで応じる方向に私を押しやるほどには強くはなかった。こうしたことは頻繁に分析家と患者の間に起きるものである（例えば、第3章のハンナの事例を参照せよ）。そしてそれは、この患者の場合にも容易に起きたかもしれない。言い換えれば、いつでも自分は有能であると感じねばならない分析家であれば、彼女の自信のなさや、もろく崩れやすい快活さを暴くことで彼女に応じたかもしれない。

　解離とエナクトメントは、どちらも、当事者のどちらかが相手についての新しい認知を生み出したときに、つまり、相手を（したがって同様に自分自身を）複数のやり方で経験できることを可能にする新しい認知が出現したときに、乗り越えられる（第4章を参照せよ）。この事例の場合には、そのときが訪れたのは、突然私の目に患者がより穏やかでより開かれた態度に映ったときだった。

　私が本章で探究してきた観点においては、新しい認知は、常に現れては消えてきたが決して広がり伝わることを許されなかった共起に、注意を向けることを可能にする。私が患者をこのような新しいやり方で理解したとき、私は彼女の完全性の追求を違ったやり方で、より痛ましいものとして、新しいコンテクストに位

置づけることができた。そしてもちろん、それによって私たちの関係の性質は変化した。きっと、実際にはこれ以前にも、彼女の私への接し方を別のコンテクストに位置づけ直す（つまり、彼女の私への接し方をメタファー的に理解する）複数の機会（共起）が私にはあったのだが、私はそれらに気づかなかったのだと思う。新しい認知は、ある重要な共起に潜在している可能性が、多くの場合初めて、現実化のために利用可能になった証拠である。その結果として、それ以前にはそれらが存在しなかった場所に、メタファーやカテゴリーが生まれる。過去は現在をコンテクストとして位置づけられ得るのである。私は彼女についての新しい認知を手に入れ、それによってまったく自動的に、彼女への私の接し方はそれまでとは異なるものになった（人は相手を違ったやり方で理解するようになったときから、それ以前と同じやり方で相手に接することはまったくできなくなる）。それを受けて、自分でないものであり続け、不変の世界の中で硬直していた、自分の不完全な部分に対する患者の恥の経験は、メタファー化することが可能になり、過去と対比可能な現在のコンテクストに、つまり、不完全さがもはや以前と同じ意味を持たない新しいコンテクストに、位置づけることが可能になった。

　私がもう一度強調したいのは、この患者が出会うことを無意識的に避け続けてきたのは、何らかの特定の**記憶**ではないということである。彼女が避け続けていたのは、**自分をある特定の性質を持った人物**として認知することであった。それは、その不完全さが自分を脅かす人物であり、両親からの愛を必要としてはいるが、もし両親が自分に対して抱いているイメージを満たすことができなければ自分が愛されるかどうかを疑わしく思う、そういう人物であった。確かに転移は、精神病的なものであったことは一度もなかったが、孤立した、彼女の考える能力とは切り離されて存在するものであった。完全さを備えた自己のあり方の中にのみ存在し続けて、自分の不完全さを認めねばならないあり方を追放するためには、転移は孤立したものでなければ**ならなかった**。孤立したものでなければ役に立たなかっただろう。このときになって、彼女は私に対する自分の関係の持ち方の性質を問題にすることができた。転移はメタファー的なものになり、そのようなものとして、臨床的に利用可能になった（もちろん、逆転移も同じ変化の経緯をたどった）。多様なイメージが孤立性に取って代わった。そして最終的に、彼女の（そ

して私の）**解離**が（何度も繰り返し、しかし決して最初のときのように劇的にではなく）乗り越えられて、彼女の自己感覚が拡張したとき、私はついに患者の立会人になることができたのだった。

第7章

閉ざされてきたものを開くこと、硬直してきたものを緩めること
深い関わりにおける長期にわたる解離とエナクトメント

　恋愛関係が長期間続くことを望んでいながら、恋人に対して愛情深い性的な感情を持ち続けることが困難な人々が抱える問題には、二種類ある。一つ目の問題は、そもそもそのような関係に入るのに十分なだけ長く、愛情深い性的な感情を持ち続けることができるかどうかに関わることである。もう一つの困難は、すでに恋愛関係を長期間続けている人々が抱えるものだが、愛情深い性的な感情を生き生きと保つことができるかどうかに関わることである[原注1]。

　前者の問題の本質は、徹底的で柔軟性のない抑制にある。そうした人においては、恋人と親密で性的な結びつきを持ち続ける能力が、長く続く関係の場合とは

[原注1]　ヴァージニア・ゴールドナー（2004, 2006）は、スティーヴン・ミッチェル（2002）の著作である『愛の精神分析』の第1章に関する自分の議論を、情熱的な恋愛についてのミッチェルの描写は、驚くべきことに、二者的であるよりも一者的であるように思えるという所見を中心にまとめている。つまり、情熱的な恋愛のさまざまな困難に関するミッチェルの記述は、ゴールドナーには、ミッチェルの意図を裏切って、精神内界的な傾向を帯びているように思えたのである。ミッチェルのこの章とゴールドナーの議論は、その後、国際関係精神分析・心理療法学会が主催し、「愛が続くとき何が起きるのか？　親密性と性愛生活の探究」と題して2005年に開かれたオンライン討論会の基礎となった。それぞれの投稿を基に、その討論会に参加した人々の一部が、主催者であるマーガレット・クラストノポール博士とランディ・ソレンソン博士から、同じテーマを取り上げた特集（*Psychoanalytic Dialogues*, 16(6)）に寄稿を依頼された。本章の初期のヴァージョンは、その特集のための論文として書かれたものである。

異なって、コンテクストに従って強まったり弱まったりしない。関係はあっさりと終わり、情熱は消え去る。そうしたことが理由となって、つまり、このような問題の本質にある柔軟性の乏しさ、その構造的な性質、そのコンテクストへの応答性の（相対的な）欠如が理由となって、いとも簡単に、そうした困難さについて一者的と見なし得る観点で考えがちになるのである。こうした人々は、恋人との関係における不可避の絶え間ないエディプス的主題からそのように距離をとり続ける。その結果、彼らは、実際にはそうした関わり合いには向き合わないのである。

「エディプス的主題」や「関わり合いに向き合うこと」という言葉を引き合いに出すときに、私の念頭にあるのはデイヴィス（2003）の論文である。そこでは、エディプス状況をうまく乗り越えた成果は、自分は決して勝てないということを受容することだけでなく、自分は負けること**も**勝つこと**も**あるということを受容することでもあると捉えられている。つまり、エディプス葛藤がうまく解消されるのは、敗北を受け入れることによってではない。その代わりに、生涯にわたり活力の源となるような、愛することと拒否することをめぐる主題への関わり合いを受け入れられるくらい強くなり、自尊感情を持つようになることによってである*原注2。たいていは、あるいはいつでも、配偶者に気持ちを向けているが、時には子どもにも気持ちを向けるような親、そのような親から自分が愛されていることを知っている子どもは、大人になって、賛美と愛情を享受できる、そしてひどくくじけることなく拒否と自己愛的傷つきに耐えられる、そのような関係のパートナーに成長する。こうした人々は、愛情が直接的に示されなくても、自分が愛されていることを「思い出す」幸運な人々である。愛情は、彼らにとっては背景的な条件であり、たいていの重要な関係がその中で生起する情緒的な雰囲気である。自分のパートナーが拒否的なときには、彼らは失望して傷つくが、未来

---

*原注2　スチュアート・パイザー（2004）も参照せよ。彼はデイヴィスのアイデアを活用して、彼が「パラドクス的な分析的三角関係」と呼ぶ概念を作り上げた。それは非常に長期にわたるセラピーにおける愛情深い気持ちと拒否の間の相関関係について考えるために利用される。

に関して先の見えない不安に取り残されるわけではない。つまり、そもそも長期間の恋愛関係に入れない、より不運な人々とは異なり、実際にそうした関係を持っている人々は、少なくともゴールドナー（2004）が表現力豊かに「防衛的な監禁状態」と呼んだ状態ではない関係を持っている人々は、このエディプス的な領域を何とか切り抜ける。彼らは何度も繰り返し、一方では親密性と性的欲望、もう一方では疎遠さ、傷つき、関心の希薄さ、これらの間を行ったり来たりする。場合に応じて、それぞれのやり方で、彼らは、古い対象としての他者や新しい対象としての他者、親である他者や恋人である他者、そうした他者に向き合うのである。

　もちろん私たちは人生を通じて知っていることであるが、このような簡潔な記述からも、深い関係の**中**で問題に出会うことは、そもそもそのような関係に入れないこととはまったく違った性質の問題であることがわかる。うまくいっている関係の中では、パートナーたちは愛と性をめぐる自分たちの関わり合いを何とか継続する。その一方で、そのような関係にまったく入れない人々は、ほとんどの場合、そのように向き合うことをまったく回避して、葛藤が現れると直ちに意欲を失う。ひょっとすると、関わり合いに向き合うこととそれを回避することの両方を同じ見出しのもとに並べるのは間違いなのだろうか？　関わり合いの揺れ動きは、回避することに比べて、より経験の影響を受け、コンテクストに左右される。そして習慣的に回避することは、関わり合うことに比べて、より神経症的で柔軟性に乏しく、型にはまっている。

　本章で私が自分に設定した問題は次の通りである。それは、私たちは両方の種類の問題について、つまり、関係に入れない人々の硬直性と、すでにそうした関係に入っているカップルの間の変転する諸問題の両方について、二者的な観点で、つまり、対人関係学派あるいは関係精神分析的観点で、どのように考えることができるだろうかという問題である。欲望を流動的でコンテクストに左右されるものとして理解するとともに、構造的で比較的不変のものとして理解する、そのような単一の枠組みはあるだろうか？　本書の主題を考えれば、この問題を考えるにあたって、私が解離のテーマに引き寄せられることは意外ではないだろう。

悪い自分、よい自分、自分でないもの

　私には、関わり合いに向き合うことも、個人の性格的な制止が続く状態も、どちらの種類の困難さも、人がどれくらい幅広く、あるいは深く、自己を経験することに耐えられるかということに密接に関係するように思える。このような性質のことを考えていくのに適した言語は、私がこれまでの章で導入した、自己のあり方をめぐる言語である。関わり合いをめぐる感情の揺れも、習慣的回避という防衛的な監禁状態も、さまざまな心のあり方の間をどの程度自由に移動できるかという観点から記述できると言えそうである。

　ブロンバーグ（1998）が「正常な」解離と呼ぶもの、そして私がナラティヴの硬直性や弱い意味での解離と呼ぶものにおいては（スターン, D.B., 1997；本書の第1章と第3章）、他の人々からの関わりが自分の性格傾向、個人的な好み、そして心の中の生活と相互交流して、他の場合であれば心の中に同時に存在する自己のさまざまなあり方の間のアクセスを、一時的に途絶させる。このようなことが起きるのは、例えば、普段、自分自身の中でとてもなじみはあるが自分ではあまり好きではない何かについて、誰かが思いがけず私たちに恥ずかしい思いをさせる場合である。不意打ちを受けて、私たちはかっとなり、その嫌いな属性を相手のものと見なして、不当な非難を受けたと感じるかもしれない。あるいは、もっと日常的な見方をすれば、おそらく私たちはたいてい、自分自身についてのかなり肯定的な評価や自分の長所を、心の中の目立つ場所に置いておき、直接的な自覚の外側にある自分のあまり好ましくない諸側面を避けている。しかし、自分自身に関して好ましく思っていないことを認めるように求められれば、私たちは比較的簡単にそうすることができる。それには配偶者のいらだちや、分析家による直面化が必要かもしれないし、私たちはそれを認めたがらないかもしれない。しかし私たちは、それは自分自身のことだと知っているし、あるいはそうであると知ることに耐えられる。私たちはそれらを許容できるのだ。正常な解離は相対的であり、多くの場合、状況に左右される。無意識的な防衛的ニードは、差し迫ったものではない。正常な解離は、結局は、人生をより快適にしてくれる。こうした

穏やかな解離は、したがって、比較的容易に、時には単純にそもそもそれを引き起こした状況が変化することで解消される（臨床例としては、第3章のダニエルの事例を参照せよ）。

　私が本書で用いているハリー・スタック・サリヴァン（1954）の用語では、正常な解離は、あるいは弱い意味での解離は、私が「悪い」と感じてきた自分の一部、すなわち悪い自分が、私が「よい」と感じる自分の一部、すなわちよい自分と、同時に経験されない場合に生じると言える。悪い自分は、私が子ども時代の保護者からの批判、罰、そして拒否と結びつけている私自身の一部である（サリヴァンによれば、ある時点で、子どもはこうした保護者たちをまとめて**悪い母親**として特徴づける）。そして、よい自分は、愛され、評価され、受け入れられ、ほめられた自分の一部である（保護者たちのこうした部分すべてが、まとめて**よい母親**として特徴づけられる）。たとえ、悪い自分であることを私が好まなくても、あるいはそこからもたらされる結果を心配していても（それは、サリヴァンによれば、自己評価や安全感の低下である。しかし私たちはその範囲を拡大して、他の種類の好ましくない結果も含めてもよい）、私は自分がよい自分であっても悪い自分であっても、自分は自分自身であると感じる。したがって、たとえよい自分と悪い自分を同時に経験することに気が進まなくても、そうすることにほとんど困難を感じない。

　悪い自分であることには、もちろん益はない。それどころか不快だろう。悪い自分であることをことさら自覚するより他に選択の余地がないような状況に、私は憤りを覚えるだろう。そして時には、自分のそのような側面を認める苦痛は、自分に受け入れられる以上に強いと感じるかもしれない。しかし、（自分にはよい自分しかないと言い張ることにつながる）悪い自分であることを認めることに対する無意識的で防衛的な拒否は、通常は一時的なものであり、もし長く続くようであっても、容易に乗り越えられる。なぜなら、悪い自分は、それでも自分であると感じられるからである。悪い自分とよい自分との間の解離は頻繁に起きるが、それらがパーソナリティの持続的で安定した存在の根幹を揺るがすことはほとんどない。したがって、それらは容易に崩せるのである。

　ここで、もしこうした考え方に、解離されたあり方はエナクトされがちであるという比較的議論の余地の少ない臨床的所見を付け加えれば（例えば、ブロンバー

グ，1998，2006；デイヴィスとフロウリー，1994；本書のこれまでの章も参照せよ）、よい自分と悪い自分との間の解離は、一般に、次のような意味合いを伝える相手への接し方に変換されることが理解できるだろう。「私は悪い自分ではない。私はよい自分でしかない。悪いのは**あなた**だ。私ではない」。

そこで、もしこの筋書きを、デイヴィス（2003）、ゴールドナー（2004, 2006）、そしてパイザー，S. (2004) が用いる現代的なエディプス的観点に翻訳するなら、私たちは相手からの拒否を一時的に受け入れられない場合に、次のような意味合いを伝えるやり方で相手に接していることに気づく。「私は母親から深く愛されている、優しく、寛大で、理性的で、知的で、魅力的な子どもだ。母親が背を向ける、利己的で、不機嫌で、気まぐれで、愚かで、醜い子どもではない（あるいは、母親が父親より「劣る」と考えるような無力な子どもではない）。そうじゃない、悪い子どもは**あなた**だ。**あなた**が利己的で、不機嫌で、気まぐれで、愚かで、醜い子どもだ。無力な、無作法な子どもだ。それは**私**じゃない」。

このような一連の考え方が、直ちに投影同一化を思い起こさせることは承知している。この点については第1章や他の文献で触れた（スターン，D.B., 2001, 2005；ミッチェル，1997，第4章も参照せよ）。しかし、この問題にもう少し説明を加えるために、ここで簡単に寄り道をしたい。

私の見解と現代クライン派の見解の違いは、私の見方では、それぞれの見解の起源の違いによる。解離に関する精神分析的な理論は、対人関係精神分析および関係精神分析に根ざしている。こうした観点からは、解離は、もしそれを生み出している役割が**両方**の当事者の心的生活に当てはまるなら、エナクトされるしかない。現代クライン派の分析家は一般に、患者による投影の影響を、それらに対する目的的で意識的な分析的態度を同時に維持し続けつつ、経験できることを求められる。つまり、分析家は、このような点で過ちを犯す場合があることはやむを得ないとしても、逆転移の中で自分を見失ったり、逆転移の中に組み込まれたりせずにいられる能力があると信じられている[原注3]。他方で、対人関係学派および関係精神分析の観点からは、分析家の課題は、いつでもすでに起きてしまっ

---

*原注3　第4章の原注2を参照せよ。

ている、自分のまったく徹底的な、そしてまったく個人的な、無意識的な関与の性質を学ぶことであると、はじめから認められている。分析家のパーソナリティの主観的な側面から離れて、何らかの方法で超然として存在するような、一貫して維持された「分析家の役割」といったものは決してないのである。

同様に、対人関係学派あるいは関係精神分析の視点からは、恋愛関係にある人たちのパーソナリティの中に、互いの関係性から離れて存在する、一貫して維持された役割は、決してあるはずがないということになる。分析的関係性の分析および恋愛関係の諸問題の分析は、少なくともそのような理解を当事者たち自身が探し求めるなら、それはどちらも、ミッチェル（1997）が「自分の靴を引っ張って自分を持ち上げる操作」と呼んだものの見本である。

さて、進行中の恋愛関係の中で生じる小規模な解離に立ち戻ろう。親密なセックスは、こうした小規模な解離からあまり益を受けそうにないが、ひどく長期間にわたって妨害されることもありそうにない。自分自身や恋人についての、単純化された、願望に基づいた、そしてしばしば怒りに満ちた人物描写から、より複雑で寛容な見方へと行ったり来たりするとき、私たちはまずベッドルームを避け、それからこっそりそこへ戻る。こうしたことが、長期間続く恋愛関係における性愛の浮き沈みである。私たちが毎回親密な関係に戻れるようになるうえで重要な事柄は、よい自分と悪い自分を同時に経験することに耐える能力の回復である。それは、自分自身についてのそうした二つの描写の間の葛藤を受け入れることである（私は自分が望むほどよい自分ではないし、自分が恐れるほど悪い自分でもない）。もちろん、このようにして自分自身の葛藤する諸側面に耐えることができて初めて、私たちは相手についての葛藤する認知に耐えられるようになる。つまり、私たち自身の葛藤的な自己のあり方を受容することによって、私たちは相手についての全体的でありのままの認知を取り戻せるようになるのである。

自分の好ましい側面と嫌いな側面を記述するためにサリヴァンが考案した用語はとても簡潔である。しかし、その簡潔さは見かけ上のものに過ぎない。あらゆる解離は、それらが生じる対人的コンテクストによって絶えず維持されたり揺るがされたりするという意味で、状況に左右されるという事実を私たちが考慮すれば、直ちに事態がどれほど複雑になるかを考えてみたい。もし相手が、悪い存在

として扱われていることに対する自分の反応を防衛的にならずに感じることができれば、そしてそれに互いに注意を向けることができれば、その相互交流は相互エナクトメントに陥らないだろう。

しかし、もし恋愛関係にある自分のパートナーが相補的で応酬的な解離を起こしやすいなら（「あなたは**私**が悪いと思うの？　違う、悪いのは**あなた**だ」）、私が第3章から第6章で分析関係を対象に記述したのと同じように、相互エナクトメントが動き出す。パートナーのどちらかが、自分についてよいと感じるものと悪いと感じるものの間の葛藤を、再び心の中で経験できるようになって初めて、エナクトメントは終息する。そのような葛藤を再び持てるようになれば、まったく自然に、相手への接し方が変わる。なぜなら、もはや相手の認知をコントロールする必要がないからである。その時点で解離は、それに伴う穏やかな性質のエナクトメントとともに、少なくともしばらくの間、姿を消す。

しかし、「病理的な解離」（ブロンバーグ, 1998）や「強い意味での解離」（スターン, D.B., 1997；本書の第1章と第3章）の場合には、関係に及ぶ影響ははるかに大きい。この種の解離は、一定の種類の経験がとりわけいつも否認されたり拒否されたりする場合に作動して、無意識的な防衛操作として用いられる。「強い」あるいは「病理的な」解離が必要とされる場合には、否認された経験はとても耐え難いので、主観の中に幅広くそれが存在していても、それは自己の一部であるとは認められず（つまり、それは自分でないものである）、それゆえに意識の中で明確化することができない。それはかなり深刻で破壊的な結果を伴わずには、自分自身の経験として感じることができない。それはよい自分でも悪い自分でもなく、サリヴァンが自分でないものと呼んだものである。それは分析状況におけるのと同じように、面接室外の恋愛関係においても破壊的である。

さて、重要なのは次の点である。自己のさまざまなあり方の間の関係とは異なり、自分と自分でないものとの間には、いかなる葛藤経験も存在しない（第4章を参照せよ）。思い出してほしいのだが、よい自分と悪い自分は、どちらも自己の一部なので同時に経験可能であり、したがって互いに葛藤するものとして経験可能である。けれども、自分でないものは自己感覚の中にはまったく存在しないはずであり、いつまでも象徴化されず、つまり未構成であるはずである。自分でな

いものは、決して象徴的な形式で経験され得ないので、自分と葛藤するものとして経験されることがまったく不可能なのである。

　特別に傷つきやすく、著しく硬直的な防衛を行う人々の経験においては、自分と自分でないものを同時に経験することのできなさは、時として絶対的である。もし自分でないものが意識に現れれば、自分は自分であるはずでないものであり、自分であってはならないものであることを承認するように求められる。その結果、自己は非常に深刻に脅かされて不安定になり、経験は精神病的なものになる場合がある。もちろん、自分でないものの意識への出現は、より安定した柔軟なパーソナリティの持ち主たちに対しては、同じくらいの危険をもたらすとは限らない。しかし、そうした人々でさえも、主観の中のそのような部分に思うがままにアクセスしたり、それを象徴化したりすることはできない。したがって、そうした人々にとっても、自分でないものに直面することは、奇妙な（サリヴァンの用語では「不気味な（uncanny）」）ことに思えたり、ひどく苦痛でさえあったりするだろう。

　誰もが知っているように、子どもたちは経験を消化する能力を、ゆっくりと、時間をかけて発達させる。やがては当たり前になる日々の出来事に絶えず圧倒されて傷つくということがなくなるくらい、経験するためのこなれた能力を子どもが身につけるには、何年にもわたる持続的で愛情深い世話を必要とする。そのような弾力性を発達させる以前は、特に乳幼児期には、子どもは自分のために経験を抱えて象徴化する過程を保護者たちに依存している（フォナギーら，2002）。こうした初期の数年の間、経験は、子どもの保護者たちがそれに耐えられなかったり、それを意識的かつ十分に経験することを自らに許せなかったりするまさにその程度に応じて、トラウマ的である。つまり、親が親自身の自分でないものに直面させられるときにはいつも、子どもはトラウマを受けやすい。子どもは、保護者がそれに耐え得る（感じ得る、知り得る）場合に初めて、自分の経験が何であるかを知る。したがって、親がそうした経験を感じることに耐えられない場合、子どもは自分自身の心を生み出すうえで必要なものを剥奪される。そして、時の経過とともに、この種の経験は、保護者にとってそうであったのと同じように、子どもにとっても解離されたものになる。これは、よい自分と悪い自分との間の一

時的で比較的穏やかな解離のような、移ろいやすい解離ではない。これは、それを軸にパーソナリティが形作られるような、堅固で基盤的な性質の解離である。これが心的苦痛と損傷の世代間伝達である。

　私たちが期待するのは、もちろん、親たちが自分たちの最も苦痛なときを、つまり自分でないものに出会うときを、経験の象徴化が妨げられるほどの圧倒的な不安を感じることなく、何とかして経験することである。なぜなら、その場合に、子ども自身もついには同じ能力を身につけるからである。こうした幸運な場合には、経験は結局は子どもにとって「自分のもの」と感じられるものになる。そして、自分でないものになっていたかもしれないものも、そうなる代わりに、自分になる。子ども時代は心を生み出す見習い期間であり、子どもの保護者たちはその親方なのである*原注4。

　自分と自分でないものとの間の（病理的な）解離は、よい自分と悪い自分との間の（正常な）解離と同じ方法で、つまりエナクトメントによって、維持される。しかし、自分と自分でないものとの解離は、持続的および絶対的であって、状況

---

*原注4　このような説明は、ウィニコットとビオンの考えとある程度一致する。しかし、おそらく最も多くの共通点を持つのは（サリヴァンとともに）フォナギーら（2002）だろう。彼らの仕事は、サリヴァン（1953/1940）の乳幼児期と児童期の発達理論の詳細な解釈としても役立つかもしれない。フォナギーらが提唱するモデルにおいては、心は、乳児の生来の潜在力（「原初的」あるいは「気質的」自己）と、養育者たちが供給する、彼らが乳児の情緒と意図として理解していると信じるものに対する映し出しの反応との相互交流によって生み出されると考えられている。乳児の生来の体性感覚の経験を、情緒の経験に、そしてついには乳児自身の振る舞いと他者の振る舞いの背景にある因果的な心の状態（情緒と意図）のより深く徹底的な内省的処理過程（メンタライゼーション）にまとめ上げるのは、養育者の映し出しである。このような考え方の際立った点は、デカルト流の心の中の経験の特権視を放棄することにある。たいていの自己の発達モデルにおいて、心は生得的なものとして前提されており、したがって自己および他者の表象の発達と、表象をそもそも可能にする自我の諸構造の発達は、この生得的な能力の拡張とされる。フォナギーらの提唱するモデルの急進的な点は、そしてそのモデルがここでとりわけ適切である点は、心を生得的なものとして前提していないことにある。心は外界が内面化することで生み出される。結果として生じる心は、発達早期の養育者たちの映し出し反応が気質的な自己の諸構造に調和する程度に応じて、成熟するのである。

に左右される相対的なものではない。また、その人にとって世界における基本的な安全感は、こうした解離を維持することに支えられている。したがって、自分と自分でないものとの分離に由来するエナクトメントは、よい自分と悪い自分との間の解離を支えるエナクトメントよりも、硬直的で、強烈で、執拗で、変化や解消が容易ではない。

エナクトメント、依存、自分のパートナーを知ること

　進行中の恋愛関係において、パートナーに対する私たちの依存にはどのような性質があるだろうか？　私たちは、その人物が（他の何よりも）これまでと同じあり方でいることを、私たちが慣れ親しんでいる、おそらく私たちが必要とするようになっているやり方で私たちに接してくれることを、当てにするようになりはしないだろうか？　なぜ私たちはこのような慣れ親しみを必要とするのだろうか？　恋人への慣れ親しみによって、私たちは自分自身であり続けることができるのではないだろうか？　ベンジャミン（1988, 1995, 1998）が述べているように、私たちは自分が自分自身の中に認識しているものを、自分の恋人に認識してもらうことを必要としていないだろうか（そして、私たちが見たくないものを、私たちの中に認識せずにいてもらうことを必要としていないだろうか）？　他者によるそうした認識は、私たちが自分はそうであると信じたい者であることを、そして私たちはこれからもそうであり続けることを、私たちが自分はそうでありたく**ない者ではない**ことを、私たちに再確認させてくれるのではないだろうか？　言い換えれば、恋人が同じあり方でいることは、よい自分と悪い自分に関する予測可能で当てにできる経験を私たちにもたらさないだろうか？　つまり、私たちはよい自分と悪い自分の長期にわたるエナクトメントに、パートナーそれぞれの安定と心地よさを保ち続けるエナクトメントに、関与していないだろうか？　そして、恋人との私たちの親密さは、ちょうど同じように、**自分**が何者であって何者ではないかの**恋人**の感覚を、つまり**恋人**の自己感を補強していないだろうか？

　もちろん、たとえこのような説明は筋が通っていても、それでも、どのカップ

ルも時には、ある程度よく起こりがちな不快さに耐えねばならない。例えば、私たちが自分は潔白でありこちらを責めるのは間違いだと言い張るのに耳を貸さず、パートナーが自分の誤解を認めようとしない場合、私たちは怒りを感じて行動するかもしれない。私たちはパートナーの言い分を薄々認めて、落ち着かなくなり、罪の意識を持つかもしれない。実際、私たちは、間違っていることを認めようとしないことを責めるのに加えて、そのような罪悪感を覚えさせたことに対しても、パートナーを責めるかもしれない。しかしそれでも、こうした不快さはすべて、自分がよい自分であることを再確認する頼りになる手段を持つための、小さな代償である（たとえ相手が真実を認めることを拒んでも、私は、**私は悪くない、相手が悪いのだ**と信じることができる）。

こうしたエナクトメントは、落ち着いて習慣的になるまで時間がかかる。それが、新しい関係のはじめの頃に私たちが経験する、果てしない自由と興奮の感覚の由来の一つである。はじめは、私たちは新鮮な開かれた心でいる。そして、エディプス的な関係に向き合うという主題が、隅々まで、激しく、自然に、私たちの心を占めるようになる。その関係性は、後にそうなるようには、まだパターン化していない（彼女は私を好きなんだ！　彼女といるととても楽しいし、すばらしいことに彼女も私といることを楽しんでいるようだ。彼女は私の髪型を気に入るだろうか？　私に腹を立てているだろうか？　私を愛しているだろうか？　もしかすると、本当は私じゃなくて**彼**と一緒にいたいんじゃないだろうか）。

関係の始まりの頃の希望、恐れ、歓喜、そして絶望には、特別な激しさがある。しかし、こうしたはじめの数週間および数か月は苦しい場合もあるが、それらは人生の中でも最も胸が躍る部分の一つでもある。恋人たちは、後に比べると、はじめは親密さが薄い。しかし、逆説的なことに、彼らは防衛的な態度もより薄い場合がある。（例えば）傷つきや賛美から影響を受けることに対して、後の時点よりも、彼らの心はより開かれているかもしれない。彼らはより自由に、互いに対して心から喜びを覚えられる。彼らは互いをまだ十分には知らないし、まだ深くは愛し合っていない。それでも、いくつかの点では、おそらく非常に深く相手と関わり合っているのである。

さて、私たちが、同じあり方でいることに、つまり、時間とともに発展するエ

ナクトメントに依存するようになると、進行中の関わり合いへの向き合い方には、そして関係の持ち方やその変化には、何が起きるのだろうか？　関わり合いに向き合う度合いは弱まる。変化は徐々に少なくなり、人生は普段のペースに近づいて落ち着く。私たちは相手の心を知り尽くしたと思って安心する。私たちはエナクトメントのパターンに閉じ込められるのである。

　もちろん、これは極端な説明である。たいていの関係においては、たとえ弱まっても、関わり合いに向き合うことは続き、慣れ親しんだもののつまらない繰り返しと同じくらい、思いがけないものに出会う機会があるだろう。私が主張したいのは、私たちがよい自分と悪い自分の特徴的なエナクトメントに依存するようになるに応じて、関わり合いに向き合うことが持つ活力や、それが生み出す興奮が、時間とともに弱まるということである。

　こうした主張がよい自分と悪い自分に当てはまるなら、ましてや、自分と自分でないものに対しては、さらにどのくらい当てはまるのだろうか？　そうであることに耐えられない、そうであっては**ならない**自分に直面することから自らを守るエナクトメントを維持するために、私たちはさらにどのくらいパートナーや配偶者に頼らねばならないのだろうか？　パーソナリティが非常に硬直している、ひどく不運な人々は、不気味さを経験することや自分でないものが突然出現することから自らを守らねばならないので、彼らにとってとても重要な解離を支える関係を作り出し、それに耐えることで自らを守る。こうした人々は、自分でないものを遠ざけておくために、絶えず死んだように退屈に感じられる関係や、憎悪に満ちた破壊的な関係に耐える。自分自身にとっての自分でないものを相手の中に隔離しておく必要性が強烈であるほど、その課題を成し遂げるのに必要なエナクトメントは、より憎悪に満ちた激しくサディスティックなものになる。すべてのエナクトメントは、とりわけ悪い自分をも含めた自分でないもののエナクトメントは、敵対的である。しかし、耐え難いものに耐えねばならなくなることから当人を守るエナクトメントにおいて、それよりもはるかによく起こりがちなのは、その関係性が身体的あるいは精神的な暴力へと変容することである。エナクトメントがうまく働かず、いかなる解離の対人関係化もうまくいかない場合には（すなわち、特別に恐ろしい自分でないものが自分の元に戻ってくる恐れがある場合には）、

暴力を抑止する理由は何もない。自分でないものの恐ろしさは、人を殺人に駆り立てる場合さえある。その被害者は、スタイン（2006）が連邦捜査局の暴力犯罪に関する捜査資料から集めた事例において示しているように、実質的に面識のない他者の場合もあれば、配偶者や他の家族メンバーの場合もある。フォナギーら（2002）は、メンタライゼーションができず、心的等価モードが作動しているために、心の中の空想の世界とまったく同様に危険だと感じられる外的世界から身を守ることを強いられる患者たちの姿を描いている。また別の場合には、フォナギーらが簡潔に述べているように、「親の虐待行為に含まれる憎悪や殺意を認識する子どもは、自分を無価値な存在や愛されない存在と見ることを強いられる」（p.353）。もし自分でないものが忌み嫌われ、無価値で、愛されないならば、殺意を向けられて扱われるべきなのは**あなた**（相手）のほうだという認知のエナクトメントが起こり得るだろう。

　次のように言ってもよいだろう。防衛的に閉じ込められた関係は、何よりも、病理的な解離のエナクトメントによって堅固に維持されるのであり、そのエナクトメントの当事者たちの自分を、自分でないものから安全に切り離しておくためには、関係は正確に同じあり方のままにとどまらねばならないのである。他方で、エディプス的な関わり合いに向き合うことが活発な関係は（おそらくこちらが大半であるが）、少なくとも部分的に、正常な解離の習慣的なエナクトメントによって提供される安心感によって維持される。変化可能性が、つまり古いやり方を放棄する可能性が大いにあると私たちが期待するのは、主として後者の関係である。なぜなら、それらのエナクトメントを乗り越えることで生じる結果は、決して恐ろしくはなく、不快であるに過ぎないからである。

関係の閉め出し

　では、そもそも関係に入れない人々はどうだろうか？　強い興奮と情熱を伴って関係を始めるが、そうした気持ちを一時的にしか維持できない人々はどうだろうか？　例えば、こうした諸見解のオリジナル版（スターン, D.B., 2006）を書く

直接のきっかけとなった、スティーヴン・ミッチェル（2002）のブレットの事例はどうだろうか？　私はブレットに似た数多くの人たちに会ってきた。彼らは一般に、関係が始まってわずか2、3か月で、恋人に対する情熱を失い、しばしば情緒的にはまだ関わりのない、別の未来の恋人と会うことを望み始める。概して、はじめの関係はそうして終わりを迎える。時には、このじっとしていられないパートナーは強い罪悪感を持ち、まぎれもない同じことの繰り返しに悩むが、別の気持ちになることがどうしてもできない。

　解離論を背景として、私はここで、こうした人々は実際には関係に入っていけないわけではないと言いたい。ブレットのような人々は、いつでも関係に入るのである！　問題はむしろ、ブレットのような人々は、関係がたった一つのコースをたどることしか許容できないことにある。彼らはパートナーとの硬直化したパターンにはまり込んでいるのである。そして、このようなパターンに特有の性質のために、そこでは何らかの（人によって異なる）理由で親密性が自分でないものの突然の出現を脅かすのであるが、親密性がある一定の水準に達すると、関係はとても危険な性質を帯びてしまい維持できなくなる（そのようなパターンの一例を、間もなく示すつもりである）。ブレットはこのような性質の問題にとても悩まされてどうすることもできなかったので、それがセラピーを求める主要な動機となったのであった。

　こうした問題に関するそのような悩みや無力感は、自分が恋愛関係の親密さに耐えられないことを知っている人々の間では珍しいことではない。したがって、私たちはある程度の確信を持って、このような関係のパターンの背後にあるのは、悪い自分の回避ではなく、むしろ自分でないものの回避であると推測できる。もしこのような性質の問題を抱えた人々が、実際に自分が持っている以上に関係を進めることを妨げるものを経験することに耐えられるなら、たとえそれが不快さを引き起こすとしても、彼らはそうするだろう。なぜなら、彼らはほとんどの場合、その問題を変化させることを切望しているからである。もし、そのように早々と関係を終えるにあたって、彼らが自己（悪い自分）に属する経験に背を向けているのなら、その問題を変化させる彼らの動機づけは、葛藤の両面を感じて自分のものと認めることを許すだろう。彼らはその解離を維持してきたエナクト

メントを乗り越えられるだろう。なぜなら、そこから生じる最悪の結果は、自分が好ましく思わない自分の一部を経験することに過ぎないからである。けれども、こうした人々が、多くの場合それを切望しているにもかかわらず、何としてもエナクトメントを乗り越えることができないように見えるという事実が、私たちに次のように考えることを促す。とても恐ろしく感じられて、彼らが遠ざけ続けているのは、悪い自分とは別の何かであり、自分の一部とはまったく感じられない何かであると。

　説明のために架空の事例を用いたい（異性愛の男性の例を用いようと思う）。患者の母親は、幼いわが子に対して強い喜びを感じていたが、彼女は自分の愛情をとても恐れていた。そのため、患者からの幼い愛情表現や、母親からの愛情を求める患者の気持ちは、まったく彼女の認知の届く範囲外であった。つまり、患者の母親は優しい気持ちを解離していた。患者にとって母親は、アンドレ・グリーン（1976）が「無反応な母親」と呼ぶものの一変種、その目や心の内側に赤ん坊が自分の姿を見いだせない母親であったと言えるだろう。母親の愛情の解離と、彼女自身が（例えば）乳幼児期に経験したのと同じような、愛情に対する無反応さのエナクトメントは、患者自身の解離を呼び起こす。患者は、自分は愛される価値がないと感じる。フォナギーの事例のように憎まれてはいないが、愛情で応えられもしない。自分の愛情と愛情希求を、それに対する反応が欠けた状態で把握できる子どもはいない。他者に愛情を感じることは、それに対する反応が返ってこないことが予期されるために、屈辱的になる。そして、他者の愛情を求めることも、同様の理由で、堕落である。時間の経過につれて、そのような子どもは、母親と同じように、愛情に対して無反応になる。

　この患者の愛する気持ちと愛されたい欲望は、自分でないものになる。成人になって、彼は絶えず自分をわくわくさせる母親を探し求め、快楽に満ちた冒険の中に繰り返しそのような存在を見いだす。しかし、こうした新しい母親もどきの女性たちは、彼をジレンマに、つまり、彼女たちはたいてい人を愛することが**できる**人たちであり、そのために彼女たちを愛する気持ちの芽生えを患者に呼び起こすというジレンマに直面させる。これらの愛情深い女性たちは、こうした気持ちを取り戻したいという患者の欲望を目覚めさせる。それは、患者の母親が母親

自身の人生において経験することも、患者に与えることもできなかったものを求める欲望である。しかし、長期間死んでいた欲望は、もし患者が現時点で自分がそれを経験していることに気づくなら、不気味なもの、恐ろしいもの、脅かすもの、あるいは忌まわしいものにさえ思われるだろう。

　この患者は、たぶん自覚なく、自分が出会った女性たちを愛する気持ちが少しでも動くと、あるいは彼女たちからの愛情を求める欲望の気配を感じると、たちまち関心を失い、恋人のことを退屈だと思い始めて、違う相手を求めたくなる。彼女たちは退屈でおもしろみがないという気持ちが大きくなって、さもなければ彼らが育んだかもしれない愛情は冷めてしまう。それによって循環は閉じられ、また次の機会に愛情が喚起されることを恐れるさらなる理由が彼に与えられる。

　もしこの男性が長続きする関係に、互いに愛し合う関係に入ることができるとすれば、それは、彼と彼の分析家との間にまさにこのような性質のエナクトメントが繰り返し現れ、それを乗り越えることを通じてのみ、初めて可能になるだろうと思われる。そのようなことを成し遂げるためには、おそらく患者は大きな恐怖を、そして少なくとも屈辱に直面する危険を（そしてたぶん実際にそうした出来事を）経験する必要があるだろう。そして、発動せざるを得ないエナクトメントの過程の中で、おそらく分析家は、無反応から、拒否、そして軽蔑にまで及ぶ感じられ方をする対象となるだろう。セラピーが大きな成功を収めれば、患者はついには、愛するあり方と愛することを恐れるあり方を同時に経験することが、もっとできるようになるだろう。それによって、自分がどのように感じており、それに対して自分が何をするつもりなのかをめぐる、心の中の葛藤を意識することに耐えられるようになるだろう。しかしもちろん、エナクトメントがセラピーを中断させる結果を招く危険や、セラピーは続くが、患者が元の恋人たちと経験した、無反応な状態が続く結果を招く危険など、現実に起こり得る危険が常に存在する。言い換えれば、そのような結果を招く場合には、愛する気持ちと愛されたい欲望は、自分でないもののままなのである。そして、私たちはそのことで患者を責めることはできない。患者がそのような葛藤に耐えられるようになるまでは、それ以外の結果は情緒的に無意味なのである。

　この架空の患者と、私が少し前に触れた激しい憎しみに満ちた破壊的な性質の

関係を維持する不運な人々との間の唯一の相違は、この架空の患者が入り込むエナクトメントは、患者を関係の**中に**閉じ込めるのではなく、関係を**終わらせる**という点にある。私が本章のはじめに自分に対して設定した、次の疑問を思い出してほしい。それは、人々が愛を継続させるうえで出会う次の両方の問題、①関係に入れない人々の硬直性と、②すでに関係の中にいるカップルの間で移り変わる諸問題について、私たちは二者的な観点から、どのように考えることができるだろうかという疑問であった。この疑問に答えるにあたって、私たちはこれら二種類の問題を、解離とエナクトメントを通じて結びつけることができる。基本的に愛情深く満足のいく関係の中で生じる諸問題は、多くの場合、よい自分と悪い自分との相互的な解離のエナクトメントに由来する。しかし、私の架空の患者の問題のような、そして愛情とは別の基礎の上に維持されているように思われる有害な関係の諸問題は、相互的な病理的解離の、あるいは強い意味での解離の、つまり相互的な解離による自分と自分でないものの隔離のエナクトメントの結果であるように思われる。

　しかし、最後に注意を一つ。長期間にわたる関係においては、病理を癒すことだけが、時の経過の中でその関係を拡張や深化に導く唯一の道筋であるという印象を、私は残したくない。次のような勇気もまた存在する。「よりよい人生」のために現状に異議を申し立てる勇気（コーベット，2001）、私たちが自分の人生についていつも暗黙的に自分自身に語っているストーリーを構成して、それについて考える勇気、パートナーと自分自身について、単に自分たちが語るストーリーに深く結びついているというだけの理由で絶えず閉め出し続けている、あらゆるそれ以外のストーリーを想像する勇気などである。このような種類の開かれた受容的な経験には、安全感を犠牲にする危険が伴う。そして確かに、たいていの場合は、時が経つにつれて、安全感が欲望に勝つ。しかし、いつもそうであるとは限らない。そうではない場合、つまり自由と欲望が勝利を収める場合がある。それは、自分自身について好ましく思わないものを、あるいは非常に意義深い場合には、その苦痛な瞬間までは自分自身の一部**である**と想像することすらもできなかったものを、以前よりも進んで深く経験することで、わが身を危険な状態に置く覚悟がある場合である。

第8章

探し方を知らないものを見つけねばならないこと
内省機能についての二つの見方

　精神分析の歴史において内省機能に関する最も影響力のある見解の一つは、そしてこの主題に関する現代の文献におけるまぎれもなく最も影響力のある見解は、フォナギーら（2002）によるものである。彼らの仕事は、内省に対する関心に再び火をつけて、その研究を再活性化してきた。精神分析の始まり以来、セラピー作用に関する私たちの考え方において、内省は関係的影響に比べて、大幅にその重要性を失ってきた。それは当然であるし、フォナギーらも真っ先に同意するだろう。実際、おそらく彼らの最も重要な理論的貢献は、心の発達は、内省機能を含めて、それ自体どこまでも関係的であることを詳細に示したことであろう。内省機能は、関係的起源を持つ関係的事象である。こうした業績の結果として、内省はもはや打ち捨てられて忘れられた主題ではなくなった。それは今では遠い昔と同じく魅力的であり、精神分析的関心の中心に復帰した。本書においてメンタライゼーション理論が繰り返し引用されている事実が示すように、フォナギーらの仕事は私の仕事に深く影響を及ぼしてきた。患者と共にいるときにはいつも、メンタライゼーション過程に関する彼らの説明と、それがどのように展開するかに関する彼らの所見が私の身近にある。私は彼らの所見と考え方を常に活用している。

　私もまた、臨床の仕事における内省機能の役割に対して多大な注意を向けてきた[*原注1]。内省に対する私の関心の焦点は、未構成の起源から新たに明瞭な経験が構成される過程に当てられてきた。フォナギーらと同様に、私は構成の過程を

関係的な事象として理解してきた。しかしフォナギーらとは異なり、そしてこの主題についての大部分の著者たちの見解とも異なり、私の考えでは、少なくとも臨床的に最も重要な種類の内省の場合には、私たちは内省を制御していないし、制御することもできない。セラピーにおいて重要な内省は、私たちのもとにやってくる。私たちには、それらを生み出す選択権は一切ない。それらは自ら到来するのだ[*原注2]。私は本章において私の見解の一側面を探究し、それをフォナギーらが提示している見方と比較しようと思う。

ソクラテスと酔っぱらい

しかし、私はまず、精神分析から遠く離れて、メノンのパラドックスとして知られる、プラトン（1956）によるソクラテスとメノンとの有名な対話の報告を取り上げたい。

　　メノン：おや、ソクラテス、いったいあなたは、それが何であるかがあなたにぜんぜんわかっていないとしたら、どうやってそれを探求するおつもりですか？　というのは、あなたが知らないもののなかで、どのようなものとしてそれを目標に立てたうえで、探求なさろうというのですか？　あるいは、幸いにしてあなたがそれをさぐり当てたとしても、それだということがどうしてあなたにわかるのでしょうか——もともとあなたはそれを知らなかったはずなのに。
　　ソクラテス：わかったよ、メノン、君がどんなことを言おうとしているの

[*原注1]　そうした諸文献はここ25年間にわたって発表してきた。それらのうち、1980年代初めから1990年代初めにかけての初期のものは、修正を施して私の前著に収録された（スターン, D.B., 1997）。前著以後に発表してきた他の諸論文は、本章の中に独立した章として再録されている。

[*原注2]　私はこの論点を、『精神分析における未構成の経験』（スターン, D.B., 1997）の第12章と、本書の第5章において、特に強調した。

かが。君のもち出したその議論が、どのように論争家ごのみの議論であるかということに気づいているかね？　いわく、「人間は、自分が知っているものも知らないものも、これを探求することはできない。というのは、まず、知っているものを探求するということはありえないだろう。なぜなら、知っているのだし、ひいてはその人には探求の必要がまったくないわけだから。また、知らないものを探求するということもありえないだろう。なぜならその場合は、何を探求すべきかということも知らないはずだから」──。
　メノン：あなたには、この議論がよくできているとは思えませんか、ソクラテス。（邦訳45-46頁）

ソクラテスは、自分はそう思わないと答える。どう説明していいかわからないものをいつも探究する精神分析家たちもまた、同じように答える（何を探せばよいかわからないからといって、**私たちは**決して探究を止めたことはない！）。
　この対話は、比喩的に解釈されて、現在でも思考に対する記憶の貢献の議論によく引用されるが、ソクラテスがこのような見解を採用する理由は、そのままでは現代の読者には通用しない（ソクラテスの議論の中心は、魂は永遠不滅で生まれ変わりを繰り返すという教義から導かれる教育法にある）。しかし、ソクラテスの根拠が何であれ、彼の結論は本章の読者たちの多くが到達する結論と同じである。つまり、私たちはどうやって探せばよいのかわからないものを、それでも何とかして見つけるのである。もちろん、こうした結論に達するのは簡単である。難しいのは、それをどう行うかであり、どう考えるかである。
　私たちがヒントをつかむことのできる、卑俗な例を挙げよう。飲み過ぎて夜中に帰宅する途中、道端に家の鍵を落としてしまった男についての昔からあるジョークである。通りがかった人が男に近づくと、男は街灯の下で四つん這いになって探し物をしていた。通りがかった人は探すのを手伝い始めた。数分間を無駄に費やした後、このよき隣人は男に、鍵を落とした可能性のある範囲をもう少し狭められないかと尋ねた。男は少し離れた暗がりの中を指差した。この通行人はびっくりして、いったいどうしてその暗がりの中を探さないのかと男に尋ねた。わかりきったことじゃないかといわんばかりに目を丸くした男は、次のよう

に返事した。「だって、**そんな探し方をしても無駄**じゃないですか？　あっちは**真っ暗**なんですから」。

　以上を受けて、私は二つの主張から始めたい。どちらも臨床家なら誰もがなじみがあると思う。①精神分析および心理療法において、私たちは結局は自分たちに最も必要なものを見つけることがよくあるが、長い期間、私たちはそれが何であるか、それを見つけるにはどうしたらいいかさえ、まったくわからずにいることがある。②これはつまり、私たちは見るのが最も困難な場所を、つまり暗がりの中を、探す方法を学ばねばならないということである。私は、精神分析家であるということは、暗がりとそこに潜んでいる捉え難い意味を愛することであるとさえ言いたい。さらに、私たちにはそうした意味をなかなかつかまえられないということをさえも愛することであると言いたい。もちろん、私たちは、私たちが共に仕事をする相手の人々と同じく、暗がりを避ける誘惑にしばしば駆られる。しかし、私たちの心の別の部分では、私たちは暗がりの中に落ち着きを、不快さの中に心地よさを、そう呼びたければ受容を、育みもする。なぜなら、私たちが必要とするものは、結局は自分の経験のこうした部分から何らかの形で現れてくることに、私たちは確信を持つようになっているからである。

　「暗がり」という表現で私が示したいのは、経験しているそのただ中にある、私たちにはアクセスできない部分である。私たちは単に暗がりにある意味を理解できないだけではない。落とした鍵を探しているあの不運な男は、自分が何を探しているのか知っているわけだが、多くの場合、精神分析家たちやその他の心理療法家たちは、あの不運な男と違って、自分たちが探しているものが何であるかを知るまでに長く待たねばならない。したがって私たちの問題は、暗がりにある意味に向き合うこと以上に困難である。私たちが必要としている経験は、実は存在していない。まったく文字通りの意味で、私たちは自分たちが何を探しているのか本当に知らない。それにもかかわらず、私たちは絶えずそれを見つける心の準備を持ち続けようと努めている。

　このことを、内省機能の観点で説明してみたい。私たちは、自分自身や他者について考える能力をいつかはいとも簡単に使えるようになると信じている。しかし、ほとんどの場合、私たちには、このように生産的に考える機会がいつどのよ

うにして生じるのかを、前もって想像することがまったくできない。そして、そうした機会が生じる場合も、それは意図的に生じるのではない。そのようなとき、私たちは考えようと**決意する**ことはできない。その代わりに、気づいたときにはすでに**考えている**のである。このような立場は、私の考えでは、フォナギーらを含めて、現代の多くの分析家たちが内省機能に関して採用する立場とは異なるように思う。彼らの考えでは、分析家は一般に、内省機能を意のままに呼び出すことができるように思われている。この違いを論じるに先立って、私は多くの予備的な問題を論じねばならない。そこには後で戻ることにして、その前にメンタライゼーション理論を取り上げる。

メンタライゼーション理論と関係精神分析的な解離理論
　——その共通性

　2002年に出版された重要な著書において、フォナギーらは、自分たちの意図を、心の発達と心の哲学を結びつけること、「乳児たちが他者の心を、そしてついには自分自身の心を見つけ出す過程を捉えて明確化すること」であると述べている。つまり、彼らによれば「私たちは他者を通じて自分自身を見つけ出すのである」（p.2）。心は、生得的なものではなく、生み出されるものであり、乳児と養育者たちとの間の相互交流によって生み出される。心は人間関係の構築物であり、相手から伝え返されるある特別な種類の認識の産物である。

　このような考えは、ハリー・スタック・サリヴァンの対人関係の発達を軸にした思考をルーツとする私には、しっくりくる。実際、フォナギーらの説明は、サリヴァンのものに驚くほど似ている。そして、彼らの考え方の独自な点は、サリヴァンの思考を生産的に精緻化するうえで、大いに参考になると思われる。

　フォナギーらの仕事と私の見解が重なる領域は、他にも多くある。彼らは、精神分析においては言葉で表現された意味が依然として重要であることに賛同している。しかし同時に、例えば、彼らはその一方で、精神分析において最も重要な事象の多くは言葉による言語の範囲外で生じるのであり、その範囲内に入り込む

ことは決してないだろうと、とても明快に述べている。これもまた私が賛同する立場である（特に第4章を参照せよ）。また私たちは、心や自己は必然的に断片化すると考える点で一致する。ブロンバーグ（1998, 2006；シェフェッツとブロンバーグ, 2004）と私（スターン, D.B., 1997；本書の第3章から第7章までも参照せよ）は、それぞれにこうした主張を、サリヴァン（1953/1940）による擬人存在や自分と自分でないものといった考え方を改訂する形で表明している。フォナギーらは別の用語を使っている。彼らの用語法では、「自己」は、生来的な可能性に結びついているという理由で本物でありリアルであると感じられる、自分が何者であるかについての感覚の一部を指している。また、「よそ者的自己」は、本質的な自己の生来的な可能性に結びついていないという理由で、「異質な」ものに感じられる自分の一部を指している。こうした二つの見方の間に根本的な類似性があることは明白である。

　しかし、私の立場とメンタライゼーション理論との間には違いもあるように思う。本章が書かれた目的の一部は、こうした相違が実質的なものであるかどうか、もしそうであるなら、それらをどのように説明すればよいかを考え抜くことにある。私は、メンタライズする能力が分析家に最も必要とされるときにこそ、分析家はそこにアクセスすることが最も困難であるという立場を取るつもりである。こうしたときに、相互エナクトメントが起きるのである。フォナギーらは、そのようなときに分析家のメンタライズ能力がしばしば低下するという私の考えに同意するだろう。私たちの意見が分かれる可能性があるのは、①そのような場合に分析家のメンタライズ能力がどの程度失われるかという問題と、②患者たちとのこうした相互的で無意識的な関係のもつれが結果的にもたらす臨床的価値の問題である。

　フォナギーらは、エナクトメントに関与する分析家の困難な立場に、大変同情的である。そして、一部のエナクトメントは、かなり困難の大きなものも含めて、不可避であること、とりわけボーダーライン患者と分析に取り組む場合にはそうであることを、彼らは認める。しかし彼らの著作を私が読む限りでは、彼らはまた、相互エナクトメントを問題の多い好ましくないものと考えてもいる。私の考えでは、分析家の無意識的に動機づけられた関与の中でも、有害に働く恐れのあ

る側面は明らかに好ましくない。しかし他方で、エナクトメントは不可避であるばかりでなく、しばしば分析家にとって最も重要な臨床上の好機を作ることもあるのだ。けれども、私自身の見解を提示する前に、関連する基本的事柄と私が考えるものを、セラピー作用における問題として述べたい。そのうえで、メンタライゼーション理論の著者たちが提示する見解についての私の理解を述べようと思う。

セラピー作用における「鶏が先か卵が先か」問題

　昔から知られているように、セラピー作用は洞察（あるいは内省機能）に基づくのか、関係的影響に基づくのかという問いは、あまりに素朴過ぎて答えようがない。なぜなら、この二つの要素は相互作用するからである。ここでは、私はこの問題を「鶏が先か卵が先か」のジレンマとして考えようと思う。この種のあらゆるジレンマと同様に、このジレンマには絶対的な解決はない。しかし、この問題に対するこれら二つのアプローチには強調点に違いがあり、その違いは重要である。ここにあるのは次のようなジレンマである。それは、**メンタライゼーションが関係の変化を可能にするのだろうか、それとも関係的影響がメンタライゼーションに先行しなければならないのだろうか**、というジレンマである。私はこの問題の探究を、フォナギーらが2002年の著作においてセラピー作用におけるメンタライゼーションの役割について述べている内容を要約することから始めたい。

メンタライゼーション理論におけるセラピー作用

　フォナギーらによれば、「メンタライゼーションの拡張は、心理療法の中心的な目的ではないとしても、重要な目的の一つである」（p.14）。この目的は多様な方法で達成されるが、それらの方法はすべて、分析家**自身の**メンタライズ能力が頼りである。フォナギーらによれば、患者のメンタライズ能力を内在化を通じて

拡張する効果を最終的にもたらすのは、多少なりとも持続的な分析家のメンタライズ能力である。分析家のメンタライゼーションは、分析家が患者の経験について考える場合にはいつでも患者の役に立つ。あるいは分析家が単に患者の経験にラベルづけをしたり、患者の経験を記述したりする場合であっても役に立つ。一部の患者たちにとって、それは、自分が思ったり感じたりすることについて考えた、ほとんど初めての機会だからである。彼らには、少なくともある状況においては、自分自身の経験や他者の経験について考える習慣がない。患者が、分析家は自分を助けようと努めてくれていると経験しているなら、分析家の内省が間違っていても問題ではないことさえある。こうした場合に、分析家が正しい場合もそうなのだが、患者に示されるのは次のことである。それは、経験を、とりわけ情緒と意図をめぐる経験を、世界の具体的な、あるいは忠実なコピーとしてではなく、象徴的表象として扱うとはどのようなことなのかということである。象徴的表象は主観的な見方であると理解され、それゆえに修正の余地のあるものと見なされる。それに対して、世界の忠実なコピーとして理解される経験は、虚偽や歪曲がない限り修正の余地のない真実に直接たどり着く道であると見なされる。

例えば、「ああ、やっとわかりました。私はあなたが『X』と言いたいんだと思っていたんです。でも今は、あなたが『Y』と言おうとしていたんだということがわかります」といったように、分析家が分析家**自身の**経験のメンタライゼーションに基づいて患者に接するときにも、患者は分析家の内省機能を取り入れる。こうした発言をすることで、セラピストもまた、自分が経験を表象として取り扱っていることを患者に示す。経験は、それに対応する世界の変化を伴わなくても、それ自体として変化し得るのだ。経験は変容し得るのである。分析家が患者に関してメンタライズするたびに、患者は少しずつ、自分の経験も、自分の世界の中の他者の経験も、そのように扱えるようになるのだ。患者は以前よりも頻繁に、心的等価モードを乗り越えられる。そのモードにおいては、経験が外界そのままのコピーと見なされて扱われ、外界が心の中の世界のコピーと見なされて扱われる。心的等価性においては、自分の心の中の世界と外界は、そして経験と世界は、同じものである。そのため、恐ろしい空想は恐ろしい現実と同じくらい脅威であ

り、恐ろしい外的な状況は自分自身の心のあり方と区別できない。

　メンタライゼーションの能力があれば、経験は写真複写のようなものではなくなる。そうすれば、経験は世界に関する一つの見方、たとえそれに代わる選択肢に今すぐにはアクセスできないとしても、別の見方もできるとわかっている一つの見方になる。例えば、メンタライズできる患者は、分析家についての自分の認知がどれほど揺るぎないものに思えても、もちろんそれが唯一可能な見方ではないことを知っている。心的等価モードにいる患者は、これに対して、私たちが「精神病的転移」と呼びならわしている状態にある。こうした人々にとっては、分析家はまさに彼らがそうであると認知した通りの人物**である**。「あたかも」という性質を生み出すことはまったくできない。

　同一の現実について多くの異なる見方が可能であることを、そしてそれらはすべてそれぞれに妥当であることを理解すれば、心の中の世界と外的世界はますます互いに独立したものになる。その過程が進むにつれて、患者にとっては、経験が単に自分に押しつけられているものとして感じられることが減る。患者は自分を無力な犠牲者と感じることが減り、自分を万能だと感じることも減る。自分の限界についての感覚、他者の限界についての感覚、そして何よりも、行動の主体としての感覚、自分の人生を生きているという感覚が強化される。そして患者は、彼がかつて理解していた以上に、人生は選んだり、はねつけたり、折り合いをつけたり、それについて話し合ったりできるものだということを理解する。

　メンタライゼーション、あるいは内省機能が、セラピー作用の重要な一部であることに議論の余地はない。私にはそれ以外の考え方をする人がいるとは想像できない。私が提示したい問題は、内省機能が重要**であるか否か**ではない。そうではなく、私が焦点を当てたいのは、分析家たちがこのように反応できるのは**どのような場合**なのか、そしてそれはなぜなのかである。分析家は**いつでも**メンタライズできるのだろうか？

　私たちには、それはできない。これには誰もが同意するだろう。分析家がエナクトメントに巻き込まれて見通しを失っている場合には、分析家は自分自身の経験も患者の経験もメンタライズできない。実際、相互エナクトメントという用語は、患者も分析家も相互にメンタライズできないことと定義してもよいだろう。

エナクトメントの間、メンタライズ理論の見方からすれば、分析家は患者の投影同一化の通りに反応するので、心の中の世界と外的な世界はきっと同じであるという患者の予期が、つまり心的等価性が強化される。他方で、もし分析家が患者の投影同一化を、その通りに反応することなく受け止めることができれば、そしてとりわけ分析家がそれをメンタライゼーションに変容させて患者に伝え返すことができれば、相互エナクトメントは生じない（私自身の考え方では、エナクトメントは生じても、それは相互的ではないということになる）。患者は、心的等価性から内省機能の始まりに向けて、少しずつ進むことを促される。

さて、以下に私が述べることは、私が到達しようと努めている論点にとって非常に重要である。この理論的図式においては、相互エナクトメントがどれほど理解可能なものであっても、また相互エナクトメントにおける分析家の役割に対して私たちがどれほど同情的であっても（フォナギーらは大変同情的であるが）、分析家のメンタライズ能力の妨げとなる限りは、相互エナクトメントは好ましくない問題である。

こうした考え方を説明するために、フォナギーらの2002年の著作から、手短に二か所の引用を提示したい。

> 患者と心的距離の近い関係を維持するためには、セラピストは、患者の自己のよそ者的部分の媒介者となることを**ときどき自らに許さねばならない**ことを、受け入れる必要がある。セラピストが患者に対して何らかの役に立つためには、セラピストは、患者がセラピストにそうであってもらわねばならない存在にならねばならない。しかし、セラピストが丸ごとそのような人物になってしまっては、患者の役に立てない。セラピストはこうした二つのポジションの間の**均衡のとれたあり方を目指す**。つまり、**患者の心のあり方のイメージを、できる限り明瞭でまとまりあるものとしてセラピストの心に保持するために要請されることを実行しようと努めることを自らに許す。**
> （p.370：強調は引用者による）

この描写によれば、セラピストはエナクトメントをコントロールしているという

ことになる。つまり、セラピストは、「患者の自己のよそ者的部分の媒介者となることをときどき自らに**許さ**ねばならない」。これは分析家**に**起きる偶発事の描写ではない。分析家がそれを「許す」のである。この文章には、セラピストは自分が最善と考える患者に対する臨床的スタンスを選択できることが前提されているように思える。このような「均衡のとれたあり方」の中で、分析家は、患者の心についての明瞭でまとまりあるイメージを、「心に保持するために要請されることを実行しようと努めることを自らに」許すのである。

さて今度は次の文章について考えてみたい。

> セラピストと患者の両者のエナクトメントの一部は、この仕事に避け難く伴う。なぜなら、患者は自己のよそ者的部分を外在化しなければ、心理的にセラピストのそばに居続けられないからである。セラピストが患者の経験の分裂排除された部分をエナクトしているこのような機会に、患者の真の自己を最も正確に観察できる。**残念なことに、そうした場合、たいていいつも、セラピストは洞察と理解を伝えることがひどく難しくなっている。そのような混乱の最中には、セラピストの怒りや恐れ、あるいはその両方が、患者についての洞察を曇らせてしまうことが非常によく起こる。**（p.14：強調は引用者による）

この記述においては、患者のよそ者的自己のエナクトメントへの分析家の関与は、明らかに好ましくない。エナクトメントに関与することは、時にはそれがどれほど不可避なものであるとしても、患者に役立つために必要な手段を分析家から奪うのである。

私たちの領域には、心と臨床的相互交流との関係を理解する方法が大きく分けて二通りある。第一の、昔からあるほうの見方は、多くの現代フロイト派とクライン派の分析家たちに、そして一部の対人関係学派の分析家たちにも支持されている見方である。その見方では、心には、とりわけ分析家の心には、通常は（けれども常にではない）相手の心の無意識的な影響を受けない部分がある。分析家の場合には、自分がそこから多少なりとも客観的に相互交流を観察できると期待で

きる、心の中の「見晴らし場」(モデル, 1991) が存在するという見方である。これは決して、分析家が逆転移から影響を受けないという意味ではない。しかし、たとえ分析家が転移によって情緒的に揺り動か**される**場合でも、分析家は通常、自分の心の別の部分から自分の動揺した情緒的状態を観察できて、そしてこのような動揺を自分の理解と介入を形作るうえで非常に重要な情報として活用できるはずであるとされる。つまり、分析家は通常、転移だけでなく逆転移についても、観察できるとともに内省できるはずであるとされる。

　言うまでもないだろうが、この立場の多様なヴァリエーションに基づいて仕事をする多くの分析家たちは、それにもかかわらず、自分自身の逆転移をメンタライズする能力が損なわれる場合があることについて、とても寛容である。こうした分析家たちは、時には自分たちがわけもわからずにエナクトメントに巻き込まれることを、とりわけ、もちろんより不安定な患者との場合にそうであることを知っている。フォナギーらは、このような人間味あるグループの代表である。彼らの著作に含まれる豊富なエナクトメントの例は、患者の心の否認された諸側面によって形作られた相互交流に巻き込まれていると気づくセラピストたちに、深い同情を寄せて提示されている。他の多くの人たちと同様に、フォナギーらはこうしたエナクトメントを患者の投影同一化の影響を受けた結果として理解する。投影同一化は、ほとんど誰もが時に用いるなじみ深い防衛であるが、ボーダーライン人格構造の持ち主にとっては習慣化された防衛である。

　メンタライゼーション理論は、どのようにして投影同一化が頻繁に用いられ始め、何がそれを持続させるのかについて、詳細かつ独創的な理解を付け加えてくれている。私はとりわけ、親からの情緒的映し出しがうまく働かない場合に、それがどのように悲惨な結果を招くのかについての記述には説得力があると思う。その結果とは、自己と他者との間の確かな境界の欠如、よそ者的自己に支配される耐え難い持続的な脅威、そして、経験を、とりわけ情緒を、扱いやすくなるまで処理するために必要な二次的表象を作り出すことのできなさ(つまり、メンタライズ能力の妨害)、といったものである。メンタライズできない場合、それが意味するのは、脅威となる経験を、とりわけ情緒を、耐えることができ、それについて考えることのできる形に変容できないということである。もしそれについて考

えることができなければ、唯一の解決法はそれを取り除くことであり、投影同一化はそれを実行する方法である。このような強い圧力、つまり、患者が自分の心の望ましくない諸側面をセラピストの心に投げ込むこのような試みに直面したとき、セラピストがしばしば非常に劇的な反応に引き込まれることは理解できる。私たちは今日では、他の場面では有能に自分の仕事に打ち込むセラピストに対して、こうしたエピソードにおける自分の振る舞いについて過度に自責的にならないようにと助言することを心得ている。

　しかし、次のことに注目してほしい。それは、エナクトメントに引き込まれることに関して、その姿勢がどれほど受容的であるとしても、この観点からは、そうしたエナクトメントは失敗の産物であると理解されねばならないということである。それは、確かに十分に理解はできるが、それでもやはり失敗なのである。分析家は、多かれ少なかれ困難な世界において、多少なりとも客観的な観察を行う能力を維持するために使うことが**できたはず**の自分の心の一部を使えずにいたのだから、それは失敗として理解されねばならないのである。

　さて、私が少し前に問いかけた「内省機能が関係の変化を可能にするのだろうか？　それとも関係的影響が内省機能に先行しなければならないのだろうか？」という問題に戻ろう。フォナギーらは、メンタライゼーションが先行するという立場を重視しているように思える。患者が異なった関係の持ち方をできるようになるには、分析家はメンタライズすることができねばならない。なぜなら、関係性の変化には、メンタライゼーションだけが提供できる、新しいレベルの処理が必要だからである。私たちはまた、この立場について、精神分析について一般にそう説明されるように、内在化（この場合は、分析家のメンタライズする能力の内在化）が行動の変化に先行すると説明してもよいだろう。

　こうした主張をするからといって、私は決して、メンタライゼーションの働きの中にエナクトメントを生産的に活用するための多くの機会があることを否定するつもりはない。もし患者が相互的な感情の激しい動揺に引き続いてセラピーにとどまり続けるなら、エナクトメントの背景にある経験、とりわけ情緒のメンタライゼーションは、どの分析的なセラピストにとっても最も重要で直接的な臨床上の目標になるだろう。私は次の点を強調したい。それは、患者とのセラピスト

の無意識的で（比較的）コントロールされていない情緒的関与は、ほとんどの場合それは十分にコントロールされた臨床上の行為に比べて内省されることが少ないのだが、それ自体としては生産的で望ましいものとは理解されていないということである。それは避けられないかもしれないが、あくまで避け難い困難であって、好機とは見なされない。

関係理論におけるセラピー作用

　私は先に、私たちの領域には、心と臨床的相互交流の関係を理解する二つの方法があると述べた。すでに想像がついているかもしれないが、私の考えでは、関係理論がもう一つの方法である。たいていの関係精神分析的な見方では、分析家は絶えず無意識的なやり方で患者に関与している。心には、相手の影響を受けない部分などない。分析家のあらゆる思考と感情、そして行動のすべては、分析家自身が作り上げるものである。したがって、それらは個人的なものであり、患者からの無意識的な影響を受けやすい。行動の中でも、何らかの技法論に基づいて分析家が選択したり生み出したりした部分でさえも、個人的なものである。なぜなら、もちろんどの選択も他の選択があり得たし、いかなる技法論も、私たちが実際に次の瞬間に行うことをせいぜい緩やかにしか規定できないからである。話し合われている内容が何であれ、それはセラピー関係にも何らかの形で行動として現れる。つまり、もし分析家たちが自分の解釈を言葉通りのものに過ぎないと思い込むなら、転移を明らかにする代わりに、転移を強化するやり方で関与してしまいがちになる。そのため、知らず知らずのうちに、次のようなことが起こる。自虐的な患者の分析家は、自虐性について加虐的な解釈を行い、誘惑的であるにもかかわらず性愛性を恐れている患者の分析家は、患者の恐れについて誘惑的な解釈を行い、自己愛的に傷つきやすい患者の分析家は、患者の自尊感情を傷つけるやり方でその自己愛を解釈する（このような重要な観察報告を最初に行ったのは、エドガー・レーヴェンソン, 1972, 1983であった）。

　しかし、これは事の半面でしかない。患者が無意識的に分析家に影響を及ぼすことが不可避であるのと同様に、分析家は無意識的に患者に影響を及ぼす。この

ような観点からは、関係は二つの無意識的に絡み合った主観性の間に生じると理解される。分析家の心の中には、患者の影響を受けない安全地帯もなければ、関わり合いから孤立した観察のための見晴らし場もない。

　分析家たちがこのような見方に基づいて仕事をすれば、直ちに明らかになることがある。それは、患者に関するメンタライズを行う動機づけは、他のあらゆる介入を行う動機づけと同じく、込み入ったものになりがちなこと、そして、はっきりとしていてもいなくても、相互的な無意識的過程の一部になりがちなことである。例えば、患者に対して、あなたはあることについて怒っているようだ、悲しんでいるようだ、あるいは喜んでいるようだと伝えることは、多くの目的に役立ち得るが、そうした目的の中には、少なくとも部分的に、また無意識的に、患者に対する反応として発展した分析家自身の目的がかなり含まれる。そして、進行し続けるエナクトメントへの無意識的な関与に現れるのは、分析家の内省の**内容**だけではない。もちろん、それ以上に可能性が高いのは、その内容を伝える**態度**であり、それは分析家がまったく気づかないままに現れるかもしれない。あるいは、どんな理由からであれ、自分の態度に関する分析家の認知は、患者の認知とはまったく異なることがあり得る。そして、分析家**自身の**反応をメンタライズしてその過程を患者と共有するとなると、たとえその反応が表面上は無害そうに思えても、状況は見かけ以上に複雑である。私が前に挙げた例について考えてみよう。分析家が患者に、「ああ、私はあなたがYと言いたいんだと思っていたんです。でも今は、あなたがXと言おうとしていたんだということがわかります」と言うとする。表面上は無害に思えないだろうか？　しかし、これらの言葉は、それが発せられるコンテクスト次第で、声に表れる調子次第で、多くの異なった情緒的な響きを帯びることを想像できないだろうか？　受容されることを期待していた患者にとっては、矯正的な響きがあるかもしれない。あるいは、分析家の声の調子は、「X」は「Y」に比べるとあまり興味深くないことを表しており、少しばかり患者を軽んじているように響くかもしれない、などといったことが考えられる。分析家の内省機能の活用は、決して単純な、あるいは簡単な問題であると決めてかかることはできない。

　私は次の点も付け加えねばならない。進行し続けるこうした相互エナクトメン

トは、ボーダーライン患者のセラピーにおいて最も劇的で厄介なものになりがちなのは確かだが、私は自分の見解がこうした患者との作業のみに当てはまるものだとは思わない。私が述べていることは、すべてのセラピーに当てはまることだと思う。セラピストにとっての臨床上の困難、およびセラピストの不快さのレベルは、精神病理が軽いほど小さくなるだろうが、原則は同じである。言い換えれば、セラピストは確かに、自分の介入が患者に特定の影響を及ぼすことを**期待する**ことはできる。しかし、決して自分の意識的な意図だけを当てにすることはできない。セラピストは常に次のように自問しなければならない。自分が承知していること**以外に何を**、自分はしたり言ったりしている可能性があるだろうか？ 自分が考えている**以外にどのような仕方で**、患者に関わっている可能性があるだろうか？ 自分の見かけ上は中立的な臨床上の行為は、そのような関わりの中でどんな役割を果たしている可能性があるだろうか？ 関係精神分析的な見方からすれば、セラピストにとって非常に重要なことは、患者の経験の中の無意識的な意味に好奇心を持ち続けることであるのと同じように、セラピスト自身の経験の中の無意識的な意味に好奇心を持ち続けることである。

対人的な場

　私が説明してきた相互的な影響は、二人の当事者たちを経験と行動の一定の相補的なパターンに閉じ込めがちである。こうした二つの主体の相互関係から構築される影響の場に対して、どのような用語を使っても私は構わない。サリヴァン（1953/1940）の用語は「対人的な場」であった。もっとも、彼が意図した意味は、今日の私たちが意味するものとは少し異なっていた。ミッチェル（1988）はそれを、「関係のマトリックス」と呼んだ。ウォルスタイン（1959）は「転移／逆転移の連結」と呼んだ。まだ他の用語もある。どの用語を私たちが選ぼうとも、肝心なのは、臨床状況は、非対称的ではあるけれど、相互的に構築され対処されるということである（アーロン, 1996）。つまり、専門的知識、臨床経験、力関係などの点で異なる役割を保ちながら、患者とセラピストはまた、二人の人間として、

相互的なやり方で関わり合うのである。たとえ彼らが望んでも、それ以外のやり方はできない。このため、患者の転移は分析家を一定の逆転移に引き込みがちであり、また分析家の転移は患者に同様の影響を及ぼすのである。時には、こうした意味深く関わり合う相互交流のパターンは、それが両者の解離に動機づけられている場合には、時を経て、相互エナクトメントになる。両者ともに、この種の硬直したパターンを維持する役割を果たすのである。

　この観点から導かれるのは、セラピストの専門性は、患者からの影響を受けないことに、あるいは患者からの影響の性質を把握してその影響を受けることに抵抗する能力に、その根拠を持つはずはないということである。時には、確かにセラピストは影響を受けない場合もあるが、それは必ずしも望ましいあり方ではない。私たちには影響の受けやすさが必要である。そして時には、セラピストは患者からの影響を、それに反応する前に感じ取る場合がある。けれども、それもまた、必ずしも望ましいことではない。なぜなら、それは場合によっては、ファイナー（1982）が患者たちの「入場券」と呼んだ、関係を作り上げる習慣的なやり方を、患者から奪うからである。

　私たちが長年にわたって燃え尽きることなく実践を続けることを可能にする分析の専門性は、私たちの影響の受けやすさの特別な種類の**受容**と、その結果得られる、私たちが影響を**すでにどのように受けている**かを観察する能力から発展する。何か新しいものに到達するためには、一般に私たちは、何とかして古いものを乗り越えたり解体したりしなければならない。それを実行するには、多くの場合、あるいはむしろ一般に、私たちは自覚なく、古いものをセラピー関係の中に作り出し、それをはっきりと捉えられるようにし、患者にも分析家にも利用可能なものにする必要がある。古いものを明確に表現することは、新しいものを生み出すこと**である**。水が勢いよく流れ込んで空っぽの空間を満たすように、古いものについて内省することによって余地が作り出されると、私たちには想像も及ばない方法で、新しいものがひとりでに現れ出るのである（第5章で提示したナラティヴ理論を参照せよ）。

　もしこの通りであれば、その場合、最も重要な問題は、古いものについて、つまり、それまではっきりとわからずにきたものについて、内省が可能になるのは、

何が起きるからなのかということである。つまり、新しいものが現れ出ることを可能にするのは何であろうか？　その答えが何であれ、まず内省ではない。内省は通常は結果である。古いものについて内省できるときにはすでに、その効力は失われている。新しい内省は、考えるため、および変化のための新たな領域を開き、そのようにして、変化の過程は波紋のように広がる。常にではないが、多くの場合、新しい認知に潜在するセラピーに役立つ力を利用するためには、そうした認知についてのメンタライゼーションが**必要である**。しかしその過程は通常、内省よりも前に生じる何かの中で始まる。その過程は、内省を可能にする何かの中で始まるのである。

　このような「何か」に該当する候補として私が挙げるのは、相手についての新しい認知の進展である（第3章から第6章を参照せよ）。このような立場を取るのは私だけではない（ブロンバーグ，1998, 2006を参照せよ）。この新しい認知は、患者に関する分析家の新しい認知の場合もあれば、分析家に関する患者の新しい認知の場合もある。どちらも起きる。たいていは、すぐ後に私が提示する例のように、誰がはじめに新しい認知を得たのかを述べることは難しい。しかし、相手に関する新しい認知の起源が何であれ、一度それを得てしまえば、とりわけその認知の情緒的な色合いがそれ以前の関係性の色合いと異なる場合には、相手に対して新しい関わり方を**せざる**を得ない。やってみようとしても、以前の関わり方をすることは、少なくとも本心からはできない。そのような機会に利用可能になる自由は、新たにはっきりと捉えられるようになり、初めてメンタライゼーションに使えるようになったものを、メンタライズする自由である。新しい認知そのものは、もちろんまだメンタライズされずに残っている。しかし、セラピー関係をそれまでのエナクトメントのパターンに限定してきた気づかれない拘束については、内省が可能になっているのである。

　私は「新しい認知」がエナクトメントの解消に不可欠だと考えているが、私が洞察は重要ではないとか随伴現象に過ぎないと考えているという印象を残したくはない。新しい認知についての洞察は、それが描写している事象に続いて生じる。しかし、一度理解が生まれれば、それは、もしそもそもそのような新しい理解が生じなければ違ったものになったはずの、それに続く臨床的事象の生起に関与す

る。したがって、結局、内省機能と新しい認知は、セラピー作用において絶えず相補的な役割を果たすのである。

事例

　私は非常に聡明な中年の専門職の男性と、週に3回のペースで1年半会っていた。ロンは分析を始めることにとても意欲的だった。彼は、かつては華々しかったが、今では低調な自分の職業生活が、再び活気づくことを望んでいた。私は彼との分析を楽しみにしていたが、分析を開始して間もなく、私は自分がロンとのセッションに気が進まなくなっていることに気づいた。彼はめったに、あからさまに腹を立てたり不満を示したりしなかったが、しばしば彼は私に、私は技量不足であり、私の態度は温かみが足りないと告げることがあった。彼はこうした意見をとても礼儀正しく述べたが、私はそこに辛辣さを感じた。そして私への彼の接し方からは、そうしたことを述べていないときでさえも、彼の非難が伝わってきた。彼は繰り返し私に、人生における自分の主要な関心事は、妻と子どもたちにできるだけ寛容で親切であることだと話した。彼はまた、家族との関わりとは別に、非常に多くの個人的および政治的活動に参加していた。私はしばしば、家族への関わりも家族外への関わりも同じように、こうした諸活動の背景にある献身的姿勢を賞賛した。しかしそれらに関していつも強く私の印象に残ったのは、彼がそれらをどれも自分の美徳の証明として示すことだった。そこには、彼の美徳は、とりわけ他者に比べて、優れているという意味合いが、絶えず微妙に含まれていた。そして、この場合の「他者」には、確かに私が含まれていると私は感じた。

　このような状況を困難なものにしているかもしれない（例えば、あまり肯定的でない結果など）、彼の経験の中にある何かに注目しようとする私のいかなる試みも、悲しげな微笑みと異議で迎えられた。ロンは、私が彼の経験の中に何を見ているのか、自分にもわかればと心から望んでいるが、どうしてもわからないと、よく言った。話が変わって、彼の妻は、ロンがセラピーを始めた頃には私には非常に

感情的な人物に思えたが、毎日のようにいわれなく思える激しい怒りを突然に彼に向けていた。彼女がどのように感じているのか私にもわかるように思えるまで、長くはかからなかった。ロンの美徳は、そしてとりわけその見せびらかしは、非常に具体的に言えば彼にいらだちを感じた相手の面前で彼が見せる微笑みの「忍耐」は、それ自体が挑発であった。

　私に関するロンの批判的な意見は、もちろん、まったく正確であった。なぜなら、彼の私への接し方に対する私の反応は、彼にいらだつことだったのだから。私は彼と共にいる時間の多くをそのように感じていた。しばしば、私は冷ややかでよそよそしかった。そして確かに、私は彼が自分の「気持ち」と呼ぶものにうまくついていけなかった。それは、私の理解の及ぶ限りでは、二つの領域に限られていた。一つは、自分の温かさ、優しさ、感謝の気持ちであり、もう一つは、他者に温かさ、優しさ、感謝の気持ちが欠けていることを残念に思うことから生まれる、哀れみと悲しみであった。私には、私と共にいるときの彼か、彼と共にいるときの私か、自分がどちらをより嫌がっているのかわからなかった。けれども、もちろん、私はこの状況に何とか取り組まねばならないと感じていた。私は、私たちの間に起きていることについて何を学べるだろうかと関心を抱いていたが、同時にまた、罪悪感と自己批判の気持ちもあった。

　私には、患者の反応と私の反応とが連結していることはわかっていた。しかし、たいていそうであるように、このことを抽象的にわかっていても、私が場の拘束を抜け出る十分な助けにはならなかった。私はロンと何度も、彼の私に対する不満や、私たちの間に存在するようになった関係性について話し合った。私は彼に、私たちは私たちの間に起きていることについて、新しい理解にたどり着く必要があると告げた。当然のことだが、彼は、私たちは何をすればよいのかと尋ねた。私はその疑問に答えようと最善を尽くしたが、私が言ったことは何一つ私たちを新しい方向に導くようには思えなかった。けれども、ロンは、この種の関係性は、妻との関係も含めて、彼の人生の別の場所でも起きてきたと、私に語り始めた。彼の話によれば、いつも彼はその関係を終わらせることでそれに対処した。けれども、さまざまな理由から、結婚に関してはそうしなかった。彼はしばしばセラピーを止めることを話題にした。しかし彼は、もしその代わりに、私たちが私た

第8章　探し方を知らないものを見つけねばならないこと

ちの間に進行していることの別の側面を何とか明らかにできるなら、そのほうがよいだろうということには同意した。

　少なくともこの時点では、私たちはときおり、私たちが相互的な問題を抱えているという見方で一致するようになっていた。時には、ロンは彼の妻と私が単に不当で迫害的なばかりではない可能性を受け入れることができた。私の考えでは、彼がここまで受け入れたのは、彼は依然として私に非があると感じてもいたが、私が彼の苦痛を真剣に取り上げたと彼が理解したからであった。しかし、私たちはこの問題を説明する説得力のある方法を持ち合わせなかった。そのため、それはただ仮説的に相互的と見なされ続けたに過ぎなかった。私にはっきりしていたのは、実際の経験の中から何らかの手応えをつかまなければ、この問題に関する私たちの間の少しばかりの協力関係さえも、セラピーを長く維持する助けになりそうにないことであった。

　行き詰まりを突破する端緒が生じたのは、ロンがセラピーの継続に関する迷いの気持ちを再び話していたある日のことだった。けれども今回は、彼はそれを怒りとともにではなく、落胆の気持ちで話した。私には、彼はこれまでと違って、寄る辺なくて絶望しているように見えた。彼は、不満を理由にある別の関係を放棄したのだが、それと同じことを繰り返したくないと言った。それに応えて、私は彼にすでに何度も言ったことのある次のようなことを言った。私は彼に、私たちの関係は彼の過去に起源を持つ重要な関係を、どの関係であるかは私にはわからないが、何らかの形で反映していることを私は確信していると告げた。しかし今回は、ロンの態度の変化に反応して（と私は思う）、私はより穏やかに、私自身の落胆の気持ちとともにそれを話した。私もまた私たちの間に起きていることを維持することに関与しているに違いないが、私には他にどのようなやり方があるのか想像できずにいるのだと、私は付け加えた。

　私は話し始める前に、ロンは私が言うことを、私が過去を問題にしたがることの表明としてではなく、私の落胆の気持ちの表明として理解して受け止めるだろうと推測していた。私が正しかったことが明らかになった。しかし、ロンの反応を「推測した」と私が言うのは、私が実際に心の中でこのようなことを明確化していたという意味ではない。私は、数分後まで、このときまったく不意に私に訪

れた気づきを明確化していなかった。それは、ロンは私が言うことを、私を批判する新しい理由として使ったりはしないと、私には信じられるという確信であった。これはロンに関する新しい認知だった。そして、もし彼が、私にははっきりとわからなかったくらいわずかに、私への接し方を何らかの形で変えることがなければ、私はそのような新しい認知を持つことはなかっただろう。したがって、彼もまた、私を違ったやり方で認知していたのだろう。私たちの間で何かが変容したのだ。

この時点で、ロンは私に以前よりも詳しく父親との関係について話し始めた。彼の父親は、ロンがそれ以前に私に話していたよりも、実際にははるかにいつもひどく批判的であり、不必要に残酷であった。だから父親に対する憎しみと恐怖は、これまで話してきたよりももっと強烈で、自分にとって厄介なものなのだと、ロンは私に告げた。数分のうちに私に明らかになったのは、患者は私が理解していたよりも、はるかに苦しんでいたことだった。

その後、私はロンに、父親との関係のこのような面について、以前は私にあまり話さなかった理由に心当たりがあるか尋ねた。彼は、それを隠しているという自覚はなかったが、それを自分が語り始めてから、自分はこのように扱われてきたことをいつも恥じてきたことがわかり、そのことについて自分に沈黙を守らせてきたのは、この恥の気持ちなのだと気づいたと言った。私はロンがこの恥の気持ちをメンタライズしたことを嬉しく思った。なぜなら、それは彼から語られるほうが望ましかったからである。しかし、もし彼がそれについて語らなかったら、私が語っていただろう。なぜなら、その感情ははっきりと感じ取れるくらいに部屋の中に満ちていたからである。

父親から屈辱を与えられてきたことに対する彼の恥の気持ちと怒りを、私の彼への接し方についての彼の感じ方、および彼の私への接し方に結びつけられるようになるまで、長くはかからなかった。彼はとても深く恥じていたので、私よりも彼のほうが寛大で優しいということをはっきりとさせることで、彼は私に恥ずかしい思いをさせたかったし、実際にさせたのだった。彼は父親のあからさまな加虐性を受け継ぐまいとしていた。しかし、自分の「善良さ」自体が加虐性の表れであるという皮肉を、彼は間もなく理解した。ロンにとっては、もちろん、私

第8章　探し方を知らないものを見つけねばならないこと　237

は彼の父親だった。そして私にとっては、彼は私自身の家族の一員だった。情緒的に強烈なエナクトメントにしばしば見られるように、私たちの解離は相補的なものであった。

　これ以後のセッションから、私にはこのセラピーは失敗に終わらないだろうと思われたが、実際その通りになった。私たちは、父親に対する（また私に対する）ロンの思慕の気持ちにたどり着いた。その思慕の気持ちは、彼の怒りと屈辱感によって、いつも曇らされてきたのだった。

　私はここで説明を終えるつもりである。なぜなら私の意図は、関係性の変化がメンタライゼーションに先行するという私の主張を説明することだけにあるからである。そうした新しい認知が**なぜ**ロンと私にそのとき利用できるようになったのかという重要な疑問は、私はここでは取り上げない。その問題には、第3章から第6章で取り組んでいる。それはとても複雑な問題である。私が信じているのは、新しい認知が生まれる理由については語ることのできる重要な事柄が実際いくつもあるだろうが、その問題の中心には謎があるということである。たとえあったとしても、私たちが実際に新しい認知とその後に続く相互交流の自由がそのとき到来する理由を正確に知ることは、めったにない。

　私には、相手に関する新しい認知が、どちらに先に生じたのかわからない。実を言えば、どちらが先かはっきりさせようと試みても、結局うまくはいかないのではないかと、私は思う。なぜなら、現在にまでつながっているエピソードをどこまでさかのぼっても、その相互交流をたどることができるからである。出発点にたどり着いたことを教えてくれる目印はどこにもない。そしておそらくそれが、そうした事象が現実的には単一の機会から生じたとは言われ得ない理由だろう。私が提供できる精いっぱいの説明は、もしそのとき、私を加虐的な父親として見ていたら、ロンは彼が実際に示したような落胆の気持ちで私に話しかけたりしなかっただろうというものである。私は直ちに彼のこの新しい感情に反応して、**彼**に関する新しい認知が、**私**の心の中に呼び起こされた。確かに、ロンに対する私の新しい見方が生じる前に、私は彼への接し方を変えることができればと強く望んでいた。しかし、その願望が生じたのは、異なる反応を求めるロンのニードへの共感的理解からというよりも、不適切な分析家であることで私が味

わっていた自己愛的な傷つきからであった。

　ひとたびロンに対する認知が変わると、私が彼への接し方を変え**たかった**かどうかは問題ではなかった。私は彼への接し方を変えるように**引き込まれた**のだとも言えるだろう。あるいは私はそう**せざるを得なかった**のだとも言えるだろう。確かに、私はもはやその直前までと同じやり方では、彼に接することができなかっただろう。また、たとえそうしたいと望んでも、もちろん実際には望まなかったが、ロンの状況に関して突然私に生じた共感的な理解を追い払うことはできなかっただろう。こうした機会から、私は本章のタイトルを思いついたのである。私は自分でも探し方を知らないものを見つけたのだ。私がそれを引き起こしたのではない。私はそれに取りつかれたのだ。私の経験では、あらゆるエナクトメントはそのようにして終息する。私たちは、分析の仕事を試みることを決して放棄することなく、自らをできるだけ最適の立場に置こうと努めねばならない。しかしその後に私たちにできることは、自由が到来することをただ待つことだけである。

　もちろん、相互エナクトメントを乗り越えることから生まれるのは、患者と共に内省する機会のわずかな一部に過ぎない。それにもかかわらず、私たちが患者に、その直前までは言うことができなかった何か新しいことを言えるようになる機会が、そこにはかなり頻繁にあることは注目に値する。最適の解釈の多くは、このようにして生まれる。患者または分析家の経験の中への新奇なものの出現を支配する原理は、それが強烈なエナクトメントを打ち破る新しい認知であれ、分析家の心の中に以前にはなかった内省が普通に現れる場合であれ、そのどちらでも同じであると私は思う。何か新しいことを**言う**ためには、自分が新しい何かで**ある**ことが必要なのである。時には、私がロンとの間で経験したように、かなりの変化が必要である。また時には、変化がとても微妙なため、私たちは気づきもしない場合もある。私たちはいつも、自分でも探し方を知らないものを、探しているものが何であるかを知らない場合でさえも、見つけねばならない立場にいる。したがって、私がはじめに示したセラピー作用に関する問題に対して、二者択一の回答のどちらに重きを置くかをめぐっては、メンタライゼーション理論の著者たちと私では、おそらく立場が違うだろうと思う。私には、メンタライゼー

ションが新しい関係性の機会を生み出す場合よりも、関係性の変化が新しいメンタライゼーションの可能性を開く場合のほうが多いように思える。私が使ってきた用語の別の組み合わせを使えば、論点は次のように表現できる。分析家のメンタライズ能力の内在化が関係の変化を促進することは、まれにしかない。私には、関係性の変化によって対人関係の状況の解離された諸側面が新たに奥深くまで処理可能になる場合のほうが、はるかに多いと思える。しかしもちろん、私たちは臨床過程がこうしたいずれの方向にも動き得ることも認めねばならない。

　ロンとの私の無意識的な関与は、悔やむべきものだったのだろうか？　彼の屈辱感と思慕の気持ちについて知るには、もっとよい方法があったのだろうか？　私の考えでは、ロンの経験のこの部分は、もしエナクトされなかったなら、明るみに出ることはなかっただろうと思う。私は分析家の無意識的な関与の問題の重大性を少しも軽んじてはいない。私はそれを非常に重く受け止めている。それがセラピーを損ない、患者を傷つける場合があることを、私は知っている。しかし私はまた、持続的で無意識的な関与は、最も重要な種類の分析の規律と両立するとも信じている。私がロンと十分に協力関係を築き、維持できていたから、先ほど記述した作業が私たちにできるまで、彼はセラピーにとどまったことに留意してほしい。

　私は患者にも私自身にも苦痛を与えたくない。そして、不必要な苦痛が生じることを回避するために、そしてそれが避け難くなった場合にはそれを和らげるために、自分の仕事の範囲内で、自分にできることをする。しかし、情緒的な苦痛はこの仕事にはつきものである。私たちはみんなこのことを知っている。しかし私は、私がそうしているように、解離された経験が未構成の経験であると考えれば、要点は非常にはっきりしていると思う。解離された経験は、意識的であれ無意識的であれ、表象され得ない。それはまだ表象になり得るほどはっきりとは、明確化も了解もされていない。相互エナクトメントは、患者の心のこうした部分に私たちがアクセスする唯一の方法である。エナクトメントが終息するとき、その経験はついに構成可能になる。エナクトされた経験は未構成であるという考え方に導かれて私は、本章のはじめにおいて、私たちは自分でも探し方を知らないものを見つけねばならないばかりか、私たちが探しているものは私たちがそれを

見つけるまで存在していないとも主張したのである。

　セラピストは自分個人の関わりを当てにしているのではない。患者には、自分が解離している部分を直接的に経験することはできないが、セラピストはそれを経験できる。実際、セラピストには患者が解離した苦痛を経験する以外に選択の余地がない。セラピストから見れば、それが相互エナクトメントに巻き込まれていることの意味である。セラピストは、自分の心の中に姿を変えて現れた患者の苦痛を経験しなければならない。その過程において、セラピストはかなりの不快さを経験する。実際は、臨床経験を重ねるとともに、私たちはそのような不快さをめぐって自分たちに感じ取れるものを、私が第3章と第4章で「気持ちの引っかかり」や「自由の暗示」として示したような好機として認識するようになる。

　私たちは相互エナクトメントがもたらす危険に注意しなければならない。ロンとの状況は、別の結果を招くこともあり得た。彼は失望してセラピーを去ることもあり得た。この例のような状況においては、私たちは際どい成否の分かれ目を進むのである。このような場合に、古い格言が当てはまる。エナクトメントを乗り切れば、人は強くなるのだ†訳注11。

　内省機能に関する非常に重要な実例の数々は、私たちを驚かさずにはおかないことを、何とかうまく伝えられていればと願う。生の営みの中でも、まだ名づけられていないだけで、私たちがすでに指し示すことができる部分は、その中で非常に重要な変容が生じるような謎めいた場ではない。経験のメンタライゼーションは、とりわけより病理の重い患者たちにとって、まぎれもなく重要である。しかし、自分がすでに知っている経験の一部を名づけることは、他者にそのやり方を伝えることのできるある種の操作である。それは基本的に技術的な手続きである。それを名づければ、患者はそれを象徴的に表象できるようになり始めるというわけである。臨床的な観点から言えば、もしすでに何かを指し示せるなら、それがそこにあることを知っているなら、それを名づけることはたいして創造的な行為ではない。私たちがすでに知っている経験を名づけることは、私たちの仕事の中でも興味をひく部分ではない。経験の仕方を知らずに取りかかったにもかか

---

　†訳注11　元の格言は、What doesn't kill you makes you stronger.「困難は人を強くする」。

わらず、私たちは自分たちに最も必要なものをいつか見つける。私たちは、患者との無意識的な相補性の中で生み出されるまで自分の心の中に存在すらしなかった、自分の主観性の一部を見つけ出さねばならない。

結び

　それでは、内省機能の意義について、私たちには正確には何が言えるのだろうか？　ソクラテスは、彼の挙げた根拠は不適切ではあっても、正しかったのだと、私は思う。私たち精神分析家は、実際しばしば自分でも探し方を知らないものを見つける。そして、あの不運な酔っぱらいは間違っていると思う。私たちは明るい場所だけを探して時間を浪費したりはしない。私たちは謎めいた場所を探し出そうと努める。それは、私たちにはそれに適した言葉をまったく見つけることができないように思われる、そして（そもそも）私たちにはあるまとまった出来事として形を与えることさえできそうにない、患者と私たちの関係性である。そうした関係性が不快なものである場合でさえも、そのようなときにこそ、私たちはそうすることに努めるのである。私たちはこのような不快さの中に身を浸し、それを徹底的に感じて、それをその内側から知る。私たちは、自分がその一部ではないことを否定しようと努める。私たちは、自分がその影響で満たされることを自らに許そうと努める。そして結局、少なくとも幸運であれば、私たちは相手に関する、自分自身に関する、そして自分たち二人に関する新しい認知に、突然気づくのである。何かが解放され、私たちは二人とも、それ以前よりも自由になる。

　私の考えでは、多くの精神分析の著者たちは、洞察という言葉を上に述べたような意味では使っていない。つまり、そうした著者たちが、内省機能はセラピーにおいて一般にこのように用いられると理解しているとは、私は思わない。フォナギーらはそうした著者たちのグループに含まれるのだろうか？　本章を書くにあたって、私ははじめ、その疑問に対する答えはおそらくイエスだろうと考えていた。つまり、フォナギーらは私とは異なる見解を持っていると、私は考えていた。そしてそれが、私が提示してきた結論である。

しかし、本章はメンタライゼーションを主題としたカンファレンスで最初に発表した論文に基づいているのだが、そこでフォナギーとタルジェの二人と討論した後では、先ほどの疑問への自分の答えに対する確信が薄くなっている。フォナギーとタルジェは、それぞれ別々に、自分たちの見解と私の考えは一致しているように思えると私に話した。彼らは二人とも、相互的で無意識的なエナクトメントの硬直した諸事象をメンタライズすることを結局可能にするのは、分析家による患者についての新しい認知、あるいは患者による分析家についての新しい認知であるとする私の立場には、同意できない点は何も見当たらないと述べた。けれども、フォナギーは、エナクトメントは厄介な問題であり、望ましくないものであると考え続けねばならないと強調した。

エナクトメントが厄介な問題であり得ること、破壊的ですらあり得ることは否定できない。エナクトメントの後の関係の修復には、たとえその修復がセラピーの重要な成果であっても、私たち（精神分析家）がその関係を損なう過程に関与してきたという意味合いが、間違いなく含まれる。そして、言うまでもなく、関係を損なうことは私たちの目指す目標ではない。したがって、私たちはこの観点からは、エナクトメントは望ましくないと言わねばならない。

その一方で、エナクトメントを通じて現れる素材は、ほとんどの場合、それ以外の方法ではまったくアクセスされ得ないし、表され得ない。本段落の残りと次の段落において提示する文章に含まれる論点については、私はすでに述べてきた。しかし、これらは特別に強調する価値がある。なぜなら、それがこの問題の核心だからである。解離された経験は未構成である。それは広範な、非表象的な情緒状態である。このような素材がエナクトメントとして関係的世界に現れて初めて、さらにそれをメンタライズすることが可能になる。そして、当然ながら、多くの場合、メンタライゼーションは、こうした比較的有利な状況下でさえも、依然として抑止されており困難である。

患者の心の中で解離された素材はまず、エナクトメントへの分析家の関与を通じて、つまり無意識的なものとして始まる関与を通じて、「姿を現す」ことや、「認識できるようになる」ことが多い。エナクトメントへの分析家の関与は、サンドラー (1976) が分析家の自由に漂う「役割応答性」と呼ぶものの重要な一部である。

分析家はこのように情緒的に深く、意識されないやり方で関与しなければならない。そしてそのうえで、時間をかけてその関与の性質を把握することに努めねばならない。そしてそのときでさえも、つまり、分析家が自分の関与の性質を理解できるようになる場合でさえも、分析家は、そのような理解を可能にする思索に取り組むことを、意識的に選ぶことはできない。その代わりに、そのような思索は、分析家の心に**やってくる**のである。それは思いがけず現れる。それが、解離された素材のメンタライゼーションに至る唯一の道筋である。

　私がエナクトメントを肯定的に受け入れるのは、このような観点からである。私たちが探し求めている自由にたどり着くには、大きな揺れ動きの中に飛び込む必要がある。それゆえに、私たちは一方で実際に苦痛を味わいながらも、そして時にはエナクトメントが分析家としての私たちの能力を低下させることをめぐる自己批判に苦しみながらも、こうした苦痛を経験する必要性が私たちにもたらす好機を、肯定的に受け入れもするのである。

　もし私の見解とメンタライゼーション理論との間に実質的な違いがあるとすれば、それは、エナクトメントにおける分析家の経験の性質をどの程度重視するかの違いであり、そのような経験を私たちが臨床的にどのように用いるかの違いである。それは、私たちがどの程度一貫して、セッションの内容を、臨床過程、つまり不可避的に相互交流的であり分析家と患者が無意識的に絶えず関わり合う過程の産物であると理解するかの違いである。もし違いがあるなら、それは性質の違いではなく、強調の仕方の違いであり、無意識的で相互交流的な過程が臨床的作業の内容に先行するという見解を、私たちがどの程度支持するかの違いである。しかし、私はまた、私たちがどれほど多くのことを共有しているかにも感銘を受けている。精神分析的な著作家たちの中で、メンタライゼーションの理論家たちと関係精神分析的な解離の理論家たちほど、解離と臨床過程についての見解がよく似ている例は他にはない。

第9章

「誰にもわからないだろ？」
ボストン変化プロセス研究グループの著作と関係的解離理論との関係

　私は、ボストン変化プロセス研究グループ（Boston Change Process Study Group：以下、BCPSGと略記）の諸論文を、最初の論文が発表されて以来（スターン，D.N.ら，1998）、読み続け、教え続けてきた。私が彼らの一連の仕事に強く惹かれるのは、彼らの見解と私の見解の間に基本的に一致するところがあるためである。私はそうした一致点のいくつかについて、詳しく述べることから始めたい。そしてそれに続けて、本章の後半において、BCPSGの見解のいくつかに異論を唱えたい。私たちには非常に多くの共通点がある。だから、私は私たちの相違点を、他の多くの点では私たちの見解にかなりの類似性があることを背景として論じたい。私が論じる諸問題は、今日に至る一連の論文すべてに関わるものである（スターン，D.N.ら，1998；BCPSG，2002，2005，2007，2008）。

一致点

　第一に挙げられるのは、BCPSGも私も共に臨床状況、特に臨床過程の詳細に焦点を当てていること、そして、面接室内で生じることに対するある種の平等主義の姿勢である。後者について、ルー・アーロン（1996）は、セラピー上の役割は非対称的にならざるを得ないが、セラピーの核心部にある人間的な相互性はそうではないと、適切に述べている。BCPSGの著作にとても特徴的な、そうした

平等主義の姿勢と臨床過程の詳細に焦点を当てることは、対人関係精神分析家として私が受けた訓練の基礎の特徴でもある。そして、これと同じ姿勢が、私の精神分析的アイデンティティの残りの半分である関係精神分析的な見方を形作ってきた。もう一つの全般的な一致点は、BCPSGと、私を含む関係精神分析家たちが共有する、心理療法および精神分析は対人関係的な取り組みであると同時に精神内界的な取り組みであるという姿勢である。つまり、それらの内容と過程は、必然的かつ持続的に、相互的に構築されるのである。

　BCPSGと私は、多くのかなり具体的な精神分析的立場を共有している。私たちは、何かを無意識的であると記述することの意味について、類似した考え方を持っている。次に示すのはその代表的な例の引用である（BCPSG, 2008）。

　　　自発的な発話の場合、何か表現したいことが心にある。それを"何か心にあること"と呼ぶことにする。それは最も広い意味でのイメージである。そのイメージは、思考でも、動きでも、ジェスチャーでも、情動でも、生気情動でも、背景にある気分でも、何でも構わない。ただこの時点ではまだ、言葉の形を取っていない。（邦訳182頁）

ノンバーバルな「何か心にあること」は、私が「未構成の経験」（スターン, D.B., 1983, 1997）という用語で指しているものを連想させる。そのうえ、BCPSGと私は、言語は「何か心にあること」に言葉を適合させることで生じるのではないという点で意見が一致する。その代わりに、先ほどの引用の直後に彼らが語るところでは、「その次の段階が、自発的な対話の場合特に、厄介な作業となる。まず、（ゴールと構造を持つ）意図があり、それが、イメージと言葉とを繋ぐ。ほぼフレーズ毎に、その意図が、ダイナミックなプロセスに参入し、すでに存在する言葉のレパートリーの中から最も良い組み合わせを見つける」（邦訳182頁）。こうした「組み合わせ」について、彼らは後の部分で次のように述べている。「ここで注意したいのは、"正しい"組み合わせがあるかどうかが問題ではない点である。そんなものは存在しない。重要なのは、効果的なコミュニケーションをするのに十分に良いかどうかだけである」（邦訳183頁）。このような見解と、次のような私自

第9章 「誰にもわからないだろ？」 247

身の見解を比較してほしい。それは、ある一つの未構成の経験の意味は、それが展開する方向にある、よりはっきりと構成された意味のいずれにもなる可能性があるとする見解である（スターン, D.B., 1983, 1997）。つまり、意味は生み出されるのであり、発見されるのではない。ハーバート・フィンガレット（1963）は次のように述べている。「無意識的な願望についての洞察は、雲をぼんやりした形の"うさぎ"ではなく、しっかりとした形の"船"と見るのに似ている。しかし、洞察は、茂みの中に隠れている動物を見つけることとは似ていない」(p.20)。

　フィンガレットの主張について論じる中で、私はかつて次のように述べた。「今やわれわれは、次のように言い足すことができる。雲は時間の経過とともに変化して、船は必ず消え去るが、見守り続けていれば、船が消え去ってしまう前に、船よりもしっかりとした形の木を見るかもしれない」（スターン, D.B., 1997, 邦訳216頁）。私の見解とBCPSGの見解は、言葉を用いて内省される領域での表現とその暗黙的な指示対象との間の適合の性質に関して、一致しているように思える。

　もう一つ類似点を取り上げる。BCPSGは、言葉を用いて内省されたものは暗黙的なものから「現れてくる」と述べる一方で、彼らには、言葉を用いて内省されたものを、思考や経験の「高度な」形態として特徴づける意図はないことも明言している。その代わりに、彼らはこれらの二つの領域を、絶えず相互的な影響を及ぼし合う関係にあるものとして理解する。言葉を用いて内省されたものと暗黙的なものについて、彼らは次のように述べる。「それは、別個な楽器のデュエットではない。むしろ、一つの声がもう一方の声から発現し、そして、その一つの声はもう一方からの派生である」（邦訳188頁）。BCPSGはこのような立場を支持する目的で、私も自分の著作で繰り返しそうしたように、メルロ＝ポンティを引用する。私は長年にわたって（スターン, D.B., 1997）、また、とりわけ最近（スターン, D.B., 2002a）、バーバルなものとノンバーバルなものはそれぞれに互いの最も重要なコンテクストであると述べてきた。それぞれが互いの可能性を規定するのである。このような見解とBCPSGの見解もまた、一致するように思える。

　BCPSGと私はまた、セラピー作用の本質的な部分は暗黙的なものの中で起きると考える点でも、同じ意見であるように思える。討論を通じて、BCPSGのメ

ンバーの一部と私は、無意識的な相互エナクトメントが終息した後、変容が生じるためには、それらが言葉で記述される必要性がどの程度あるのかということについて、意見が一致しないことがときどきあった。概して私は彼らよりも、エナクトメントの中に具現化した意味は、それを臨床的に役立てるためには、少なくとも多くの場合、言葉で構成されねばならないと強く感じていた。しかし、とてもはっきりしていたことは、BCPSGと私が、セラピー状況における関係性のノンバーバルなやりとり（例えば、パイザー, S., 1998）に主要な注意を向ける点で、立場を共有していることであった。

私はここでは譲歩して、無意識的な相互エナクトメントの意味を暗黙的と呼ぶことにする。そうしたエナクトメントの意味は、力動的な意味で無意識的であると言うほうが、おそらく私の見解により近い。そのように言うことで私が意味するのは、次の二つのことである。①それらはバーバルな言語と関係して存在するのではなく、そこから離れて存在する。②それらは限定的に（つまり、防衛的に）自覚から排除されている。私の理解の枠組みでは、暗黙的な意味は、言語で直接的に表現することができる。他方で、力動的に無意識的な意味は、それができない。力動的に無意識的な意味は、フォーチャー（1992）が「絶対的な無意識」と呼ぶものである。BCPSGの「暗黙の関係知」（IRK）†訳注12 は、BCPSGの見解においても私の見解においても、力動的に無意識的ではない。なぜなら、IRKは自覚から限定的に排除されているわけではないからである。そしてまた、その性質上、IRKは必ずしも言葉を用いて表現することができないわけではない。したがってそれは、私にとっては、暗黙的なものと絶対的な無意識との境界上に存在するものである。

そして最後に、BCPSGと私は、以下の密接に関連した事柄について、同じ意見である。それらは、意味は創発的な性質を持つこと、意味は構造ではなく過程であること、そして意味形成は持続的であるといったことである。このような立場は、意味は持続的に創発的な過程であるという考え方に要約できる。私たちの

---

†訳注12　第1章においても注釈したように、丸田俊彦は、implicit relational knowing に「関係性をめぐる暗黙の知」という訳語を充てている。

第9章 「誰にもわからないだろ？」　249

その他のあらゆる類似点も同様に重要であるが、この点は中でも最も重要であるかもしれない。実際、私の考えでは、このような立場はBCPSGと多くの、いやおそらくはすべての関係精神分析家たちとの間の、最も重要な結びつきの一つである。

　私は後で、BCPSGと私が意味の創発的な性質に関して、つまり認識論の問題に関して、どのように考えが異なるかを説明しようと思う。しかし私たちは、このような創発的な性質の存在については、まったく意見が一致する。非線形力動システム理論に根ざしているBCPSGの著作は、心理療法および精神分析の諸事象、そしてとりわけIRKは、予測不可能であり、非線形的であり、創発的な性質を持つという主張から出発している。したがって分析家の課題は、展開しつつある関係に関与すること、そして時にはそのような関係を発見することである。BCPSGにとっては、関係分析家たちにとっても同様であるが、臨床家はこのような関係を把握できる立場にも、それが生じているときにそれについての解釈を提供できる立場にもいない。なぜなら、そのような関係は常に生成途上だからである。知ることは、つまりそもそも知る過程が展開するのであるならば、それは関与の後に生じねばならない。セラピー作用の基盤は、分析家による真実の暴露にではなく、展開しつつある創発的な過程への関与に、BCPSGが「解釈を超えた"何か"」と呼び始めたものにある（スターン，D.N.ら，1998；BCPSG，2005）。こうしたことはすべて、私を含めて、多くの関係精神分析家たちにとてもしっくりとくる。

　ルイス・サンダーの著作に由来する、意図が心理的な意味の基本ユニットであり、一連の意図が「動機を持つ人の行動に、心理的存在、凝集性・一貫性、そしてついには意味を与える」（BCPSG，2008，邦訳173頁）というBCPSGの考え方を、私はとても好ましく思う。私はさらに、「意図展開プロセス」（邦訳173頁）は暗黙的に生じることにも同意する。そのような過程のこうした「静けさ」を考慮すれば、私たちが「自分」と見なすものの大部分が自覚なく生じる理由が、それでもその大部分が自分自身に属しているかのように感じられる理由が、理解しやすくなる。私は長年、私たちがしばしば自分でも持っているとは知らなかった意図を自分が持っていることに気づくこと、そして最も自分らしく感じられるものは、

それを生み出したという意識がまったくない経験であることを主題として、探究を続けてきた（例えば、スターン, D.B., 1983, 1990, 1997）。意図展開プロセスは、このような普遍的な興味深い現象について考え抜く足がかりとなる、私がめぐり会った数少ない概念の一つである。この考え方によって私たちは、その存在を私たちが直観的に知っており、私たちのアイデンティティの感覚の源泉となるような、暗黙的なものと言葉を用いて内省されたものを通じて連続するものを理論化できる。意図展開プロセスは、「意図を同定する際の指示対象として働き［中略］垣根を越えて共通の通貨を作り出」す（BCPSG, 2008, 邦訳173頁）。その過程は、もちろん、意識的な意志の領域の外部で起きる。私たちが心のとても奥深いところで意図するものが、それにもかかわらず時に私たちを驚かすことがあるのは、そのためである。私たちはほとんどの場合、BCPSGの示唆によれば、自分の意図を意識的に作り出すのではなく、発見する立場にいる。もちろん、このような洞察は、次のような精神分析療法の基本の一つに相応する。それは、私たちは自分が何を望んでいるかをいつでも知っていると思い込んではならないのであり、その代わりに、すでに存在しているその願望を、他者の中にあるそうした願望を観察するときと同じように、何らかの方法で観察し（感じ取ろうと努め）なければならないという原則である。後になって初めて、それらをよく知り、それらが「自分」であることを以前は無意識的に認めないようにしていたことを理解したときに、私たちはそれらを直接的に感じられるようになるのである。

　私の関心を強くかき立てるのは、「意図を同定する際の指示対象として働き［中略］垣根を越えて共通の通貨を作り出」すと定義される意図展開プロセスが、多重的自己の概念にどのように適用されるかという問題である。意図展開プロセスと多重的な自己のあり方という考え方を組み合わせることで、どのようにして人々は、少なくとも幸運な場合に、多くの自己があっても一人の人間であると感じる能力を持つのかについて、あるいはブロンバーグ（1998）の表現を借りれば、どのようにして私たちは自己のさまざまなあり方の「間に立つ」のかについて、理解を促進することができるだろうか？

　私が好ましく思うのは、意図に関するBCPSG（2008）の議論の中で、優れて表現力豊かな「取りまとめる」という言葉を使うことで、他の面ではまったく

別々に思える経験の諸様式の流れに一貫した連続性を説明することが可能になる、例えば次のような考え方である。「意図展開プロセスは、動機を持つ人の行動の流れを意図へと取りまとめる、基本的心理プロセスから生起する」（邦訳173頁）。私はこの文章や他の場所で使われる「基本的な」という言葉に、そしてまた意図展開プロセスを説明するためにこの少し後の文章で使われている「生まれつき備わったメンタルな性向」のような言い回しにも、引っかかりを覚えるのだが、この点についての議論は、認識論の問題に取り組むまで後回しにしたい。

最後に注釈を一つ加える。多くの精神分析家たちは、フォナギーら（2002）によるメンタライゼーションを主題とした著作をよく知っている。メンタライゼーション理論はBCPSGが行ってきた考え方としっかりとつながっており、両方のグループの仕事にそれだけいっそう説得力を与える。心理的生活において他者と自分自身の意図を推論する意義に関する評価は、ますます広がっているように思える。

以上が、私の見解とBCPSGの見解との間にある類似性の、少なくとも一部である。しかし、私はBCPSGの諸論文を読むにつれて、いくつかの疑問も持つようになった。他の多くの事柄については私たちの間に多くの一致点があるだけに、そうした疑問は、いっそう私にとっては重要なものである。こうした疑問のうち、はじめの二つは、エナクトメントに関するものと、非線形力動システム理論の活用に関するものである。それらは、何とか折り合いがつきそうである。最後の一つは、科学と社会的構成に関わるものであるが、それはおそらくいつまでも続く意見の相違を表しているだろう。けれども、これら三つの疑問すべてについての私の議論が示すのは、そうした考えが、同じ道を歩む仲間によるものだということである。

エナクトメントの問題

私たちはすでに、BCPSGが以下の見解に達しているのを見た。彼らは、分析家が意識的および無意識的レベルの両方で不可避的に患者と関わり合っているこ

とを認める。そして、分析家は自分自身の関わり合いをそれが生じてしまった後でなければ観察することができない、つまり、観察は常に関与よりも少なくとも一歩遅れねばならないことを認める。けれども、私がBCPSGの著作を通じて感じるのは、彼らは、私や他の多くの関係精神分析家たちのようには、分析家が個別のパーソナリティを持つことの意義を重視していないということである。そして、それを理由（の一部）として、BCPSGは無意識的な相互エナクトメントを、多くの関係精神分析家たちのようには、重視していない。

BCPSGは、分析関係がどこまでも個人的なものであり、濃密な個人間の関係に不可避的に生じるあらゆる問題を抱えていると考えることに、歩みを進めてこなかった。明らかに、分析家と患者との個人的な関係は非常によそよそしいものである。なぜなら、それは職業としての境界がしっかりとした、非常に特殊な性質の専門的関係でもあるからである。しかし、それでもそれは、個人的な関係**なのである**。BCPSGの数々の臨床例には、関係精神分析の文献ではおなじみのエナクトメントに類したものは、何も示されていない。分析家と患者との間に比較的小さな困難はあっても、それらは個人の激しい混乱ではない。私は彼らの諸論文の中から、患者あるいは分析家が相手の行動を見過ごせないほど困惑していたという例を一つも思い出せない。

BCPSGの著作の中に相互エナクトメントが不在であるのは、まったく皮肉なことに、次のことと関係があるのではないかと私は思う。それは、無意識的に相互的な影響が及ぶ不可避性についてのBCPSGの信念、それはBCPSGと関係精神分析との間の最も重要な一致点の一つであるのだが、その信念の源泉との関係である。BCPSGはこのような信念に関わる彼らの見解を、最初期の非常に革新的な母親－乳児観察研究の一部にそのメンバーの多くが長く関わってきたことから、引き出しているように思われる[*原注1]。そのコンテクストにおいては、不可避の相互的な無意識的影響は主として相互調整という主題のもとで考えられてい

[*原注1]　例えば、ライオンズ＝ルース（1991, 2003）、ライオンズ＝ルースとコンネルとゾルとスタール（1987）、ライオンズ＝ルースら（1998）、ネイハム（1994, 2000）、サンダー（1962）、スターン, D.N.（1971, 1977, 1985, 1995）。

る*原注2。近年、こうした相互調整の諸過程は、母親－乳児観察研究の著者たちの一部によって、患者とセラピストの間にも適用され始めた（スターン，D.N.ら，1998；BCPSG，2002，2005，2007，2008；ビービーとラックマン，2002；ラックマンとビービー，1996；スターン，D.N.，2004）。相互調整は一般に、母親と乳児の間のものであるか患者と分析家の間のものであるかにかかわらず、比較的小規模で、相互的で、非意識的な、順応と調整の一連の継起である。

　その一方で、関係精神分析は、より大規模で強い葛藤のもとに起きる対人間の断裂とその解消を重視する*原注3。母親－乳児観察研究の文献には、このようなより大規模な性質のエナクトメントに相当するものが存在しない。したがって、おそらくBCPSGはそのような研究領域に深く根ざしているがために、関係精神分析が大規模なエナクトメントに向けるような関心は、彼らの考えの中に自然には生じてこなかったのだろう*原注4。

　対人関係精神分析や関係精神分析の視点からすれば、患者と分析家との間の相互交流は、他の人間関係と同様に、成功と失敗の連続である。相互的で無意識的なエナクトメントは有害である以上に好機であることは、関係精神分析ではおなじみのテーマである。なぜなら、患者にセラピーを求めさせたのは、患者は知らないし知ろうともしない患者の一部である（患者の経験のこのような部分は解離されていて意識できない）。パーソナリティのそのような部分は、サリヴァン（1954）に

---

*原注2　以下のものを参照せよ。ビービーとラックマン（1988, 1994）、ジャニーノとトロニック（1988）、ジャフェとビービーとフェルドシュタインとクラウン（2001）、スターン，D.N.（1985, 1995）、トロニック（1989, 1998）、トロニックとワインバーグ（1997）。

*原注3　以下のものを参照せよ。アーロン（2003a, 2003b）、バス（2003）、ベンジャミン（1998）、ブラック（2003）、ブロンバーグ（1998, 2006）、デイヴィス（1997, 1999, 2003, 2004）、デイヴィスとフロウリー（1994）、パイザー，B.（2003）、パイザー，S.（1998）、スターン，D.B.（2003, 2004）。

*原注4　ビービーとラックマン（2002；ラックマンとビービー，1996）は、彼らが崩壊と修復と呼ぶ、かなり大規模な種類の相互調整について述べており、それは相互的な無意識的エナクトメントの概念と興味深い関係にある。しかし、彼らが提示している問題を考察するとすれば、私は本章の趣旨から大きく外れてしまうことになるだろう。

ならって、一部の著者たちが（シェフェッツとブロンバーグ，2004；スターン，D.B.，2003, 2004, 2006）、そしてとりわけブロンバーグ（1998, 2006）が、自分でないものと呼ぶものであり、未構成の経験としてのみ存在する。自分でないものは、象徴的な形式を獲得できないので（それは防衛的に未構成の状態にとどめられている（スターン，D.B.，1997））、エナクトメントを通じて**のみ**セラピーに姿を現すことができる（ブロンバーグ，1998, 2006；また、本書の第1章および第3章から第6章も参照せよ）。こうしたエナクトメントの一部は、分析家自身の解離を引き起こすような（そしてまた相互エナクトメントの分析家側の反応を引き起こすような）影響を分析家に及ぼさない。しかし患者のエナクトメントの一部は、分析家自身の解離を引き起こすような影響を及ぼし、相互エナクトメントを始動させる。結果的に相互エナクトメントに至るかどうかに関わりなく、患者のパーソナリティの自分でない部分が喚起されたことで生じた機会が好機として利用できるのは、次のような場合に限られる。それは、その相互交流の無意識的な部分が、それは両方の当事者にとってひどく苦痛で不快である場合もあるが、分析家にも患者にも「知る」ことができるようになる場合である。つまり、自分でないものが両方の当事者にとって自分にならねばならない。自己でないものが自己にならねばならない。相互エナクトメントの場合には、それは関係精神分析の記録にはごく普通に見られるのだが、患者だけではなく、分析家も成長しなければならないのだ（こうした過程の詳細な説明としては、第4章を参照せよ）。

　私には、BCPSGの著作の中に分析の仕事のこのような性質に関する認識が見当たらない。それは私にとっては分析の仕事の核心なのである。BCPSGは、分析家のパーソナリティと分析家の無意識的な関与はまぎれもなくIRKの概念に含まれていると答えるかもしれない。この点には私は同意する。IRKはセラピストと患者の、共同的で、創発的な性質を持った、予測不能な産物である。それは両者それぞれの寄与に左右されるのであり、分析家の立場から見れば、専門家としての寄与と同じく個人としての寄与にも左右される。私にとっての問題は、分析家の個人としての寄与の影響が認められる**程度**と**深さ**である。IRKには分析家の個人としてのあり方が含まれているにもかかわらず、BCPSGの著作の中には、無意識的に巻き込まれて反応していることを分析家に警告する「気持ちの引っか

かり」（第3章と第4章を参照せよ）や、関係精神分析家たち、とりわけ解離について書いている分析家たちが、臨床上および理論的な焦点を当ててきた、時としてひどく困難なものになる関係の行き詰まりといったものが収まる適当な場所が、私には見当たらない。だからといって、BCPSGはこうした考え方や現象を取り入れることができないと主張しているのではない。ただ、今までのところ、彼らはそうしてこなかったことを指摘しているだけである。実際、こうした重要な関係的な関心事を、BCPSGが展開している理論の中に取り入れられない理由などないように私は思う。

非線形力動システム理論

　私は常々感じるのだが、精神分析は新しい着想を求めて自らの専門領域の外部に目を向けることを必要としてきた。非線形力動システム理論（Nonlinear dynamic systems theory：以下、NDSTと略記）は、数学と自然科学に起源を持つ考え方であるが、多くの領域に大いに有望な見通しを与えるように思われる。そして、BCPSGは代表的な例であるが、自分たちの領域もそうした領域の一つだと感じる分析家たちが数を増している。BCPSGによるNDSTの活用に加えて、彼らがメタファーを主題としたレイコフとジョンソン（1999）の創造的な仕事を応用していることを考慮すれば、BCPSGの仕事は学際的な仕事の理想例であると判断せざるを得ないだろう。私自身はこの理想を支持する者であり、さまざまな人たちの仕事に見られるそのような例を高く評価する。

　NDSTは、数百、数千、あるいはそれ以上の、多数の事象とそれぞれが及ぼす影響の同時的な相互作用を理解する方法である。それは、ほとんど想像もできないくらい複雑な諸事象がどのようにして生じてくるのかを理解する方法である。そしてもちろん、このような多数の影響は単純に加算的な結果を生むわけではない。影響はまた互いに相互作用し合うのである。複雑さの度合いは驚異的である。それはまた予測不可能であり非線形的である（すなわち、変化は必ずしも、影響が積み重なった結果として規則正しく生じるわけではない。実際まったく突然に生じる場合があ

る)。見かけ上混沌として現れるものの多くは、私たちが十分に綿密に見れば、非常に複雑な性質の秩序の現れである。NDSTがカオス理論や複雑性理論としても知られているのはそのためである。NDSTは、こうした性質の現象を支配する諸原則についての、発展しつつある一群の考え方である。それらは、これまで私たちが信じていた以上に、この世界にはるかに広く行き渡っている。NDSTが提示するのは、こうした記述と説明であり、それが私の考えを刺激するのである。

けれども、NDSTが関係的事象に適用されても有効かどうかについては、私には確信がない。「確信がない」というのは文字通りの意味であって、不賛成の婉曲表現ではない。私が態度を保留する理由は、簡潔に予備的な解説を行わなければ説明できないだろう。

おそらく、NTSDを心理学研究に、そしてそうした応用を通じて精神分析に持ち込むうえで、他の誰にも増して貢献したのは、発達心理学の研究者であるエスター・テーレン（惜しくも最近60代前半で亡くなった）と、共同研究者であるリンダ・B・スミスであろう（スミスとテーレン，1993；テーレンとスミス，1994）。認知と行動を主題とした彼女たちの著作（テーレンとスミス，1994）は、非常に複雑な現象を説明する理論を提案している。この著作は思弁的なものであるが、テーレンとスミスは、乳児の移動行動や（微細なレベルで移動行動の発達を検討してみると、歩行という共通の終着点に向けての乳児たちの発達の進み方は、非常に多様であることがわかる）、物をつかもうと手を伸ばす行動といった現象に関する、非常に詳細な検討をその基盤としている（「リアルタイムに生じる無秩序な諸部分の動きから［中略］包括的な秩序が出現する」p.247）。実際、NDSTを利用した発達心理学研究の大部分は、空間内の行動といった単純な行為の研究に焦点を当ててきた。なぜなら、NDSTの観点による研究に必要なものは、莫大な量の微細な性質の観察所見であり、それを十分に集めることで、ほとんどの理解のレベルでは見つけられないような、根底にある複雑なパターンを明らかにできるからである。そして、そのためには非常に精度の高い測定が、空間内の諸地点をマッピングすることで可能になる種類の測定が必要なのである（フィッシャーとローズ，1999）。したがって、行動は、認知や情動といった人間生活のより複雑な部分に比べて、非線形力動を利用する研究を進めるうえではるかに好都合なのである。ましてや、**二つの**こうした非線形システ

ム（たとえば二人の人間）の相互作用を考慮することで導入される想像できないくらいの複雑さに比べて、行動のほうが研究対象として好都合なことは言うまでもない。こうした問題に関する素人を自認する私には、桁外れに複雑な二つのシステムの相互作用は、研究対象である結果に及ぶ影響の数を、算術的にではなく幾何学的に増加させるに違いないように思われる。

　上に述べたことは、精神分析においてNDSTを用いない理由にはならないだろう。しかし慎重である理由にはなり得る。例えばフォン・ベルタランフィ（1968）やブロンフェンブレンナー（1979）といった古典的なシステム理論家たちは、心理学を含む社会諸科学における説明理論と研究の多くは視野が狭くて単純であると批判することに長年を費やしてきた[*原注5]。しかし古典的なシステム理論家たちは、古典的システム理論には、NDSTとは異なり、新しい理論と研究方法を発展させる明解な示唆が含まれなかったことが妨げとなって、自分たちの仕事を先に進められなかった。旧世代のシステム理論家たちは、複雑さについてのより洗

---

*原注5　私がここで述べているのはアカデミックな心理学についてである。しかし精神分析と心理療法における古典的なシステム理論について述べるとなれば、対人関係精神分析家たちおよび家族療法家たちの貢献に触れねばならないだろう。サルヴァドール・ミニューチンは、ハリー・スタック・サリヴァンが精神分析に、そして家族療法に、情報コミュニケーション理論を持ち込むことに貢献したと述べている。非常に重要な家族システム理論家たちの多くも、このような影響を認めている。ドン・ジャクソンの訓練には、サリヴァンを含む数多くの対人関係精神分析家たちによるスーパーヴィジョンが含まれていた。ジェイ・ヘイリーは、自分はサリヴァンの影響を受けていると述べている。ミニューチンは実際に対人関係精神分析家として訓練を受け、その経験が家族療法家としての自分の考え方にどれほど重要であったか確信していると述べている。イワン・ボスゾルメンニ＝ナジとマレー・ボウエンもまた、この二人も影響力のある家族療法家であるが、対人関係精神分析の影響を強く受けている。私がここで依拠しているのは、これらの二つのグループの間の結びつきを詳説した、リチャード・ガートナー（1995）による貴重な論文である。そして、カヴァナフ（1995）によれば、エドガー・レーヴェンソン（1972，1983）は、フォン・ベルタランフィおよび他の初期のシステム理論家たちの影響を受け、驚くべきことに後のNDSTの展開というコンテクストを予知するような、「世界は複雑で有機的に関連した諸事象の組み合わせからなっており、そこには単純な因果的性質とは別の大きな秩序が存在している」（p.587）という立場を取った。

練された認識方法が欠けていることを嘆くことしかできなかった。

そしてそれが、現在の私の関心事である。私たちは本当に、私たちみなが知っている現実、それは、過程には創発的な性質があり、面接室における経験と相互交流には無数の影響が及ぶという現実であるが、それを認める以上のことができるのだろうか？　私たちはそれを指摘する以上のことができるのだろうか？　正確に言って、いったいどのようにしてNDSTは、BCPSGに役立つように、それ以外のやり方では見分けられなかったり無関係に見えたりする資料に光を投げかける**のだろうか？**　例えば、もしBCPSGが自分たちの基盤を古典的システム理論に限定していたら、そして単に次のように自問するだけだったら、日の目を見ずに終わった可能性のある発見や理論はあっただろうか？「臨床状況は当事者たちに、そして当事者間に、明らかに非常に複雑な行動と経験を絶えず生み出す。もし私たちがそのような見解を出発点とし、そのうえで詳細な臨床過程をこのような桁外れに複雑な諸過程の組み合わせから絶えず創発する産物として解釈するなら、私たちはいったい何を見いだすことになるだろうか？」。BCPSGは、セラピー状況に関する彼らの説得力のある見解を、古典的システム理論を利用するだけで生み出すことができただろうか？　それとも、彼らの見解は特定のNDSTの諸命題がなければ不可能だっただろうか？　もしBCPSGの理論形成にとってNDSTの諸命題が実際に不可欠であったというのがその答えなら、どの命題がそれに当たるのだろうか？

BCPSGは、NDSTを用いる私たちの領域の他の研究者たちと同様に、（例えば）発達心理学におけるNDSTの研究を成り立たせるような、大量の資料は集めていない。言い換えれば、精神分析におけるNDSTは、研究結果を生み出すために用いられているのではない。もちろん、それは必ずしも問題ではない。NDSTは新世代の質的研究者たちにとって有効であるのとまったく同様に、理論構成やモデル形成にも有効に活用され得る。しかし、もしそれがNDSTの利用のされ方だとすれば、次のような疑問が生じる。NDSTは精神分析家たちの間では、数学や発達心理学における場合と同じように、**本来の意味で用いられているのだろうか？**　それとも私たちはNDSTを、その理論の細部を脇に置いて（それは非常に数学的である）、**メタファーとして用いているのだろうか？**　NDSTをメタ

ファーとして用いることは、とても役に立つ可能性がある。私自身そうしている（第5章を参照せよ）。しかし、そうした考え方がそのようなやり方、つまり、NDSTの量的研究がより好都合な研究領域において用いられるのとは別のやり方で用いられていることを、はっきりさせておくことが望ましいだろう。

科学と社会的構成

　NDSTは、BCPSGの著作における創発的な意味という考え方の源泉である。私はその考え方を、BCPSGと関係精神分析の間の一致の最も重要な領域の一つとして説明した。しかし、NDSTは科学理論でもある。それが意味するのは、NDSTが客観主義者の認識論に立脚していることである。ここで私たちは、本章のはじめのほうで後に取り組むと約束していた、私の考え方とBCPSGの考え方の間の認識論的な相違点の議論にたどり着いた。

　私は科学を論じるつもりはない。ましてや、心理療法や精神分析における科学を論じるつもりはない。それは、ドン・キホーテの気高さもなしに、風車に挑みかかるようなものである。それは考え違いにしかならないだろう。私が論じるのはただ、心理療法の過程と効果の研究において、組織的で量的な実証的研究に優先的地位が与えられていることについてのみである。ここで「優先的地位が与えられている」という言葉を使うのには重要な意味がある。私は、そのような研究を心理療法の過程と効果についての情報源の**一つ**として利用することには、まったく異論はない。

　私たちの領域には、おそらく科学が優先的な地位を持つ**べき**多くの問題がある。例えば、トラウマの生理学、あるいは統合失調症や広汎性発達障害（PDD）スペクトラムに属する障害の遺伝学、あるいは重い鬱病の生化学である。私は次の三つの理由から、心理療法と精神分析の量的効果研究は望ましいとさえ考える。①その種の研究は、より幅広い文化で理解される言語で表現される。②実証的研究は、原発性の自閉症や統合失調症を作り出す母親といった、臨床家たちが検討し直す必要のあるアイデアをはっきりさせるのに役立つ可能性がある。③優

れた臨床的な考え方は、時としてそうした研究から生まれる（代表例は恐怖症の行動療法である。それは量的研究に起源があるとは言えないかもしれないが、そうした研究による検証確認を経たことを大きな理由として、幅広く採用された）。問題は、心理療法の過程と効果を主題とした量的研究が、精神分析的な臨床の仕事の微妙さと複雑さを適切に反映し得た例がほとんどないことである（重要な例外もある）。このような状況を説明する理由の一つは、セラピー法と測定法が単純であるほど、量的に表現することが容易であるということである。保険の支払い対象にすることが妥当なセラピー法を確認するためにますます用いられるようになってきているのが、まさしくこうした研究である。そして、そうした研究はたいてい、精神分析的な訓練を受けた臨床家たちが心理療法として認める手続きをまったく研究していない。量的実証研究に対する臨床家たちの抵抗に対して、そうした研究は行われねばならないと考えるとともに、科学的な研究は情報源の一つに過ぎないとも考える人々がフラストレーションを抱くことは、私にはよく理解できる。けれども、セラピーの妥当性と有効性の根拠として、量的なデータ**しか**受け入れない人々には、私は同意しない。つまり、そうした目的で量的データに依拠するいかなる立場にも、私は同意しない。

そのように言えば、もちろん、私たちはセラピー効果についてどのように考える**べき**なのかという問題が直ちに持ち上がる。それは非常に複雑な問題であり、私はここでそれを取り上げるつもりはない。ここでは、「エビデンスに基づいたセラピー」と呼ばれる運動には、最も強い言い方で、私は同意しないとだけ言っておく。どのように精神分析療法を進めればよいかは、量的研究によって決められるべきではないと、私は信じる（この問題をめぐる優れた議論として、ホフマン, 2006を参照せよ）。

こうした一般的な諸問題について私が述べてきたのは、私が批判的に述べてきたばかりのカテゴリーに、私はBCPSGを含めて考えては**いない**ことを、ここではっきりさせるためである。NDSTは実際のところ科学であり、したがって客観主義者の認識論に依拠している。しかしNDSTはまた、予測不可能で予期しない結果を受け入れる必要性も扱っている。それが私に意味するのは、精神分析実践に「科学を適用する」目的でBCPSGの仕事を利用するとすれば、たとえ不可

能ではないとしても、それは非常に困難だろうということである。さらに重要なことに、それはBCPSGの**意図**に沿わない。BCPSGにとっては、関係精神分析家にとってもそうであるが、自分の介入を位置づけるコンテクストとなる状況に行き当たるまでは、自分が分析家として何をしようとしているかを正確に知ることはできない。セッションの予約時間と料金はきちんと管理できても、相互交流の諸事象に関して言えば、私たちは多くの場合（高度な修練と経験を積んでいても）暗中模索しながら進んでいく。私の感覚では、BCPSGのモットーには、ファッツ・ワラーの有名な警句である「誰にもわからないだろう？（One never knows, do one?）」がぴったりである。

それでも、臨床過程へのアプローチにBCPSGが用いる科学的方法は、私には違和感がある。その理由を言葉にすることに努めたい。これは私にとって、BCPSGの仕事に対する自分の受け止め方の中でも、最も言い表しにくい部分である。なぜなら、非線形のものと予期せざるものを研究することばかりでなく、そうしたものを予期することを私たちに促すNDSTの利用によって、心理療法に対する科学的アプローチと、例えば私のもののような諸見解との間の、最も先鋭な不一致点のすべてが、重要ではなくなってしまうからである。私がこれから述べることはBCPSGには驚きかもしれない。なぜなら彼らは、線形性を、そして規則的な過程をたどるセラピーによる変化という伝統的な考え方を放棄するだけでなく、デカルト主義に対する現代的批判と手を結び、客観主義と相容れないと彼らは考えているらしい哲学的立場を取っているからである。しかし、どうすれば、メタファーとしてではなく本来の意味で利用される場合に、NDSTを客観主義ではない立場として理解できるのか、理解し難い。私がこれから行う議論の概略は、包括的な社会構成主義の立場に基づいている[＊原注6]。

哲学者チャールズ・テイラーの言語観を説明する中で、ティモシー・ゼディア

＊原注6　私は自分の社会構成主義の立場を包括的なものとして捉えている。なぜなら、私は自分の立場を、知識を社会的産物および権力の諸関係として捉えるフーコー流の分析に限定せずに、現代的な存在論的解釈学も含めているからである。解釈学はしばしば構成主義と同等視されるが、**社会**構成主義は一般に、特にフーコーと彼のアプローチに基づいた分析を指して使われることの多い用語である。

ス (2002) は次のように述べる。

> 言語の網は、個人の主体によって完全に支配されはしない幅広い経験的および前経験的な背景を形作る。私たちが話す言語は、個人の所有物ではなく、その言葉を操るコミュニティ全体によって共有されるものである。どの部分に触れても、特定の言語コミュニティを規定して特徴づける、共有された意味、実践、理解の広大な網の微細な一部を反映しているに過ぎない。明瞭に表現された語りは（話されたものであれ書かれたものであれ）、特定の言語コミュニティを規定して特徴づける、共有された意味、実践、理解の広大な網の微細な一部を反映しているに過ぎない。実際に話されたり書かれたりするものが存立し、可能であるのは、明瞭な自覚と直接的な経験の背景にある表現されず明確化されない意味、実践、理解の広大な網のおかげである。(p.17)

テイラーの他にも、バーバルなものとノンバーバルなものは互いに解きほぐし難く絡み合っているという立場を取る著者たちは数多い。人文科学と社会科学における「言語論的転回」に関与してきた著者たちはみな、私たちが言うことは、私たちには言えないことや言わないことによって、満たされているばかりでなく、可能にもなっているという立場を取る。こうした著者たちはみな、バーバルに内省されるものと暗黙的なものとの持続的な相関関係を強調しており、その点では、BCPSGは彼らと意見が一致する。

　しかしテイラーとその同調者たちは、それ以上のことを述べている。それは、言語は社会的に規定された状況の中で用いられるということである。どの言語を使う人々も、あるいはどの方言を使う人々も、あるいは単にある一定の生活の場を共にする人々でさえも、どのようなやり方で、何を目指して、話し、書き、読むかを規定する、言語使用者のコミュニティを形成する。したがって、言語は社会的に規定された状況において用いられるばかりでなく、言語はそれ自体が社会的な産物である。しかしそれですべてではない。このような哲学的な見方からは、人生の全体が社会的産物であり、思いつく限りのあらゆる人間の活動には、すべて暗黙的に言語が伴っている。社会的産物のこうした莫大な蓄積は、私たちが文

化として知るものになり、それは絶えず流動する。そして、それを変化させているのは私たちである。しかし、そうした変化はたいてい（常にではないが）ゆっくりであるために、また、自分たちの文化に距離を置いた立場を取ることは目が目そのものを見ること同然である（手段が検討の対象の一部に含まれている）ために、私たちはしばしばそうした変化が起きていることに（私たちがそうした変化を生じさせていることに）気づかない。ある賢者が言ったように、「誰が水を発見したのか知らないが、魚ではないことは間違いない」。ある種の隷属に陥る可能性がそこにある。なぜなら、世界への私たちの関与の本質的な部分を形作る見えざる価値であるイデオロギーは、目に見えないがゆえに力をふるうからである。

　私たちが互いに相手に対してどのように振る舞うか、私たちがどのように感じ、考え、何を信じるか、これらすべては社会的産物である。そのすべてはコンテクストの中で生み出されたものであり、それが持つ意味はそのコンテクストから得られる。何であれ私たちが検討の対象として選ぶ当たり前に思える現象についての私たちの理解は、バーバルなものであれ、ノンバーバルなものであれ、その他何であれ、私たちが異なる文化を生きていたら、同じ文化でも生きている時代が異なっていたら、果たして同じだろうかと問うことには根拠がある。もちろんこの論点は、私たちが主体の立場の重要性を認めれば、いっそう複雑さを増す。「私たちの文化」の内実は、例えば、経済的に恵まれないアフリカ系アメリカ人の同性愛の男性と、富裕なラテンアメリカ系の異性愛の女性とでは、とても同じとは言えないだろう。たとえ私たちが自分では相手を理解しようと努めていても、文化的な差異を粗雑に取り扱ってしまい、それを自分が慣れ親しんでいるものに似せて滑らかに加工してしまうことが、どれほどありふれているか、私たちは知っている。フレデリック・バートレット（1932）は、彼が「慣習化」と呼ぶ、こうした現象の古典的な例を提供している。彼は、ケンブリッジ大学の学生たちを対象として、あるネイティブ・アメリカンの物語を題材に、時間経過に伴う記憶変容の研究を行った。その物語には、予想されるように、イギリスの上流階級の人々にはほとんど意味のわからない内容が多く含まれていた。驚くほど短期間のうちに、学生たちになじみのない物語の細部や筋立ての要素は、彼らの想起の中で、彼らの文化内で期待されるものに適合するように歪められたり、まったく

消えてしまったりしたのだった。

　人とは何であるかについて、人々の考え方について、精神病理の性質について、その他無数にあるどんな話題についてであれ、何らかの文化人類学的研究を読めば、人々のあり方は決してどこでも同じというわけではないと、誰もが納得するだろう（少なくとも私は納得した）。一つだけ例を挙げさせてほしい。説明のために私がいつも使う例である。ある優れた記述において、卓越した文化人類学者であるクリフォード・ギアーツ（1974）は、ジャワ、バリ、モロッコの異なる三つの文化における人のあり方を説明している。西洋人にとっては、こうした人々の自己についての理解の仕方は、異星人のもののように思えても不思議はない。私は詳細には立ち入らない。私は、あることが私たちにとって自然な世界の一部のように思えるからといって、実際にそうであるわけではないという、よく知られた社会構成主義の主張を擁護する目的で、その論文から引用する。実際、このようにして客体化された人間の生の営みの一部は、それゆえに疑問を向けられることがなくなり、そしてまさにそれが理由となって、それこそが最も疑問を向けられねばならない生の営みの一部になる。次に引用するのは、著書の出版以来広く知られるようになった、ギアーツの結論である。

　　人とは、境界明瞭で唯一独自、多少とも統合された動機づけと認識の宇宙であり、意識と感情と判断と行為のダイナミックな中心が他とは際立った一全体をなして、その他の同様の全体に対して、またその社会的背景と自然的背景に対して対置される、というのが西洋における人の概念であるが、このような概念がわれわれにとってどれほど疑いないものに思えようとも、それは世界の諸文化という脈絡のなかで見ればかなり特異な見方である。（邦訳104頁）

　もちろん、何を研究するにしても複数のやり方が可能である。ダニエル・スターン（1985）に代表されるように、西洋文化における自己を自然な世界の現れとして研究することができる。あるいは、エーリッヒ・フロム（1941, 1947, 1955）やフィリップ・カシュマン（1990, 1991, 1995；カシュマンとギルフォード,

1999) に代表されるように、自己を私たちが生活している文化の特別に重要な創造物として研究することもできる。私の考えでは、私たちの領域はこうした著者たちの仕事から非常に多くのものを得てきた。もっとも、自己を主題としたダニエル・スターンの仕事から私たちが得てきたものは、彼の自然科学的アプローチよりも、彼の明敏な母親－乳児観察とそれらに関する鋭敏な臨床的および理論的分析に負っていると、私は思う。その途方もない有用性を知るために、スターンの観察所見を客観主義的なものとして受け止める必要はないし、その理論を自然科学として受け止める必要もない。

フィリップ・カシュマン（1991）は、人間の普遍的特性に関する伝統的で脱コンテクスト化された心理学研究は、現象をそれらが起きている社会的コンテクストの中で定義して検討する研究で置き換えられるべきだと要求する。彼は、自己を主題としたスターンの仕事を社会構成主義の立場から力強く批判する中で、（比較的穏やかな批判的結論の一つとして）私自身の見解に似たことを述べている。

> 普遍的な法則の代わりに、スターンはこの歴史的モメントにおける文化的地平の姿を明確化した。彼は、彼の同業の仲間たちが高く評価する方法を用いてそれを行った。そして、彼はそうする中で、私たちの現在の西洋流の生き方になくてはならない職業的な役割を私たちが効果的に演じる助けとなる、私たちにとって意義ある知識を収集した。(p.209)

精神分析や心理療法もまた、さまざまなやり方で研究することができる。それらを自然な世界に属する諸過程からなる手続きとして定義することができる。あるいは、それらを作り上げる諸過程は、セラピーそのものと同様に、私たちの文化の創造物であり、時間とともに変化して消え去ることすらあり得るという立場を取ることもできる。前者の場合、心理療法を作り上げている、基本的で普遍的な諸過程を特定できるはずである。これが、BCPSGが試みていることである。後者の場合、同時代を生きる人々が生の営みの意味を生み出して変化させるさまざまなやり方や、同様に心理療法家たちが患者たちに接するさまざまなやり方を見定めることを目指して、私たちが心理療法の中に見る諸過程を詳細に記述でき

るはずである（多重的解決とコンテクスト的な知は、それを解釈学的と呼ぶかポストモダンと呼ぶかにかかわらず、こうした方法の特徴である）。

　前者の（科学的な）場合、私たちが心理療法の手続きを変更することに同意するのは、その新しい手続きが、あるテーマに関して新しく発見された何らかの真実により適合すると私たちが考える場合に限られる。後者の（解釈学的な）場合、私たちが手続きの変更に同意するのは、その世界は以前とは異質な場所であり、それゆえ私たちは先人たちとは異なっていると私たちが感じるからであり、何か異なるものが私たちに求められているからである。同様に、心理療法や精神分析を実践する人々と彼らが提供するサーヴィスを求めてやってくる人々を、時代や場所を問わずほとんど同じ性質の人間であると考えることができる。あるいは、患者たちとセラピストたちを、特定の時代と場所に属し、彼らがその中に生まれた文化が彼らに提供する可能性に沿って形作られた人間であると考えることもできる。例えば、1960年代以来、私たちの文化において、権威との私たちの関わり方に幅広い変化が起きてきていることは、周知の事実である。私たちは、私たちの文化において人々がかつてそうであったようには、政治的指導者たちや、教師たちや、医師たちや、警察官たちが敬意と賞賛を当然のように集められたときのようには、権威を甘んじて受け入れはしない（もちろん、だからといって権威の濫用が問題にならなくなったとはとても言えない）。人々は今日このように以前とは異なっているのだから、1960年代以前に実践されていた種類の精神分析は、もはやまったく適切ではない。人々は今日、かつてはそうであったのに比べて、患者たちは医師が彼らに関する真実を知っていると信じるべきだと思っている分析家たちに我慢することは、はるかに少なそうである。だから近年、対人関係精神分析が比較的無名だったその地位から頭角を現してきたのである。そして、相互性を重視し、分析家の権威は皮肉の対象でしかあり得ないことを受け入れる関係精神分析（ホフマン，1998, pp.69-95；ミッチェル，1997, pp.203-230）が地位を高めてきた。実際、近年に至るまでBCPSGが彼らの論文を『国際精神分析誌 (*International Journal of Psychoanalysis*)』(BCPSG, 2002；スターン，D.N.ら, 1998)、あるいは『アメリカ精神分析学会誌 (*Journal of the American Psychoanalytic Association*)』(BCPSG, 2005) に発表できなかったということが、問題の本質をとてもよく表していると私には思

える。なぜなら、過去には、BCPSGの仕事は古典的精神分析の範囲内に受け入れられることはなかっただろうからである。これらの二つの主流学術誌がBCPSGの論文を受け入れたのは、BCPSGが彼らの知的先達よりも真実に近づいたと編集者たちが考えたという理由からだけではないと私は思う。これらの出版物の編集者たちは、より平等主義的な臨床実践を受け入れるという私たちの文化における変化に沿おうとしたのだと私は思う。これら二つの学術誌の読者たちももちろん、このような仕方で影響を受けた結果、今ではBCPSGの論文に関心を抱いている。そして今度はそれが理由となって、編集者たちがBCPSGの仕事を出版する頻度が高まる。もちろん、この過程全体は、両方の理論的オリエンテーションに当てはまる。『精神分析的対話誌（*Psychoanalytic Dialogues*）』の成功は、部分的に同じ要因に理由を求めることができる。

　BCPSGは自然科学の観点を重んじる。彼らは心理療法の中に自然界に属する規則性を探し求めており、「根源的な心理学的諸過程」や「生来的な心的諸傾向」について書いている。私の見解は解釈学的である。私は心理療法を、その中で生じる相互交流やその当事者たちの心の中の経験と認知的諸過程を含めて、西洋文化の今ここにおける独特の社会的実践として見ている。

　このような主張を繰り返し提示してきた経験から私が学んだことは、私の考え方が相対主義的ではないことを理解してもらうには、かなり長い時間を要するということである。私は、人は思うがままに何でも言えるとは考えていない。私たちの認知と思考には制約がある。そうした制約を越え出れば、私たちの理解はまったく間違っているか、意味をなさない。現実は**ある**のであって、私たちはそれを、事実に忠実で健全な判断力を持ち続けようと思うなら尊重しなければならない制約の集まりとして理解する。しかし、現実が私たちの経験に対する制約として働く可能性は多様である。つまり、ただ一つの現実の見方を正しい見方として選ぶことはできない。次に起きることには、常に「余地」がある[＊原注7]。そして、もしただ一つの正しい答えが存在しないなら、そして、もしそれゆえに私たちが自分の解釈を単なる正確さ以外の理由で選ぶなら、どの答えにも、はっきりわかるものであってもなくても、政治的な側面が含まれる。

　私は先ほど、BCPSGは精神分析への自然科学的アプローチを重んじ、私は解

釈学的アプローチを重んじると述べた。しかしまた私はそれ以前に、BCPSGと私は心理療法や精神分析の進め方に関して非常に重要なオリエンテーションの一部を共有していることを明確にした。このような類似点があるなら、自然科学と社会的構成の間の選択といった抽象的な事柄をめぐる違いが、どうして臨床的に問題になるのだろうか？

　フィリップ・カシュマン（1990，1991，1995；カシュマンとギルフォード，1999）なら、次のように述べるだろう。彼によれば、その違いが問題であるのは、彼が「脱コンテクスト化した」心理学研究と呼ぶものは、彼がそう呼ぶのは心理学を自然科学として扱う研究であるが、現行の社会的状況を自然な秩序の表れとして扱うことで意図せざる政治的な立場を取っており、そうすることで現状とそれを維持する権力関係を強化しているからである。他方で、社会構成主義者の研究は、現行の社会的状況を今日の文化において最も有力な諸価値の表れとして構成することを目指しており、そうすることで権力や特権を暴き出して、現状を維持するかそれを変化させるかの選択肢を私たちに提供する。

　カシュマンが提起するのは社会科学一般に関する重要な批判であるが、実はそれは、無数にある他の研究プログラムと同様に、自己を主題としたダニエル・スターンの研究やBCPSGの仕事にも当てはまる。その種の批判の射程がどれほど広くても（カシュマン以外にも多くの人がそこに登り着いている）、それはやはり確かにBCPSG**にも**当てはまる。もし、臨床精神分析を構成している相互交流を、雷雨

＊原注7　その多重的な可能性のために、現実はまた決して無媒介な形では利用できない。つまり、さまざまな可能性のうちの一つしか私たちの経験になることができないのだから、私たちはまず現実に何らかの形を与えなければ、現実を「知る」ことはできない。私たちは何らかのやり方で、一瞬ごとに私たちの前にある多くの可能性のうちからどれが私たちに対して顕在化したり構成されたりするかを選ばねばならない。何かが現実を私たちに媒介しなければならない。このような「何か」が文化であり、より小さな規模では、関係的な場と個人の心理である。つまり、文化、関係、そして性格は、私たちの経験として現れる現実の一つのあり方を私たちが選び構成する手段である。ハンス＝ゲオルク・ガダマー（1965/2004）に根ざす、この見解についてのより拡張された議論としては、スターン, D.B.（1997, 2002b）を参照せよ。

やダイヤモンドの生成などと同じカテゴリーに属する自然界の事象として理解するなら、私たちは何かを放棄することになると私は思う。私の考えでは、臨床実践をそのような方法で理解することは、私たちが無意識的に心に抱いている、現実化することが好ましく思われない諸価値が、私たちが患者と共に行っていることの中に忍び込んでいないかを問題視することを難しくしてしまう。それは、一言で言えば、私たちが患者と共に行っていることの中にイデオロギーが忍び込んでいないかという問題である。1950年代に精神分析を研究していた人々は誰もが自然科学の見方に立っていたので、彼らの中で、臨床実践へのジェンダー、性的嗜好、人種、階級、民族の影響に気づいた人々は、たとえいたとしてもごく少数だった。そして、もし彼らがそうした事柄に気づいても、自然科学的理解の中には、彼らが関係性のこうした問題をはらんだ諸側面を自然界の現象以外の何かとして理解することを促すものは何もなかった。女性は受動的で受容的**である**、同性愛は精神病理**である**、といったように、それが自然なあり方だとされた。その時代の精神分析の著作家たちは、今日よりもはるかに厳格であった患者と分析家の間の権威関係に注意を払う理由を持つこともめったになかった。分析的関係性のこのような部分は、治療的退行と転移神経症を生み出すために必要な、自然な秩序の一部として素朴に受け入れられていた。そして治療的退行と転移神経症は、精神分析によって明らかにされるまで気づかれなかった自然界の一面であると考えられていた[*原注8]。今日、もし私たちがBCPSGの認識論を同様のやり方で受け入れるなら、私たちは（BCPSGの非常に重要な貢献のごく一部を例示するなら）「進んでゆく」「今のモメント」「スロッピーネス」「意図展開プロセス」[†訳注13]といった概念を、分析の仕事に関する私たちの経験を構成するうえで役立つ方法として受け入れるだけでなく（実際その通りである）、客観的な観察事実としても受け入れねばならない。

[*原注8]　数少ない例外の一つにして、古典派の分析家によって書かれたおそらく唯一の例が、治療的退行は「自然な」現象であるどころか、分析状況の中で強制され引き起こされる創作物としての幼児的関係性であるという、マカルピン（1950）の所見である。

[†訳注13]　いずれも丸田俊彦の訳を参照した。

こうした議論をまとめる手段として、彼らの論文の一節を引用して、私の論点がどのように当てはまるかを論じたい。彼らの2008年の論文の終わり近くで、個人のレベルから二人の人物の間のコミュニケーションのレベルへの移行に関して（結局は、BCPSGも同意するように、二者による臨床状況が要である）、BCPSGは以下のように述べている。

　暗黙のものと自省的・言語的なものとの関係をめぐる基本的問題は、二者関係の場合、何が語られ、振り返ってみると何が聞こえたかであり、一人の場合とパラレルである。話されたことは、聞き手にとって、暗黙の体験を構成するとわれわれは考えるが、その理由は次のようである。聞き手は話されたメッセージを聞き、その言葉を思いつかせる基となった暗黙の体験を推測し、その上で、両者の間の違いを感じ取る。"ゲシュタルト"を受信するのである。次いで聞き手は、振り返り（自省）を行うことにより、このゲシュタルトから、全体的な意味を了解しなくてはならない。この振り返り行為においてもまた、話者の立ち振る舞いを見聞きし、体験したことのうち、意識されないままの（暗黙の）部分と、それをめぐって聞き手が思い起こす意味との間で、離接／一貫性がテーマとなる。次いで聞き手が話し手になると、方向こそ違え、同じプロセスが続く。
　意味（つまり、暗黙なものと、自省的・言語的なものと、両者の間の離接というパッケージ）は、お互いの上に組み立てられ、対話が進むにつれ方向を修正され、より包括的ないしは、より総括的な直観的把握となる。言い換えれば、相互交流を通じて、意味が展開するのである。（邦訳190頁）

皮肉なことに、精密に描写されたこの一節は、解釈学的循環についての優れた記述にほかならない！　これはまさに、以下に示すように、例えばガダマー（1965/2004）のような解釈学的な哲学者たちによって、意味の源泉および意味が発展する方法として記述された過程そのものである。対話の一方のパートナーがコミュニケーションを提供し、相手は、「部分的な」意味と呼ばれるその意味に関して、何らかの経験を受け取る（BCPSGは、聞き手が受け取った「ゲシュタルト」は

不完全な意味でもあることを示唆している)。そして、コミュニケーションの受け手はそれから、まさにBCPSGが聞き手は「振り返り(自省)を行うことにより、このゲシュタルトから、全体的な意味を了解しなくてはならない」と述べているように、その意味を何らかの認識可能な意味に「仕上げ」ねばならない。解釈学的循環の考え方では、聞き手はそのコミュニケーションを、なじみのあるもの、つまり予期あるいは先入見と関連づけることによって、認識可能な意味を生み出す。適切な循環においては、コミュニケーションの中にある新しいものが、なじみのあるものとの対比によって明らかになる。別の循環においては、新しいものは先入見の中に消え失せる。私には、このような解釈学的循環は、BCPSGが聞き手はゲシュタルトの意味を生み出す際に「話者の立ち振る舞いを見聞きし、体験したことのうち、意識されないままの(暗黙の)部分と、それをめぐって聞き手が思い起こす意味との間で[中略]離接/一貫性」を取り入れると説明していることと、かなりよく一致していると思える。つまり、コミュニケーションにおいて伝達されるものの一部は、聞き手によって意味へと構成されるが、他の部分は構成されないのである。どちらの場合にも、コミュニケーションの受け手は引き続き話し手に応答し、BCPSGが述べるように、「プロセスが続く」。解釈学の文献においては、ここでの「プロセス」という語は「対話」という語で表現されそうだが、その意味するところは同じである。私には、BCPSGがここで述べていることと解釈学的循環の考え方との間には、重要な違いはまったくないと思える。

　そしてこのことは、なぜ私たちはセラピーの進め方の問題に科学を持ち込むべきなのかという疑問を提起する。もし科学が他の方法では得られない何かを私たちの理解に付け加えるのでなければ、それを持ち込むことで生まれる利点は何であろうか？　繰り返せば、科学(この場合はNDST)がBCPSGによってメタファーとして用いられているのであれば、この疑問には意味はない。なぜなら、その場合には私たちが論じているのは厳密には科学ではないからである。しかし私の印象では、BCPSGはNDSTを本来の意味で用いることが自分たちの意図であると述べるだろうと思われる。

　この一節に対する私の一連のコメントは、私がそもそもそれを提示した理由に

まだ触れていない。その理由とは、心理療法および精神分析の実践に関する私たちの研究における科学と社会的構成との対立である。私が先ほど引用したBCPSGの論文の一節に記述されている理解の過程について、次のような問いを立てることから、この問題にアプローチしたい。それは、どの意味が話し手からコミュニケートされるのか、そして聞き手がそれらを受け取るかどうか（あるいはどの程度受け取るか）は、どのようにして決まるのだろうか、という問いである。この疑問に何であれ理論的な意味以上の個別的な意味で答えるためにNDSTを使うには、私たちは事象空間の中にデータの座標をプロットできねばならない。したがって、私たちはそのデータが何で**ある**かを、客観的に定義された意味で知らねばならない。たとえ私たちが理論を生み出すためにのみNDSTを用いるとしても、客観的に定義されたデータを観察することが少なくとも仮説上は可能であると、私たちは信じることができねばならないだろう。

　私が前に触れた発達心理学者たちは、行動を空間内の地点に対応づけることで定義した。それは十分に明快であると思える。けれども、空間内の地点を客観的に知ることと意味を客観的に知ることは、まったく別のことである。それでも、BCPSGが勧めるようにNDSTを用いるとすれば、そのことを私たちは認識しなければならない。私たちは、客観的で合意により確認できる観点で、コミュニケートされている当該の意味を特定できねばならない。つまり、空間内の地点と似たやり方で、それにしたがって意味を客観的に判断できる何らかのデータの座標を特定できねばならない。意味を客観的な方法で定義できる場合にのみ、客観主義者の認識論に根ざした意味の分析は筋が通る。

　BCPSGは、意味は絶えず変化すると明言している。したがって、私の指摘に対して、彼らは、意味は関係的な事象なのだから固定することはできないし、したがって客観的な測定の範囲外にあると答えるだろう。しかし、流動的であることと客観的実在であることは矛盾しない。彼らがNDSTを本来のやり方で用いる限りは、BCPSGは暗黙的に、臨床的相互交流のいかなる時点においても意味は客観的に確認可能な形で存在しているという立場を取っている。その形は時間とともに変化するかもしれないし、非常に急速に変化する場合さえあるかもしれない。しかし、それはどの瞬間をとっても固定されているのである。どのように

すれば、客観主義者の認識論を採用していながら、意味は客観的な観点で定義可能でなければならないという意味の含みを避けることができるのか、私には理解できない。

　理論上でさえも、先ほど引用した一節の話し手が伝えようとする意味や、聞き手が受け取る意味を、客観的な方法で特定できるとはとても考えにくい。しかし、それはこのコンテクストにおける客観主義の諸問題の入り口に過ぎない。私たちは直ちに、別のもっと困難で重要な難問に行き着く。それは、たとえ私たちが客観主義者の意味の概念を受け入れられるものと認めたとしても、私たちはどのようにして個々の場合にその客観的な意味が何であるかを決めるのだろうか、という問題である。どのようにして、多くの可能性の中で、どれが「客観的な」意味であると決めるのだろうか？　それを行う一般的な方法などない。「どこからでもない視点」はあり得ない（ネーゲル, 1986）。決定がなされねばならない。話し手が聞き手に伝える意味のうちのどれが客観的に存在する意味であるかを、誰が決めるのだろうか？　そして、聞き手が受け取って構成するものの中でどれが客観的であるかを、誰が選ぶのだろうか？　言い換えれば、どの意味が「正しい」意味なのか、あるいは私たちが研究したり解釈したりすべき意味なのかを決める権力を持つのは、誰なのだろうか？　たちまち私たちは、理解の過程は必然的に社会的であり政治的であることを認める必要性に直面するのである。

　他方で、解釈学の観点からは、どの意味が話し手から伝達されるのかについての決定は、そして聞き手がそれらを受け取るかどうか（あるいはどの程度受け取るか）という問いかけは、さらなる解釈学的探究によって行われる。つまり、私が引用した一節の中の諸事象に関する問題は、他のあらゆる問題とまったく同じ方法で解決が行われる。つまり、できる限り最善の理解に努めることによってであり、それには直観と解釈が率直に認められて、（少なくともその事象が公になっている場合には）詳細な吟味と討議に開かれている必要がある[原注9]。不確かさは消えない。

[原注9]　BCPSGもまた、「直観」の語を同じコンテクストで使う。しかし、NDSTの見方からすれば、人が直観しようと努めるものは、それがどれほど複雑で情緒的陰影を持っていようとも、客観的に存在する意味であることが示唆される。

「基底的本質」は決して存在しない。そうした過程をわかりやすくして、ついには最終的な解答を可能にすることができる、客観的に定義された意味は決して存在しない。そのような立場は終わりのない問いかけにつながるだろうか？　そう、それこそまさにこの立場が導くものである。

BCPSGのメンバーたちは、彼らの客観主義者としての認識論が示唆するものについての私の理解に異論があるだろう。彼らは、自分たちの仕事が客観主義者のものとして特徴づけられることにさえも異議があるかもしれない。私は彼らの意見に耳を傾ける用意があるし、私の考えを変える用意さえある。私はこうした諸問題に関する対話を楽しみにしている。しかし少なくとも現時点では、私は彼らの考え方をこれまで述べてきたように理解している。臨床過程には客観的な意味を与えることができるという立場は、臨床過程を見る正しい見方があるという結論に通じる。なぜなら、それが客観主義者の認識論の要点だからである。真実は私たちが述べることと世界の中に存在するものの一致の中に、私たちがそれに目を向ける以前から存在するがゆえに客観的であると認められる一致の中にあるというのが、その立場である。真実は私たちとは別に存在することを私たちが受け入れる場合、私たちは気づかぬうちに、意味の構成に及ぶ政治的および社会的影響を隠蔽している。私は、誰のものであれ、精神分析的な観察所見が世界に関するあらかじめ存在する真実の発見を表しているとは思わない。そうではなく、それは新しい考え方の創造であり、それが次の世代の考えによって取って代わられていくのだと思う。私は、他のどの立場を取ることも、現状の捉え難いイデオロギー的側面を気づかぬうちに擁護する恐れがあり、こうした根底にある影響を明らかにすることをより困難にして先延ばしする危険があると思う。

BCPSGは私の議論に対して、私に同意を示して次のように答えるかもしれない。心理療法および精神分析は社会的に規定された実践であるが、自分たちは、この社会的に規定された一連の手続きの範囲内で、客観的な観察を行うために最善を尽くしているのであると。私は彼らの仕事をそのように特徴づけることを受け入れることはできるが、だからといって私が主張しようと努めている論点は変わらない。

私はそれ以上の確かさを望まない。私にとってBCPSGの仕事がどれほど魅力

的で価値があるかを、私は伝えられたと思う。私はそれを教え、患者と共にいるときには、その教訓が私を導いてくれる。しかし私はそれを、精神分析の実践についての数多くある可能な定式化の一つとして理解している。私は、分析過程自体を、その認知、思考、情動、相互的な無意識的エナクトメント、相互的な調整過程、間主観性のモメントを含めて、社会的構成として理解している。それは多くの点で有用であるが、ギアーツが説明した西洋流の自己感覚とちょうど同じように、おそらく私たちが知っている（あるいはもし知っていれば心休まる）以外の目的にも奉仕しているだろう。私たちはみな、こうした隠れた目的を明確化しようと努め続けねばならない。その結果、精神分析はその根本的な価値を、あらゆることに向ける問いかけのまなざしを、維持するのである。BCPSGと私は、精神分析における多くの事柄について、ファッツ・ワラーの気分を共有している。しかし私は、さらに一歩進めて、それを私たちの認識論それ自体の中に含めたいと思う。「誰にもわからないだろ？」。

文　献

Alexander, F., & French, T. (1946). *Psychoanalytic therapy: Principles and application.* New York: Ronald Press.

American Heritage Dictionary of the English Language. (1992, 3rd ed.). Boston & New York: Houghton Mifflin.

Aron, L. (1991). The patient's experience of the analyst's subjectivity. *Psychoanalytic Dialogues,* 1, 29-51.

Aron, L. (1996). *A meeting of minds: Mutuality in psychoanalysis.* Hillsdale, NJ: Analytic Press.

Aron, L. (2003a). Clinical outbursts and theoretical breakthroughs: A unifying theme in the work of Stephen A. Mitchell. *Psychoanalytic Dialogues,* 13, 273-287.

Aron, L. (2003b). The paradoxical place of enactment in psychoanalysis: Introduction. *Psychoanalytic Dialogues,* 13, 623-631.

Atwood, G. E., & Stolorow, R. D. (1984). *Structures of subjectivity: Explorations in psychoanalytic phenomenology.* Hillsdale, NJ: Analytic Press.

Bach, S. (2006). *Getting from here to there: Analytic love, analytic process.* Hillsdale, NJ: Analytic Press.

Bartlett, F. C. (1932). *Remembering.* Cambridge: Cambridge University Press. (『想起の心理学——実験的社会的心理学における一研究』宇津木保・辻正三訳　誠信書房　1983年)

Bass, A. (2003). "E" enactments in psychoanalysis: Another medium, another message. *Psychoanalytic Dialogues,* 13, 657-675.

Beebe, B., & Lachmann, F. (1988). The contribution of mother-infant mutual influence to the origins of self and object representations. *Psychoanalytic Psychology,* 5, 305-337.

Beebe, B., & Lachmann, F. (1994). Representation and internalization in infancy: Three principles of salience. *Psychoanalytic Psychology,* 11, 127-165.

Beebe, B., & Lachmann, F. (1998). Co-constructing inner and relational processes: Self- and mutual regulation in infant research and adult treatment. *Psychoanalytic Psychology,* 15, 480-516.

Beebe, B., & Lachmann, F. (2002). *Infant research and adult treatment: Co-constructing interactions.* Hillsdale, NJ: Analytic Press. (『乳児研究と成人の精神分析——共構築され続ける相互交流の理論』富樫公一監訳　誠信書房　2008年)

Benjamin, J. (1988). *The bonds of love.* New York: Pantheon. (『愛の拘束』寺沢みづほ訳　青土社　1996年)

Benjamin, J. (1990). Recognition and destruction: An outline of intersubjectivity. In S. Mitchell & L. Aron (Eds.), *Relational psychoanalysis: The emergence of a tradition* (pp.183-200). Hillsdale,

NJ: Analytic Press.

Benjamin, J. (1995). *Like subjects, love objects*. New Haven: Yale University Press.

Benjamin, J. (1998). *Shadow of the other*. London: Routledge.

Benjamin, J. (1999). Afterword to "Recognition and destruction: An outline of intersubjectivity." In S. Mitchell & L. Aron (Eds.), *Relational psychoanalysis: The emergence of a tradition* (pp.201-210). Hillsdale, NJ: Analytic Press.

Benjamin, J. (2000). Intersubjective distinctions: Subjects and persons, recognitions, and breakdowns: Commentary on paper by Gerhardt, Sweetnam, and Borton. *Psychoanalytic Dialogues*, 10, 43-55.

Benjamin, J. (2002). The rhythm of recognition: Comments on the work of Louis Sander. *Psychoanalytic Dialogues*, 12, 43-53.

Benjamin, J. (2004). Beyond doer and done to: An intersubjective view of thirdness. *Psychoanalytic Quarterly*, 73, 5-46.

Bernstein, R. J. (1983). *Beyond objectivism and relativism*. Philadelphia: University of Pennsylvania Press.（『科学・解釈学・実践——客観主義と相対主義を超えて1・2』丸山高司・木岡信夫・品川哲彦・水谷雅彦訳　岩波書店　1990年）

Bion, W. R. (1962). *Learning from experience*. London: Heinemann.（「経験から学ぶこと」『精神分析の方法Ⅰ　セブン・サーヴァンツ』福井修訳　法政大学出版局　1999年）

Bion, W. R. (1963). *Elements of psycho-analysis*. London: Heinemann.（「精神分析の要素」『精神分析の方法Ⅰ　セブン・サーヴァンツ』福井修訳　法政大学出版局　1999年）

Black, M. (2003). Enactment: Analytic musings on energy, language, and personal growth. *Psychoanalytic Dialogues*, 13, 633-655.

Blechner, M. (1992). Working in the countertransference. *Psychoanalytic Dialogues*, 2, 161-179.

Bollas, C. (1983). Expressive uses of the countertransference. *Contemporary Psychoanalysis*, 19, 1-34.（「逆転移の表出的な使用——自分自身から患者へ渡す覚書」『対象の影——対象関係論の最前線』館直彦監訳　岩崎学術出版社　2009年）

Bollas, C. (1987). *The Shadow of the object: Psychoanalysis of the unthought known*. New York: Columbia University Press.（『対象の影——対象関係論の最前線』館直彦監訳　岩崎学術出版社　2009年）

Bollas, C. (1989). *Forces of destiny*. London: Free Association Books.

Bornstein, M. (Ed.) (2008). Is unconscious fantasy central to the theory and practice of psychoanalysis? *Psychoanalytic Inquiry*, 28 (2).

Boston Change Process Study Group (BCPSG). (2002). Explicating the implicit: The local level and the microprocesses of change in the analytic situation. *International Journal of Psychoanalysis*, 83, 1051-1062.（「暗黙のものを解明する——分析状況における変化のマイクロプロセ

スとローカルレベル」『解釈を超えて――サイコセラピーにおける治療的変化プロセス』丸田俊彦訳　岩崎学術出版社　2011年）

Boston Change Process Study Group (BCPSG). (2005). The "something more" than interpretation revisited: Sloppiness and co-creativity in the psychoanalytic encounter. *Journal of the American Psychoanalytic Association*, 53, 693-729.（「『解釈を"越えた何か"』再考――精神分析的出会いにおけるスロッピーネスと共創造性」『解釈を超えて――サイコセラピーにおける治療的変化プロセス』丸田俊彦訳　岩崎学術出版社　2011年）

Boston Change Process Study Group (BCPSG). (2007). The foundational level of psychodynamic meaning: Implicit process in relation to conflict, defense, and the dynamic unconscious. *International Journal of Psychoanalysis*, 88, 843-860.（「精神力動的意味の根源レベル――葛藤、防衛、そして力動的無意識との関係における暗黙のプロセス」『解釈を超えて――サイコセラピーにおける治療的変化プロセス』丸田俊彦訳　岩崎学術出版社　2011年）

Boston Change Process Study Group (BCPSG). (2008). Forms of relational meaning: Issues in the relations between the implicit and reflective-verbal domains. *Psychoanalytic Dialogues*, 18, 125-148.（「関係的な意味のさまざまな形――暗黙の領域と自省的・言語的領域との間の関係をめぐる課題」『解釈を超えて――サイコセラピーにおける治療的変化プロセス』丸田俊彦訳　岩崎学術出版社　2011年）

Botella, C., & Botella, S. (2005). *The work of psychic figurability*. Hove & New York: Brunner-Routledge.

Boulanger, G. (2007). *Wounded by reality: Understanding and treating adult onset trauma*. Mahwah, NJ: Analytic Press.

Brison, S. (2002). *Aftermath: Violence and the remaking of a self*. Princeton, NJ: Princeton University Press.

Bromberg, P. (1998). *Standing in the spaces: Essays on clinical process, trauma, and dissociation*. Hillsdale, NJ: Analytic Press.

Bromberg, P. (2000). Response to reviews by Cavell, Sorenson, and Smith. *Psychoanalytic Dialogues*, 10, 551-568.

Bromberg, P. (2006). *Awakening the dreamer: Clinical journeys*. Hillsdale, NJ: Analytic Press.

Bronfenbrenner, U. (1979). *The ecology of human development: Experiments by nature and design*. Cambridge: Harvard University Press.（『人間発達の生態学――発達心理学への挑戦』磯貝芳郎・福富護訳　川島書店　1996年）

Bruner, J. (1979). The conditions of creativity. In *On knowing: Essays for the left hand* (expanded edition, pp.17-30). Cambridge: Harvard University Press.（「創造性の条件」『直観・創造・学習』橋爪貞雄訳　黎明書房　1969年）

Bruner, J. (1986). *Actual minds, possible worlds*. Cambridge: Harvard University Press.（『可能世界

の心理』田中一彦訳　みすず書房　1998年）

Bruner, J. (1990). *Acts of meaning*. Cambridge: Harvard University Press.（『意味の復権――フォークサイコロジーに向けて』岡本夏木・仲渡一美・吉村啓子訳　ミネルヴァ書房　1999年）

Bruner, J. (2002). *Making stories: Law, literature, life*. Cambridge: Harvard University Press.（『ストーリーの心理学――法・文学・生をむすぶ』岡本夏木・吉村啓子・添田久美子訳　ミネルヴァ書房　2007年）

Bucci, W. (1997). *Psychoanalysis and cognitive science: A multiple code theory*. New York: Guilford.

Bucci, W. (2007a). Dissociation from the perspective of multiple code theory, Part I: Psychological roots and implications for psychoanalytic treatment. *Contemporary Psychoanalysis*, 43, 165-184.

Bucci, W. (2007b). Dissociation from the perspective of multiple code theory, Part II: *Contemporary Psychoanalysis*, 43, 305-326.

Chasseguet-Smirgel, J. (1990). On acting out. *International Journal of Psychoanalysis*, 71, 77-86.

Chefetz, R.A. (2003). Healing haunted hearts: Toward a model for integrating subjectivity: Commentary on papers by Gerald Stechler and Philip Bromberg. *Psychoanalytic Dialogues*, 13, 727-742.

Chefetz, R.A., & Bromberg, P.M. (2004). Talking with "me" and "not-me." *Contemporary Psychoanalysis*, 40, 409-464.

Corbett, K. (2001). More life: Centrality and marginality in human development. *Psychoanalytic Dialogues*, 11, 313-335.

Cushman, P. (1990). Why the self is empty: Toward a historically situated psychology. *American Psychologist*, 45, 599-611.

Cushman, P. (1991). Ideology obscured: Political uses of the self in Daniel Stern's infant. *American Psychologist*, 46, 206-219.

Cushman, P. (1995). *Constructing the self, constructing America: A cultural history of psychotherapy*. Reading, MA: Addison-Wesley.

Cushman, P. (2005a). Between arrogance and a dead-end: Gadamer and the Heidegger/Foucault dilemma. *Contemporary Psychoanalysis*, 41, 399-417.

Cushman, P. (2005b). Clinical applications: A response to Layton. *Contemporary Psychoanalysis*, 41, 431-445.

Cushman, P. (2007). A burning world, an absent god: Midrash, Hermeneutics, and relational psychoanalysis. *Contemporary Psychoanalysis*, 43, 47-88.

Cushman, P., & Gilford, P. (1999). From emptiness to multiplicity: The self at the year 2000. *Psychohistory Review*, 27, 15-31.

Damasio, A. (1994). *Descartes's error: Emotion, reason and the human brain*. New York: G.P. Putnam's

Sons.（『デカルトの誤り——情動、理性、人間の脳』田中三彦訳　筑摩書房　2010年）
Davies, J.M. (1996). Linking the pre-analytic with the postclassical: Integration, dissociation, and the multiplicity of unconscious processes. *Contemporary Psychoanalysis*, 32, 553-576.
Davies, J.M. (1997). Dissociation, therapeutic enactment, and transference-countertransference processes: A discussion of papers on childhood sexual abuse by S. Grand & J. Sarnat. *Gender and Psychoanalysis*, 2, 241-257.
Davies, J.M. (1998). The multiple aspects of multiplicity: Symposium on clinical choices in psychoanalysis. *Psychoanalytic Dialogues*, 8, 195-206.
Davies, J.M. (1999). Getting cold feet defining "safe-enough" borders: Dissociation, multiplicity, and integration in the analyst's experience. *Psychoanalytic Quarterly*, 78, 184-208.
Davies, J.M. (2003). Falling in love with love: Oedipal and postoedipal manifestations of idealization, mourning, and erotic masochism. *Psychoanalytic Dialogues*, 13, 1-27.
Davies, J.M. (2004). Whose bad objects are we anyway? Repetition and our elusive love affair with evil. *Psychoanalytic Dialogues*, 14, 711-732.
Davies, J.M., & Frawley, M.G. (1991). Dissociative processes and transference-countertransference paradigms in the psychoanalytically oriented treatment of adult survivors of childhood sexual abuse. *Psychoanalytic Dialogues*, 2, 5-36.
Davies, J.M., & Frawley, M.G. (1994). *Treating the adult survivor of childhood sexual abuse*. New York: Basic Books.
Defoe, D. (1957). *Robinson Crusoe*. New York: Charles Scribner's Sons (Originally published 1719).（『ロビンソン・クルーソー』武田将明訳　河出書房新社　2011年）
Dell, P., & O'Neil, P. (2009). *Dissociation and the dissociative disorders: DSM-V and beyond*. New York: Routledge.
Dostal, R.J., (Ed.) (2002). *The Cambridge companion to Gadamer*. Cambridge: Cambridge University Press.
Ehrenberg, D. (1992). *The intimate edge*. New York: Norton.
Eigen, M. (1981). The area of faith in Winnicott, Lacan and Bion. *International Journal of Psychoanalysis*, 62, 413-433.
Elkind, S. (1992). *Resolving impasses in therapeutic relationships*. New York: Guilford.
Ellenberger, H.F. (1970). *The discovery of the unconscious*. New York: Basic Books.（『無意識の発見——力動精神医学発達史　上・下』木村敏・中井久夫監訳　弘文堂　1980年）
Elliott, A., & Spezzano, C. (1996). Psychoanalysis at its limits: Navigating the post-modern turn. In O. Renik (Ed.), *Knowledge and authority in the psychoanalytic relationship* (pp.61-92). Northvale, NJ: Aronson.
Eshel, O. (2004). Let it be and become me: Notes on containing, identification, and the possibility

of being. *Contemporary Psychoanalysis*, 40, 323-351.

Fain, M., & David, C. (1963). Aspects fonctionnels de la vie onirique. *Revue Française de Psychanalyse*, 27, 241-343.

Fain, M., David, C., & Marty, P. (1964). Perspective psychosomatique sur la fonction des fantasmes. *Revue Française de Psychanalyse*, 28, 609-622.

Farber, L. (1956). Martin Buber and psychoanalysis. In *The ways of the will: Essays toward a psychology and psychopathology of will* (pp.131-154). New York: Basic Books.

Feiner, A.H. (1982). Comments on the difficult patient. *Contemporary Psychoanalysis*, 18, 397-411.

Felman, S., & Laub, D. (1992). *Testimony: Crises of witnessing in literature, psychoanalysis, and history*. New York: Routledge.

Ferro, A. (1999). *The bi-personal field: Experiences in child analysis*. London: Routledge.

Ferro, A. (2002). *In the analyst's consulting room*. London: Brunner-Routledge.

Ferro, A. (2005a). Bion: Theoretical and clinical observations. *International Journal of Psycho-Analysis*, 86, 1535-1542.

Ferro, A. (2005b). *Seeds of illness, seeds of recovery: The genesis of suffering and the role of psychoanalysis*. London: Brunner-Routledge.

Ferro, A. (2006). *Psychoanalysis as therapy and storytelling*. London: Routledge.

Fingarette, H. (1963). *The self in transformation: Psychoanalysis, philosophy and the life of the spirit*. New York: Basic Books.

Fischer, K.W., & Rose, S.P. (1999). Rulers, clocks, and nonlinear dynamics: Measurement and method in developmental research. In G. Savelsbergh, H. van der Maas & P. van Geert (Eds.), *Nonlinear developmental processes* (pp.197-212). Amsterdam: Royal Netherlands Academy of Arts and Sciences.

Flax, J. (1996). Taking multiplicity seriously: Some implications for psychoanalytic theorizing and practice. *Contemporary Psychoanalysis*, 32, 577-593.

Fonagy, P., Gergely, G., Jurist, E., & Target, M. (2002). *Affect regulation, mentalization, and the development of the self*. New York: Other Press.

Foucault, M. (1980). Truth and power. In P. Rabinow (Ed.) (1984). *The Foucault Reader* (pp.51-75). New York: Pantheon.

Fourcher, L. (1992). Interpreting the relative unconscious. *Psychoanalytic Dialogues*, 3, 317-329.

Freud, S. (1895). Project for a scientific psychology. In J. Strachey (Ed. & Trans.), *The standard edition of the complete psychological works of Sigmund Freud* (Vol.1, pp.281-387). London: Hogarth Press, 1950.（「心理学草案」総田純次訳『フロイト全集第3巻』岩波書店 2010年）

Freud, S. (1918). From the history of an infantile neurosis. In J. Strachey (Ed. & Trans.), *The *standard edition of the complete psychological works of Sigmund Freud* (Vol.17, pp.1-122). London: Hogarth Press, 1955.（「ある幼児期神経症の病歴より」須藤訓任訳『フロイト全集第14巻』岩波書店　2010年）

Friedman, L. (2000). Are minds objects or dramas? In D.K. Silverman & D.L. Wolitzky (Eds.), *Changing conceptions of psychoanalysis: The legacy of Merton Gill* (pp.146-170). Hillsdale, NJ: Analytic Press.

Fromm, E. (1941). *Escape from freedom.* New York: Rinehart and Company.（『自由からの逃走』日高六郎訳　東京創元社　1951年）

Fromm, E. (1947). *Man for himself.* New York: Rinehart and Company.（『人間における自由』谷口隆之助・早坂泰次郎訳　東京創元社　1955年）

Fromm, E. (1955). *The sane society.* New York: Holt, Rinehart and Winston.（『正気の社会』加藤正明・佐瀬隆夫訳　社会思想社　1958年）

Gadamer, H.-G. (1975). *Truth and method.* G. Barden & J. Cumming (Trans.), New York: Seabury Press.

Gadamer, H.-G. (1976). *Philosophical hermeneutics.* D.E. Linge (Ed. & Trans.), Berkeley, CA: University of California Press.

Gadamer, H.-G. (1965/2004). *Truth and method.* J. Weinsheimer & D.G. Marshall (Trans.), London: Continuum (Original work published 1965).（『真理と方法Ⅰ・Ⅱ・Ⅲ』轡田収他訳　法政大学出版局　1986-2012年）

Galatzer-Levy, R.M. (1978). Qualitative change from quantitative change: Mathematical catastrophe theory in relation to psychoanalysis. *Journal of the American Psychoanalytic Association*, 26, 921-935.

Galatzer-Levy, R.M. (1996). Psychoanalysis and dynamical systems theory: Prediction and self similarity. *Journal of the American Psychoanalytic Association*, 43, 1085-1113.

Galatzer-Levy, R.M. (2004). Chaotic possibilities: Toward a new model of development. *International Journal of Psychoanalysis*, 85, 419-442.

Gartner, R.B. (1995). The relationship between interpersonal psychoanalysis and family therapy. In M. Lionells, J. Fiscalini, C.H. Mann & D.B. Stern (Eds.), *The handbook of interpersonal psychoanalysis* (pp.793-822). Hillsdale, NJ: Analytic Press.

Geertz, C. (1974). "From the native's point of view": On the nature of anthropological understanding. In *Local knowledge* (pp.55-70). New York: Basic Books, 1983.（「『住民の視点から』人類学的理解の性質について」『ローカル・ノレッジ──解釈人類学論集』梶原景昭・小泉潤二・山下晋司・山下淑美訳　岩波書店　1999年）

Gerber, L. (1990). Integrating political-societal concerns in psychotherapy. *American Journal of Psychotherapy*, 44, 471-483.

Ghent, E. (1995). Interaction in the psychoanalytic situation. *Psychoanalytic Dialogues*, 5, 479-491.

Ghent, E. (2002). Wish, need, drive: Motive in the light of dynamic systems theory and Edelman's selectionist theory. *Psychoanalytic Dialogues*, 12, 763-808.

Gianino, A., & Tronick, E. (1988). The mutual regulation model: The infant's self and interactive regulation. Coping and defense capacities. In T. Field et al. (Eds.), *Stress and coping* (pp.47-68). Hillsdale, NJ: Erlbaum.

Gill, M.M. (1982). *The analysis of transference: Volume1*. New York: International Universities Press. (『転移分析——理論と技法』神田橋條治・溝口純二訳　金剛出版　2006年)

Goldner, V. (2004). Review essay: Attachment and Eros: Opposed or synergistic? *Psychoanalytic Dialogues*, 14, 381-396.

Goldner, V. (2006). "Let's do it again": Further reflections on Eros and attachment. *Psychoanalytic Dialogues*, 16, 619-637.

Green, A. (1975). The analyst, symbolization, and absence in the analytic setting. *International Journal of Psychoanalysis*, 56, 1-22.

Green, A. (1976). The dead mother. In *On private madness* (pp.142-173). London: Hogarth Press.

Green, A. (2000). The central phobic position: A new formulation of the free association method. *International Journal of Psycho-Analysis*, 81, 429-451.

Greenberg, J. (1999). Analytic authority and analytic restraint. *Contemporary Psychoanalysis*, 35, 25-41.

Grondin, J. (1997). *Introduction to philosophical hermeneutics*. New Haven, CT: Yale University Press.

Grossmark, R. (2007). The edge of chaos: Enactment, disruption, and emergence in group psychotherapy. *Psychoanalytic Dialogues*, 17, 479-499.

Guignon, C. (2004). *On being authentic*. London: Routledge.

Habermas, J. (1971). *Knowledge and human interests*. Boston: Beacon Press. (『認識と関心』奥山次良・八木橋貢・渡辺祐邦訳　未来社　2001年)

Harris, A. (1996). The conceptual power of multiplicity. *Contemporary Psychoanalysis*, 32, 537-552.

Harris, A. (2005). *Gender as soft assembly*. Hillsdale, NJ: Analytic Press.

Hirsch, I. (1996). Observing-participation, mutual enactment, and the new classical models. *Contemporary Psychoanalysis*, 32, 359-383.

Hirsch, I. (2000). Interview with Benjamin Wolstein. *Contemporary Psychoanalysis*, 36, 187-232.

Hoffman, I.Z. (1998). *Ritual and spontaneity in the psychoanalytic process: A dialectical-constructivist view*. Hillsdale, NJ: Analytic Press.

Hoffman, I.Z. (2006, January). Doublethinking our way to "scientific" legitimacy: The desiccation of human experience. Plenary address at the American Psychoanalytic Association meeting. New York.

Howell, E. (2005). *The dissociative mind*. Hillsdale, NJ: Analytic Press.
International Association of Relational Psychoanalysis and Psychotherapy. (2005). *Online colloquium: What happens when love lasts? An exploration of intimacy and erotic life*. New York: Psychoanalytic Connection.
Jaffe, J., Beebe, B., Feldstein, S., & Crown, C. (2001). *Rhythms of dialogue in infancy: Monographs for the society for research and child development*. New York: Wiley.
Kavanagh, G. (1995). Processes of therapeutic action and change. In M. Lionells, J. Fiscalini, C.H. Mann, & D.B. Stern (Eds.), *The handbook of interpersonal psychoanalysis* (pp.569-602). Hillsdale, NJ: Analytic Press.
Kieffer, C.C. (2007). Emergence and the analytic third: Working at the edge of chaos. *Psychoanalytic Dialogues*, 17, 683-703.
Knoblauch, S.H. (2000). *The musical edge of therapeutic relatedness*. Hillsdale, NJ: Analytic Press.（『精神療法という音楽』朝井知・黒澤麻美訳　星和書店　2009年）
Kohut, H. (1984). *How does analysis cure?* A. Goldberg & P. Stepansky (Eds.), Chicago & London: University of Chicago Press.（『自己の治癒』本城秀次・笠原嘉監訳　みすず書房　1995年）
Lacan, J. (1977). *Ecrits: A selection*. New York: Norton.（『エクリ1・2・3』宮本忠雄他訳　弘文堂　1972-1981年）
Lachmann, F., & Beebe, B. (1996). Three principles of salience in the patient-analyst interaction. *Psychoanalytic Psychology*, 13, 1-22.
Lakoff, G., & Johnson, M. (1980). *Metaphors we live by*. Chicago & London: University of Chicago Press. （『レトリックと人生』渡部昇一・楠瀬淳三・下谷和幸訳　大修館書店　1986）
Lakoff, G., & Johnson, M. (1999). *Philosophy in the flesh: The embodied mind and its challenge to western thought*. New York: Basic Books.（『肉中の哲学——肉体を具有したマインドが西洋の思考に挑戦する』計見一雄訳　哲学書房　2004年）
Lashley, K.S. (1950). In search of the engram. *Society of Experimental Biology Symposium*, 4, 454-482.
Laub, D. (1992a). Bearing witness or the vicissitudes of witnessing. In S. Felman & D. Laub (Eds.), *Testimony: Crises of witnessing in literature, psychoanalysis, and history* (pp.57-74). New York & London: Routledge.
Laub, D. (1992b). An event without a witness: Truth, testimony, and survival. In S. Felman & D. Laub (Eds.), *Testimony: Crises of witnessing in literature, psychoanalysis, and history* (pp.75-92). New York & London: Routledge.
Laub, D. (1995). Truth and testimony. In C. Caruth (Ed.), *Trauma: Explorations in memory* (pp.61-75). Baltimore: Johns Hopkins University Press.（「真実と証言」キャシー・カルース編『トラウマへの探究——証言の不可能性』下河辺美智子監訳　作品社　2000年）
Laub, D. (2005). Traumatic shutdown of symbolization and narrative: A death instinct derivative?

Contemporary Psychoanalysis, 41, 307-326.

Laub, D., & Auerhahn, N. (1989). Failed empathy: A central theme in the survivor's Holocaust experience. *Psychoanalytic Psychology*, 6, 377-400.

Layton, L. (1998). *Who's that girl? Who's that boy? Clinical practice meets postmodern gender theory.* Hillsdale, NJ: Analytic Press.

Layton, L. (2002). Psychoanalysis and the "free" individual. *Journal of Psycho-Social Studies*, 1.

Layton, L. (2004a). Dreams of America, American dreams. *Psychoanalytic Dialogues*, 14, 233-254.

Layton, L. (2004b). A fork in the royal road: On "defining" the unconscious and its stakes for social theory. *Psychoanalysis, Culture, and Society*, 9, 33-51.

Layton, L. (2005). Notes toward a nonconformist clinical practice: Response to Philip Cushman. *Contemporary Psychoanalysis*, 41, 419-429.

Lecours, S., & Bouchard, M. (1997). Dimensions of mentalisation: Outlining levels of psychic transformation. *International Journal of Psycho-Analysis*, 78, 855-875.

Levenkron, H. (2006). Love (and hate) with the proper stranger: Affective honesty and enactment. *Psychoanalytic Inquiry*, 26, 157-181.

Levenson, E.A. (1972). *The fallacy of understanding*. New York: Basic Books.

Levenson. E.A. (1983). *The ambiguity of change*. New York: Basic Books.

Levenson, E.A. (1984). Follow the fox: An inquiry into the vicissitudes of psychoanalytic supervision. In A.H. Feiner (Ed.), *The purloined self. Interpersonal perspectives in psychoanalysis* (pp.111-125). New York: Contemporary Psychoanalysis Books.

Levenson, E.A. (1991). *The purloined self: Interpersonal perspectives in psychoanalysis*. A.H. Feiner (Ed.), New York: Contemporary Psychoanalysis Books.

Levenson, E.A. (1994). The uses of disorder: Chaos theory and psychoanalysis. *Contemporary Psychoanalysis*, 30, 5-24.

Loewald, H.W. (1960). On the therapeutic action of psycho-analysis. *International Journal of Psychoanalysis*, 41, 16-33.

Luquet, P. (1987). Penser-parler: un apport psychanalytique à la théorie du langage. In R. Christie et al. (Eds.), *La parole trouble* (pp.161-300). Paris: Presses Universitaires France.

Lyons-Ruth, K. (1991). Rapprochement or approchement: Mahler's theory reconsidered from the vantage point of recent research on early attachment relationships. *Psychoanalytic Psychology*, 8, 1-23.

Lyons-Ruth, K. (2003). Dissociation and the parent-infant dialogue. *Journal of the American Psychoanalytic Association*, 51(3), 883-911.

Lyons-Ruth, K., Bruschweiler-Stern, N., Harrison, A.M., Nahum, J.P., Sander, L., Stern, D.N., et al. (1998). Implicit relational knowing: Its role in development and psychoanalytic treatment.

Infant Mental Health Journal, 19, 282-289.

Lyons-Ruth, K., Connell, D., Zoll, D., & Stahl, J. (1987). Infants at social risk: Relationships among infant maltreatment, maternal behavior, and infant attachment behavior. *Developmental Psychology*, 23, 223-232.

Macalpine, I. (1950). The development of the transference. *The Psychoanalytic Quarterly*, 19, 501-539.

Mandel, A.J., & Selz, K.A. (1996). Nonlinear dynamical patterns as personality theory for neurobiology and psychoanalysis. *Psychiatry*, 58, 371-390.

Marty, P. (1990). *La psychosomatique de l'adulte*. Paris: Presses Universitaires France.

Marty, P. (1991). *Mentalisation et psychosomatique*. Paris: Laboratoire Delagrange.

McDougall, J. (1985). *Theaters of the mind*. New York: Basic Books.（『身体という劇場——心身症への精神分析的アプローチ』氏原寛・李敏子訳　創元社　1996年）

McLaughlin, J.T. (1996). Power, authority, and influence in the analytic dyad. In O. Renik (Ed.), *Knowledge and authority in the psychoanalytic relationship* (pp.189-223). Northvale, NJ: Aronson.

Merleau-Ponty, M. (1964). Introduction. In *Signs* (pp.3-35). Evanston, IL: Northwestern University Press.（「序」『シーニュⅠ』海老坂武訳　みすず書房　1969年）

Merleau-Ponty, M. (1973). *The prose of the world*. Evanston, IL: Northwestern University Press.（『世界の散文』滝浦静雄・木田元訳　みすず書房　1979年）

Messer, S.B., Sass, L.A., & Woolfolk, R.L. (Eds.) (1988). *Hermeneutics and psychological theory*. New Brunswick, NJ: Rutgers University Press.

Miller, M. (1999). Chaos, complexity, and psychoanalysis. *Psychoanalytic Psychology*, 16, 335-379.

Mitchell, S.A. (1988). *Relational concepts in psychoanalysis*. Cambridge: Harvard University Press.（『精神分析と関係概念』鑪幹八郎監訳　ミネルヴァ書房　1998年）

Mitchell, S.A. (1991). Contemporary perspectives on self: Toward an integration. *Psychoanalytic Dialogues*, 1, 121-147.

Mitchell, S.A. (1993). *Hope and dread in psychoanalysis*. New York: Basic Books.（『関係精神分析の視座——分析過程における希望と怖れ』横井公一・辻河昌登監訳　ミネルヴァ書房　2008年）

Mitchell, S.A. (1997). *Influence and autonomy in psychoanalysis*. Hillsdale, NJ: Analytic Press.

Mitchell, S.A. (2002). *Can love last? The fate of romance over time*. New York: Norton.（『愛の精神分析』池田久代訳　春秋社　2004年）

Mitrani, J.L. (1995). Toward an understanding of unmentalized experience. *The Psychoanalytic Quarterly*, 64, 68-112.

Modell, A. (1984). *Psychoanalysis in a new context*. New York: International Universities Press.

Modell, A. (1990). *Other times, other realities*. Cambridge: Harvard University Press.
Modell, A. (1991). The therapeutic relationship as a paradoxical experience. *Psychoanalytic Dialogues*, 1, 13-28.
Modell, A. (2003). *Imagination and the meaningful brain*. Cambridge: MIT Press.
Moran, M. (1991). Chaos theory and psychoanalysis: The fluidic nature of the mind. *International Journal of Psychoanalysis*, 18, 211-221.
Nagel, T. (1986). *The view from nowhere*. New York: Oxford University Press.（『どこでもないところからの眺め』中村昇他訳　春秋社　2009年）
Nahum, J. (1994). New theoretical vistas in psychoanalysis: Louis Sander's theory of early development. *Psychoanalytic Psychology*, 11, 1-19.
Nahum, J. (2000). An overview of Louis Sander's contribution to the field of mental health. *Infant Mental Health Journal*, 21(1-2), 29-41.
Nelson, K. (Ed.) (1989). *Narratives from the crib*. Cambridge: Harvard University Press.
Ogden, T.H. (1994). *Subjects of analysis*. Northvale, NJ: Jason Aronson.（『「あいだ」の空間――精神分析の第三主体』和田秀樹訳　新評論　1996年）
Ogden, T.H. (2004). The analytic third: Implications for psychoanalytic theory and technique. *Psychoanalytic Quarterly*, 73, 167-195.
Onishi, N. (2007, October 12). Death reveals harsh side of a "model" in Japan. *New York Times*.
Orange, D. M. (1995). *Emotional understanding: Studies in psychoanalytic epistemology*. New York: Guilford.
Palmer, R.E. (1969). *Hermeneutics*. Evanston, IL: Northwestern University Press.
Palombo, S.R. (1999). *The emergent ego: Complexity and coevolution in the psychoanalytic process*. Madison, CT: International Universities Press.
Piers, C. (2000). Character as self-organizing complexity. *Psychoanalysis and Contemporary Thought*, 23, 3-34.
Piers, C. (2005). The mind's multiplicity and continuity. *Psychoanalytic Dialogues*, 15, 229-254.
Pizer, B. (2003). When the crunch is a (k)not: A crimp in relational dialogue. *Psychoanalytic Dialogues*, 13, 171-192.
Pizer, S. (1998). *Building bridges: The negotiation of paradox in psychoanalysis*. Hillsdale, NJ: Analytic Press.
Pizer, S. (2004). Impasse recollected in tranquility: Love, dissociation, and discipline in the analytic process. *Psychoanalytic Dialogues*, 14, 289-311.
Plato. (1956). *Protagoras and Meno*. W.K.C. Guthrie (Trans.), London: Penguin Books.（『メノン』藤沢令夫訳　岩波書店　1994年）
Poland, W.S. (2000). The analyst's witnessing and otherness. *Journal of the American. Psychoanalytic*

Association, 48, 17-34.

Polkinghorne, D.E. (1988). *Narrative knowing in the human sciences.* Albany, NY: State University of New York Press.

Quinodoz, J.-M. (1997). Transition in psychic structures in light of deterministic chaos theory. *International Journal of Psychoanalysis,* 78, 699-718.

Racker, H. (1957). The meanings and uses of countertransference. In *Transference and Countertransference* (pp.127-173). New York: International Universities Press, 1968. (「逆転移の意味とその活用法」『転移と逆転移』坂口信貴訳　岩崎学術出版社　1982年)

Racker, H. (1968). *Transference and countertransference.* New York: International Universities Press. (『転移と逆転移』坂口信貴訳　岩崎学術出版社　1982年)

Renik, O. (1993a). Analytic interaction: Conceptualizing technique in light of the analyst's irreducible subjectivity. *Psychoanalytic Quarterly,* 62, 553-571.

Renik, O. (1993b). Countertransference enactments and the psychoanalytic process. In M. Horowitz, O. Kernberg & E. Weinshel (Eds.), *Psychic structure and psychic change* (pp.135-158). New York: International Universities Press.

Richardson, F., & Zeddies, T. (2001). Individualism and modern psychotherapy. In B. Slife, R. Williams & S. Barlow (Eds.), *Critical issues in psychotherapy: Translating new ideas into practice* (pp.147-167). Thousand Oaks, CA: Sage.

Richardson, F., & Zeddies, T. (2004). Psychoanalysis and the good life. *Contemporary Psychoanalysis,* 40, 617-657.

Richman, S. (2002). *A wolf in the attic: The legacy of a hidden child of the Holocaust.* New York: Haworth Press.

Richman, S. (2006). Finding one's voice: Transforming trauma into autobiographical narrative. *Contemporary Psychoanalysis,* 42, 639-650.

Ricoeur, P. (1970). *Freud and philosophy: An essay on interpretation.* New Haven, CT: Yale University Press. (『フロイトを読む――解釈学試論』久米博訳　新曜社　1982年)

Ricoeur, P. (1977). The question of proof in Freud's psychoanalytic writings. *Journal of the American Psychoanalytic Association,* 25, 835-871.

Ricoeur, P. (1981). *Hermeneutics and the human sciences.* Cambridge: Cambridge University Press.

Ringstrom, P. (1998). Therapeutic impasses in contemporary psychoanalytic treatment: Revisiting the double bind hypothesis. *Psychoanalytic Dialogues,* 8, 297-315.

Ringstrom, P. (2001). Cultivating the improvisational in psychoanalytic treatment. *Psychoanalytic Dialogues,* 11, 727-754.

Ringstrom, P. (2007). Scenes that write themselves: Improvisational moments in relational psychoanalysis. *Psychoanalytic Dialogues,* 17, 69-100.

Russell, P. (1991). Trauma, repetition, and affect. Presented at the First Symposium, Massachusetts Institute for Psychoanalysis. *Contemporary Psychoanalysis*, 42, 601-620.

Russell, P. (2006). The theory of the crunch: The collected papers of Paul Libbey Russell, MDH. *Smith College Studies in Social Work*, 76(1-2), 9-21.

Sander, L.W. (1962). Issues in early mother-child interaction. *Journal of the American Academy of Child Psychiatry*, 1, 141-166.

Sander, L.W. (1988). The event-structure of regulation in the neonate-caregiver system as a biological background for early organization of psychic structure. *Progress in Self Psychology*, 3, 64-77.

Sandler, J. (1976). Countertransference and role-responsiveness. *International Review of Psycho-Analysis*, 3, 43-47.

Sarbin, T. (1986). Narrative psychology: The storied nature of human conduct. New York: Praeger.

Sass, L.A. (1988). Humanism, hermeneutics, and humanistic psychoanalysis: Differing conceptions of subjectivity. *Psychoanalysis and Contemporary Thought*, 12, 433-504.

Schafer, R. (1983). *The analytic attitude*. New York: Basic Books.

Schafer, R. (1992). *Retelling a life: Narration and dialogue in psychoanalysis*. New York: Basic Books.

Searles, H.F. (1975). The patient as therapist to his analyst. In *Countertransference and related subjects* (pp.380-459). New York: International Universities Press. (「患者の治療者的側面――分析家を治療する者としての患者」『逆転移1――分裂病精神療法論集』松本雅彦他訳　みすず書房　1991年)

Searles, H.F. (1976). Psychoanalytic therapy with schizophrenic patients in a private practice context. *Contemporary Psychoanalysis*, 12, 387-406.

Segal, H. (1957). Notes on symbol formation. *International Journal of Psychoanalysis*, 38, 391-397.

Sennett, R. (2008). *The craftsman*. New Haven: Yale University Press.

Shane, E., & Coburn, W.J. (Eds.) (2002). Contemporary dynamic systems theories: Innovative contributions to psychoanalysis. *Psychoanalytic Inquiry*, 22(5).

Singer, E. (1971). The patient aids the analyst: Some clinical and theoretical observations. In B. Landis & E. Tauber (Eds.), *In the name of life: Essays in honor of Erich Fromm* (pp.56-68). New York: Holt, Rinehart and Winston.

Slavin, M.O. (1996). Is one self enough? Multiplicity in self organization and the capacity to negotiate relational conflict. *Contemporary Psychoanalysis*, 32, 615-625.

Slavin, M.O., & Kriegman, D. (1992). The adaptive design of the human psyche. New York: Guilford.

Slavin, M.O., & Kriegman, D. (1998). Why the analyst needs to change: Toward a theory of conflict, negotiation, and mutual influence in the therapeutic process. *Psychoanalytic*

Dialogues, 8, 247-284.

Smith, L.B., & Thelen, E. (1993). *A dynamic systems approach to development: Applications*. Cambridge, MA: MIT Press.

Spence, D.P. (1982). *Narrative truth and historical truth: Meaning and interpretation in psychoanalysis*. New York: Norton.

Spence, D.P. (1987). *The Freudian metaphor: Toward paradigm change in psychoanalysis*. New York: Norton.（『フロイトのメタファー──精神分析の新しいパラダイム』妙木浩之訳　産業図書　1992年）

Spruiell, V. (1993). Deterministic chaos and the sciences of complexity: Psychoanalysis in the midst of a general scientific revolution. *Journal of the American Psychoanalytic Association*, 41, 3-44.

Stein, A. (2004). Fantasy, fusion, and sexual homicide. *Contemporary Psychoanalysis*, 40, 495-517.

Stein, A. (2006). *Prologue to violence: Child abuse, dissociation, and crime*. Hillsdale, NJ: Analytic Press.（『児童虐待・解離・犯罪──暴力犯罪への精神分析的アプローチ』一丸藤太郎・小松貴弘監訳　創元社　2012年）

Stern, D.B. (1983). Unformulated experience. *Contemporary Psychoanalysis*, 19, 71-99.

Stern, D.B. (1989). The analyst's unformulated experience of the patient. *Contemporary Psychoanalysis*, 25, 1-33.

Stern, D.B. (1990). Courting surprise: Unbidden experience in clinical practice. *Contemporary Psychoanalysis*, 26, 452-478.

Stern, D.B. (1991). A philosophy for the embedded analyst: Gadamer's hermeneutics and the social paradigm of psychoanalysis. *Contemporary Psychoanalysis*, 27, 51-58.

Stern, D.B. (1994). Empathy is interpretation (and who ever said it wasn't?). *Psychoanalytic Dialogues*, 4, 441-471.

Stern, D.B. (1996). The social construction of therapeutic action. *Psychoanalytic Inquiry*, 16, 265-293.

Stern, D.B. (1997). *Unformulated experience: From dissociation to imagination in psychoanalysis*. Hillsdale, NJ: Analytic Press.（『精神分析における未構成の経験──解離から想像力へ』一丸藤太郎・小松貴弘監訳　誠信書房　2003年）

Stern, D.B. (2000). The limits of social construction: Discussion of Dyess and Dean. *Psychoanalytic Dialogues*, 10, 757-769.

Stern, D.B. (2001). Comments on the clinical material presented by Jill Scharff. *Psychoanalytic Inquiry*, 21, 499-512.

Stern, D.B. (2002a). Words and wordlessness in the psychoanalytic situation. *Journal of the American Psychoanalytic Association*, 50, 221-247.

Stern, D.B. (2002b). What you know first: Construction and deconstruction in relational

Stern, D.B. (2003). The fusion of horizons: Dissociation, enactment, and understanding. *Psychoanalytic Dialogues*, 13, 843-873.

psychoanalysis. In S. Fairfield, L. Layont & C. Stack (Eds.), *Bringing the plague: Toward a postmodern psychoanalysis* (pp.167-194). New York: Other Press.

Stern, D.B. (2004). The eye sees itself: Dissociation, enactment, and the achievement of conflict. *Contemporary Psychoanalysis*, 40, 197-237.

Stern, D.B. (2005). Introduction. In E.A. Levenson, *The fallacy of understanding and the ambiguity of change* (pp.v-xvi). Hillsdale, NJ: Analytic Press.

Stern, D.B. (2006). Opening what has been closed, relaxing what has been clenched: Dissociation and enactment over time in committed relationships. *Psychoanalytic Dialogues*, 16, 747-761.

Stern, D.B. (2008). On having to find what you don't know how to look for. In A. Slade, S. Bergner & E.L. Jurist (Eds.), *Mind to mind: Infant research, neuroscience, and psychoanalysis* (pp.398-413). New York: Other Press.

Stern, D.B. (2009). Dissociation and unformulated experience: A psychoanalytic model of mind. In P.F. Dell, J. O'Neil & E. Somer (Eds.), *Dissociation and the dissociative disorders: DSM-V and beyond* (pp.653-663). New York: Routledge.

Stern, D.N. (1971). A micro-analysis of mother-infant interaction: Behaviors regulating social contact between a mother and her three-and-a-half month-old twins. *Journal of the American Academy of Child Psychiatry*, 10, 501-517.

Stern, D.N. (1977). *The first relationship*. Cambridge: Harvard University Press.（『母子関係の出発――誕生からの一八〇日』岡村佳子訳　サイエンス社　1979年）

Stern, D.N. (1985). *The interpersonal world of the infant: A view from psychoanalysis and developmental psychology*. New York: Basic Books.（『乳児の対人世界――理論編・臨床編』小此木啓吾・丸田俊彦監訳　岩崎学術出版社　1989-1991年）

Stern, D.N. (1995). *The motherhood constellation*. New York: Basic Books.（『親－乳幼児心理療法――母性のコンステレーション』馬場禮子・青木紀久代訳　岩崎学術出版社　2000年）

Stern, D.N. (2004). *The present moment in psychotherapy and everyday life*. New York: Norton.（『プレゼントモーメント――精神療法と日常生活における現在の瞬間』奥寺崇監訳　岩崎学術出版社　2007年）

Stern, D.N., Sander, L.W., Nahum, J.P., Harrison, A.M., Lyons-Ruth, K., Morgan, A.C., et al. (1998). Non-interpretive mechanisms in psychoanalytic therapy: The "something more" than interpretation. *International Journal of Psychoanalysis*, 79, 903-921.

Stolorow, R.D. (1988). Intersubjectivity, psychoanalytic knowing, and reality. *Contemporary Psychoanalysis*, 24, 331-338.

Stolorow, R.D., Brandchaft, B., & Atwood, G.E. (1987). *Psychoanalytic treatment: An intersubjective approach*. Hillsdale, NJ: The Analytic Press.（『間主観的アプローチ──コフートの自己心理学を越えて』丸田俊彦訳　岩崎学術出版社　1995年）

Sugarman, A. (2008). Fantasizing as process, not fantasy as content. *Psychoanalytic Inquiry*, 28, 169-189.

Sullivan, H.S. (1950). The illusion of personal individuality. In *The fusion of psychiatry and social science* (pp.198-226). New York: Norton, 1971.

Sullivan, H.S. (1953). *Conceptions of modern psychiatry*. New York: Norton, 1940.（『現代精神医学の概念』中井久夫・山口隆訳　みすず書房　1976年）

Sullivan, H.S. (1954). *The interpersonal theory of psychiatry*. H.S. Perry & M.L. Gawel (Ed.), New York: Norton.（『精神医学は対人関係論である』中井久夫・宮崎隆吉・高木敬三・鑪幹八郎訳　みすず書房　1990年）

Sullivan, H.S. (1956). Selective inattention. In H.S. Perry, M.I. Gawel & M. Gibbon (Eds.), *Clinical studies in psychiatry* (pp.38-76). New York: Norton.（「選択的非注意」『精神医学の臨床研究』中井久夫・山口直彦・松川周悟訳　みすず書房　1983年）

Symington, N. (1983). The analyst's act of freedom as agent of therapeutic change. *International Review of Psycho-Analysis*, 10, 283-292.

Tauber, E.S. (1954). Exploring the therapeutic use of counter-transference data. *Psychiatry*, 13, 332-336.

Tauber, E.S. (1979). Countertransference reexamined. In L. Epstein & A.H. Feiner (Eds.), *Countertransference* (pp.59-69). New York: Aronson.

Tauber, E.S., & Green, M.R. (1959). *Prelogical experience*. New York: Basic Books. Republished by Routledge (New York), 2008.

Thelen, E., & Smith, L. (1994). *A dynamic systems approach to the development of cognition and action*. Cambridge, MA: MIT Press.

Tronick, E.Z. (1989). Emotions and emotional communication in infants. *American Psychologist*, 44, 112-119.

Tronick, E.Z. (Ed.) (1998). Interventions that effect change in psychotherapy: A model based on infant research. *Infant Mental Health Journal*, 19(3), 277-279.

Tronick, E.Z., & Weinberg, K. (1997). Depressed mothers and infants: The failure to form dyadic states of consciousness. In L. Murray & P. Cooper (Eds.), *Postpartum depression and child development* (pp.54-85). Hillsdale, NJ: Guilford.

Tulving, E., & Craik, F. (Eds.) (2000). *The Oxford handbook of memory*. Oxford: Oxford University Press.

von Bertalanffy, L. (1968). *General systems theory*. New York: Braziller.（『一般システム理論──その基礎・発展・応用』長野敬・太田邦昌訳　みすず書房　1973年）

Warnke, G. (1987). *Gadamer: Hermeutics, tradition and reason.* Stanford, CA: Stanford University Press. (『ガダマーの世界——解釈学の射程』佐々木一也訳　紀伊國屋書店　2000年)

Winnicott, D.W. (1945). Primitive emotional development. In *Through paediatrics to psycho-analysis* (pp.145-156). New York: Basic Books. (「原初の情緒発達」『小児医学から精神分析へ——ウィニコット臨床論文集』北山修監訳　岩崎学術出版社　2005年)

Winnicott, D.W. (1949). Hate in the countertransference. In *Through paediatrics to psycho-analysis* (pp.194-203). New York: Basic Books. (「逆転移の中の憎しみ」『小児医学から精神分析へ——ウィニコット臨床論文集』北山修監訳　岩崎学術出版社　2005年)

Winnicott, D.W. (1960). Ego distortion in terms of true and false self. In *The maturational processes and the facilitating environment: Studies in the theory of emotional development* (pp.140-152). New York: International Universities Press. (「本当の、および偽りの自己という観点からみた自我の歪曲」『情緒発達の精神分析理論』牛島定信訳　岩崎学術出版社　1977年)

Winnicott, D.W. (1971). *Playing and reality.* London: Tavistock. (『遊ぶことと現実』橋本雅雄訳　岩崎学術出版社　1979年)

Wolstein, B. (1954). *Transference.* New York: Grune & Stratton.

Wolstein, B. (1959). *Countertransference.* New York: Grune & Stratton.

Wolstein, B. (1971a). *Human psyche in psychoanalysis.* Springfield, IL: Thomas.

Wolstein, B. (1971b). Interpersonal relations without individuality. *Contemporary Psychoanalysis*, 7, 75-80.

Wolstein, B. (1972). Interpersonal relations without individuality again. *Contemporary Psychoanalysis*, 8, 84-285.

Wolstein, B. (1974a). Individuality and identity. *Contemporary Psychoanalysis*, 10, 1-14.

Wolstein, B. (1974b). "I" processes and "me" patterns. *Contemporary Psychoanalysis*, 10, 347-357.

Wolstein, B. (1975). Toward a conception of unique individuality. *Contemporary Psychoanalysis*, 11, 146-160.

Wolstein, B. (1982). The psychoanalytic theory of unconscious psychic experience. *Contemporary Psychoanalysis*, 18, 412-437.

Wolstein, B. (1983). The pluralism of perspectives on countertransference. In *Essential papers on countertransference* (pp.339-353). New York: New York University Press.

Zeddies, T.J. (2002). More than just words: A hermeneutic view of language in psychoanalysis. *Psychoanalytic Psychology*, 19, 3-23.

Zeddies, T.J., & Richardson, F.C. (1999). Analytic authority in historical and critical perspective: Beyond objectivism and relativism. *Contemporary Psychoanalysis*, 35, 581-601.

〈人名索引〉

[あ行]

アーロン（Aron, L.）　245
アレクサンダー（Alexander, F.）　32
ウィニコット（Winnicott, D.W.）　12, 101, 137, 147, 157
ウォルスタイン（Wolstein, B.）　9, 29, 98, 101-104, 230
オグデン（Ogden, T.H.）　39

[か行]

カシュマン（Cushman, P.）　53, 55, 264, 265, 268
ガダマー（Gadamer, H.-G.）　4, 36-44, 60, 63, 94, 270
ギアーツ（Geertz, C.）　63, 64, 264, 275
ギニョン（Guignon, C.）　47
クライン（Klein, M.）　120
グリーン（Green, A.）　159, 212
グリーン（Green, M.R.）　29
ゲント（Ghent, E.）　95
ゴールドナー（Goldner, V.）　199, 202
コフート（Kohut, H.）　121

[さ行]

サールズ（Searles, H.F.）　133
サス（Sass, L.A.）　4
サリヴァン（Sullivan, H.S.）　20, 66, 110, 117, 120-123, 146, 185, 201, 219, 220, 230
サンダー（Sander, L.W.）　249

サンドラー（Sandler, J.）　242
シーガル（Segal, H.）　29
シェーファー（Schafer, R.）　141, 170
シミントン（Symington, N.）　132
ジャネ（Janet, P.）　184
シュライエルマッハー（Schleiermacher, F.）　40, 43
ジョンソン（Johnson, M.）　174, 175, 177, 178, 182, 183
スターン（Stern, D.N.）　264, 268
スタイン（Stein, A.）　210
ストロロウ（Stolorow, R.D.）　29
スペンス（Spence, D.P.）　141, 170
スミス（Smith, L.B.）　256
ゼディアス（Zeddies, T.J.）　48-51, 261
ソクラテス（Socrates）　216, 241

[た行]

タウバー（Tauber, E.S.）　29
デイヴィス（Davies, J.M.）　116, 121, 198, 202
ディディオン（Didion, J.）　153
テイラー（Taylor, C.）　261, 262
テーレン（Thelen, E.）　256

[な行]

ノブロック（Knoblauch, S.H.）　157

[は行]

ハーシ（Hirsch, I.）　103
バートレット（Bartlett, F.C.）　7, 263
ハーバーマス（Habermas, J.）　62
パイザー（Pizer, S.）　202
ハイデガー（Heidegger, M.）　53, 94
ビオン（Bion, W.R.）　29, 120, 159, 180

ファイナー（Feiner, A.H.） 231
フィンガレット（Fingarette, H.） 247
フーコー（Foucault, M.） 53
フォーチャー（Fourcher, L.） 248
フォナギー（Fonagy, P.） 29, 117, 145, 210, 215, 219-221, 224
フォン・ベルタランフィ（von Bertalanffy, L.） 257
ブシャール（Bouchard, M.） 29
ブッチ（Bucci, W.） 17, 18
プラトン（Plato） 216
ブルーナー（Bruner, J.） 33
フレンチ（French, T.） 32
フロイト（Freud, S.） 126, 135, 179
フロウリー（Frawley, M.G.） 116
フロム（Fromm, E.） 264
ブロンバーグ（Bromberg, P.） 20, 112, 116, 121, 122, 159, 200, 220, 254
ブロンフェンブレンナー（Bronfenbrenner, U.） 257
ベンジャミン（Benjamin, J.） 39, 136, 207
ボテラ（Botella, C.） 29
ホフマン（Hoffman, I.Z.） 157
ボラス（Bollas, C.） 29, 91, 103

[ま行]
マシスン（Matheson, R.） 141, 142
ミッチェル（Mitchell, S.A.） 101, 154, 203, 211, 230
ミトラニ（Mitrani, J.L.） 29
メルロ＝ポンティ（Merleau-Ponty, M.） 88, 94, 247
モデル（Modell, A.） 178, 179

[ら行]
ラカン（Lacan, J.） 88, 139
ラッカー（Racker, H.） 44, 67, 68, 119, 120, 172
リクール（Ricoeur, P.） 62
リッチマン（Richman, S.） 153, 168
リングストローム（Ringstrom, P.） 157
ルクール（Lecours, S.） 29
レイコフ（Lakoff, G.） 174, 175, 177, 178, 182, 183
レーヴェンソン（Levenson, E.A.） 97, 102
ローズ（Rose, C.） 153
ローブ（Laub, D.） 168

〈事項索引〉

[あ行]
アイデンティティ　20, 21
新しい認知　193, 232
暗黙の関係知　18, 153, 248
意味の構成　4
エディプス的主題　198
エナクトメント　20, 24, 25, 33, 36, 56, 69, 89, 95, 96, 115, 119, 124, 137, 162, 182, 192, 242
　　相互――　21, 162, 220, 223, 239

[か行]
解釈　154, 166
解釈学　4, 36, 61
　　――的循環　62, 270
解離　19, 36, 68, 69, 87, 88, 115, 129, 137, 184
　　――の対人関係化　20, 24, 115
　　正常な――　200
　　相補的な――　119
　　強い――　79
　　病理的な――　204
　　弱い――　78
葛藤の欠如　116, 121, 124, 135
葛藤の達成　136
カテゴリー　177
関係性　8, 14, 17, 32, 95, 227, 239
　　分析的――　9, 34, 95, 96, 100
関係のマトリックス　230
関係理論　228

間主観性　50
記憶　7, 88
擬人存在　112, 114
逆転移　9-11, 13, 17, 69, 95, 96
　　――神経症　119
『キャスト・アウェイ』　166
客観性　104
共感　43
共起　183, 184
構成主義　12, 126-128
　　社会――　261
古典的システム理論　257, 258
コンテクスト　9, 14, 59, 63, 66, 133

[さ行]
自己のあり方　20, 66, 68, 71, 113, 163
私的領域　101
自分でないもの　20, 21, 26, 30, 118, 158, 159, 163, 185
写像　177
自由　132, 139, 155
主観性　12, 50, 61, 229
真の自己　101, 137, 225
セラピー作用　9, 14, 96, 118, 154, 215, 223, 233, 249
潜在的な意味　6, 11, 16
潜在的な経験　3, 28, 128
先入見　41, 63, 271
相互交流　15, 85, 109, 125, 225
相互調整　105, 252
相互的な問いかけ　42
想像力　88, 89
相対主義　3

[た行]

対人的な場　66, 127, 181, 230
対話　12, 36
　　真の――　36, 39, 47, 56
　　本物の――　47, 56
多重的な自己　66, 112
立会人　145, 147, 151, 163, 171
立ち会うこと　145, 153, 182
『縮みゆく人間』　141
地平の融合　39, 42, 60, 61
転移　9-11, 13, 17, 69, 177
　　精神病的――　177, 223
転移／逆転移の連結　98, 230
投影同一化　24, 202, 226
トラウマ　26, 113, 145, 159, 179, 181

[な行]

内省機能　215, 223, 241
ナラティヴ　147, 154, 156, 163, 170, 171
　　――の硬直性　19, 78, 200

[は行]

場の拘束　98, 132, 139
パリ心身学派　29
非線形力動システム理論　255
引っかかり　70, 109
複雑性理論　96, 256
分裂　117, 125
ボストン変化プロセス研究グループ　17, 96, 153, 245
補足型同一化　68, 120

[ま行]

未構成の経験　3, 19, 29, 115, 128

無意識的空想　9, 10, 13, 31
メタファー　173, 174, 176-178, 184
　　原初的――　174
メノンのパラドックス　216
メンタライズされていない経験　29
メンタライゼーション　17, 29, 221, 223, 238
　　――理論　219, 226, 243
ものの見方が一つである状態　124, 136, 138

[や行]

融和型同一化　68
行き詰まり　78, 79, 84, 90
よい自分　117, 201
抑圧　19, 29, 127

[ら行]

理解　61-64, 69, 70, 94
『ロビンソン・クルーソー』　152

[わ行]

悪い自分　117, 201

監訳者あとがき

　本書は、Donnel B. Stern "*Partners in Thought: Working with Unformulated Experience, Dissociation, and Enactment*"（Routledge, 2010）の全訳である。彼の最初の著書である "*Unformulated Experience: From Dissociation to Imagination in Psychoanalysis*"（Analytic Press, 1997）は、われわれのグループにより『精神分析における未構成の経験――解離から想像力へ』として2003年に誠信書房から翻訳・出版されている。最初の著書でスターン氏は、「未構成の経験」というサリヴァンの提唱した概念を中心にして対人関係精神分析の独自性を明確にしただけでなく、対人関係精神分析のさらなる展開も示している。本書は、前書で暗々裏に提示したもののまだ明確なコトバとはなっていなかったアイディアをさらに発展させたものである。これら二つの著書を監訳して実感したことは、スターン氏が最初の著書で示した自分の考えをさらに一歩一歩着実に深めてきているということである。三冊目の著書として "*Relational Freedom: Emergent Process in the Interpersonal Field*" が準備されているということであり、その出版が待ち遠しいところである。

　監訳者一丸は、ホワイト精神分析研究所でスターン氏と同期生として対人関係精神分析の訓練を受け、その後も今日までずっと精神分析についてお互いのアイディアや臨床体験について話し合ってきた。精神分析の訓練を共に受け、セラピストとして共に臨床実践を続けてきたそれぞれの時期に、私にはどうしてもうまく理解できなかったり、臨床実践から自ずと浮かび上がってきた私の実感に確信が持てなかったりしたときなどに、彼とのやり取りや話し合いだけでなく、彼の論文や著書を読むことで次第に明確な意味が形成されるようになったことがよくあった。対人関係精神分析は、米国においてもそうであるがわが国においても、これまでずっとあまり理解されることがなかった。そのためにも私や私の仲間にとって、スターン氏との交流は意義深いものであった。特に訳者の小松は哲学を専攻していたこともあり、スターン氏の考えに深く傾倒してきた。昨年、川畑直

人氏の招きで京都を訪れてパネル・ディスカッションを行ったとき、コメントをした小松に対してスターン氏は、壇上で「私が主張してきたことを的確に理解しているのは、あなただ」とささやいていた。

　分析家としてのスターン氏の歩みは、対人関係精神分析の発展の歴史でもある。そのことですぐに思いつくこととして、次のようなことが挙げられる。

　訓練生の2年目に、1年間にわたってサリヴァンについての講義があった。私も含めて訓練生の大多数は、「先生のお話からでは、サリヴァンの言っていることは、フロイトが言っていることを違うコトバで言っているとしか思えません。サリヴァンの考えと実践の独自性は、一体どこにあるのですか」と、この講義に大変不満だった。

　40年以上経った今になってわかるのは、訓練生の不満は講師その人の力不足だったからというのではなく、サリヴァンの理論と実践についての理解そのものがその当時にはまだ十分には成熟していなかったためだったのだろうということである。対人関係精神分析学派の誰もが、サリヴァンの臨床家として卓越した能力を漠然とわかってはいたものの、それを明確なコトバで説明することができなかったのだ。そのために、精神分析の世界にうまく位置づけられなかったのではないだろうか。

　スターン氏は本書で、サリヴァンだけでなく対人関係精神分析の独自性、フロイトや伝統的精神分析の諸学派との違いといったことについて簡明に示している。「日本語版への序文」で彼は、フロイトに始まる伝統的精神分析が「心の中の世界」だけにもっぱら焦点を当ててきたのに対して、対人関係精神分析の独自性は、「心の中の世界と心の外の世界との間に生じる関係」に焦点を当てることだと述べている。このことからしても、この40年の間にスターン氏をはじめとして対人関係精神分析学派の分析家たちが、いかにサリヴァンや対人関係精神分析の考えや実践について理解を深めてきたかがわかるのではないだろうか。

　同じようなことであるが、15年ほど前にホワイト研究所の訓練生や修了生たちが出席する定例の臨床ミーティングに出席したことも思い出す。そのときのテーマは、「ホワイト研究所は対人関係精神分析学派、あるいは関係精神分析学派として位置づけられるが、その独自性はどのようなところにあるのだろうか」

というものであった。「伝統的精神分析の諸学派がone person psychologyとして特徴づけられるのに対して、対人関係精神分析学派、あるいは関係精神分析学派はtwo person psychologyとして考えられてきており、それこそがこの系譜の学派の独自性ではないだろうか」という主張もあったが、「伝統的精神分析の諸学派であろうが、対人関係精神分析学派や関係精神分析学派であろうが、パーソナリティの発達ということからすればいずれもtwo person psychologyではないか」という反論もあった。印象的だったのは、「対人関係精神分析学派や関係精神分析学派の独自性など、何もないのではないか」という最後のつぶやきめいた発言だった。

しかしスターン氏の本書を読んでみると、両者の違いがよくわかるのではないだろうか。対人関係精神分析学派、あるいは関係精神分析学派は、「布で模様を編むのには縦糸と横糸が必要であり、縦糸と横糸の組み合わせの数だけ異なった模様ができる」、あるいは「タンゴは二人で踊るのであり、一人では踊れないし、タンゴのパフォーマンスは二人の組み合わせの数だけある」とでも喩えられるのではないだろうか。このような考えこそが、two person psychologyなのであるが、15年ほど前にはこのような理解が明確ではなかったのだ。

またサリヴァンは、「コンテクスト」を重視することを強調したが、それはこの系譜の学派に今日までずっと引き継がれてきている。関係精神分析を提唱したミッチェルにスーパーヴィジョンを受けた人たちがよく憶えていることの一つに、ミッチェルがしばしば「それは、コンテクスト次第ですね（It depends）」とよく言っていたということがあった。

対人関係精神分析学派、あるいは関係精神分析学派のこのような特徴、あるいは独自性は、伝統的精神分析の諸学派が優勢なわが国ではなかなか理解してもらえないようだ。「どのような模様を編むかは、もっぱら横糸（クライエント）の動き（病理）だけによって決まるのであり、縦糸（セラピスト）は固定されており、したがって個性がなく、どのような模様になるのかには縦糸の動き（セラピストの個性）はまったく関与していない」とでも理解されているかのようである。セラピストは、客観的な観察にもっぱら専念する自然科学者ではなく、クライエントと積極的に関わる個性を持った人間であり、精神分析療法や心理療法は、人のな

す行為であるという姿勢こそが、停滞していた米国の精神分析学界から歓迎されたのではなかったのではないだろうか。スターン氏は、「分析療法には、『二人が共に関わっているのだ』ということを、どのようにしたら教えることができるのか考えると夜も眠れなかった」と言っていた。

ところで本書には、「対人関係精神分析の核心」と原書にはない副題を加えた。それは、スターン氏がサリヴァン、フロム、トンプソンに始まる対人関係精神分析学を継承し、対人関係精神分析学をより豊かなものとして展開しようとしてきていることを明確にしたかったからである。数年前にスターン氏に、「自分の立場をどのように位置づけているのか」と質問をしたところ、彼は「現代対人関係・関係精神分析学派（Modern Interpersonal and Relational Psychoanalysis）と言ってもよいのではないかと思う。ブロンバーグもそう言っているし」と言っていた。しかし彼の最初の著作が「未構成の経験」というサリヴァンの概念を中心にして展開していること、さらにそれとは明確に記述はされていないもののフロムに深く影響を受けていると推測される考えがあちこちに散見されることからしても、彼が腰を据えてきたのは「対人関係精神分析」であり、そこに関係精神分析の視点や成果をも統合しようとしてきているところから、「対人関係精神分析の核心」という副題を加えることにしたのである。

わが国にも、関係精神分析が紹介されるようになってきている。しかし、関係精神分析は、対人関係精神分析とは別の流れであるということは明確にしておくべきだろう。ミッチェルは、精神分析の諸学派がそれぞれにその独自性ばかりを主張するよりも、もっと共通性に目を向けるべきだと主張したが、関係精神分析は彼のそのような主張を具現化したものだった。ミッチェルのこのような主張は、彼の死後、国際関係精神分析・心理療法学会として結実したが、この学会は、自我心理学、自己心理学、対象関係論、クライン派などなどのあらゆる精神分析の学派だけでなく、心理学や精神医学の研究者などの中で「関係性」ということに関心のある専門家たちの集まりなのである。自我心理学、自己心理学、対象関係論といった伝統的精神分析の諸学派は、「関係精神分析」の成果や姿勢を取り入れることでそれぞれの理論と実践をより豊かなものとして発展させようとしているのであり、もちろん対人関係精神分析も、そのような学派の一つである。ス

ターン氏の「現代対人関係・関係精神分析」という呼び方を借りれば、「自我心理学・関係精神分析」「自己心理学・関係精神分析」「対象関係論・関係精神分析」「クライン派・関係精神分析」などなどとでも言ってもよいのではないだろうか。

　対人関係精神分析は、わが国ではまだあまり馴染みがないのにもかかわらず、本書を翻訳・出版することを引き受けていただいた創元社の渡辺明美さんにこころから感謝します。またスターン氏が「日本語版への序文」で述べているように、原書にあった間違いや紛らわしさを指摘していただいたのは柏原隆宏さんだった。こころからお礼申し上げます。

　なお、第8章のメンタライゼーション理論に関わるいくつかの訳語については、私たちと同時期にフォナギーらによる著書の翻訳に取り組まれていた岡山大学の上地雄一郎先生から有益な示唆と助言をいただきました。ここに感謝の意を記します。

2014年7月10日
一丸藤太郎

〈著者紹介〉

ドンネル・B・スターン（Donnel B. Stern）Ph.D.

ウィリアム・アラソン・ホワイト研究所で精神分析の訓練を受け分析家としての資格を得る。ニューヨーク市で個人開業をしながら、ホワイト研究所の訓練分析家、スーパーヴァイザー、またニューヨーク大学の精神分析と心理療法の博士号取得後プログラムのスーパーヴァイザーとしても分析家と心理療法家の養成に携わってきた。スターンは、対人関係精神分析を継承するとともに、関係精神分析の観点をも統合しようとする現代対人関係・関係精神分析学派のリーダーの一人として多くの論文を発表し、それらを、『精神分析における未構成の経験（*Unformulated Experience*）』や本書『精神分析における解離とエナクトメント（*Partners in Thought*）』として公にしてきた。また、ホワイト研究所の発展の歴史と業績をまとめた『対人関係精神分析ハンドブック（*The Handbook of Interpersonal Psychoanalysis*）』と『対人関係精神分析学のパイオニアたち（*Pioneers of Interpersonal Psychoanalysis*）』を共編しただけでなく、ラウトレッジ社から出版されている対人関係精神分析学シリーズの著者と編者でもある。スターンの「未構成の経験」「解離」「エナクトメント」をめぐるユニークな貢献は、対人関係学派や関係精神分析学派だけでなく、多くの精神分析の学派からも注目を浴びるようになり、米国はもとより、南米、イタリア、オーストラリア、日本など世界各地で講演を行ったり教えたりしている。

〈監訳者紹介〉

一丸藤太郎（いちまる・とうたろう）

広島大学大学院教育学研究科博士課程後期単位取得退学。博士（心理学）。1976年から1979年までホワイト精神分析研究所で精神分析の訓練を受け、精神分析家の資格を得る。帰国後、大学院で臨床心理士の養成に携わるとともに、精神分析療法や心理療法の実践に取り組む。現在、ももやま心理相談室。精神分析家（ホワイト精神分析研究所）、臨床心理士、日本精神分析学会認定心理療法士、日本精神分析学会認定スーパーヴァイザー。

［主な著訳書］
『心理療法の鍵概念』（共訳編）誠信書房　1976年
『夢の臨床的利用』（共訳編）誠信書房　1987年
『心理療法における抵抗』（監訳）創元社　1997年
『精神分析的心理療法の手引き』（共編者）誠信書房　1998年
『私はなぜカウンセラーになったのか』（編著）創元社　2002年
『精神分析における未構成の経験』（共監訳）誠信書房　2003年
『トラウマへの対処』（訳）誠信書房　2005年
『解離性障害（専門医のための精神科臨床リュミエール20）』（分担執筆）中山書店　2009年
『児童虐待・解離・犯罪』（共監訳）創元社　2012年

〈訳者紹介〉

小松貴弘（こまつ・たかひろ）

広島大学大学院教育学研究科博士課程後期単位取得退学。現在、京都教育大学大学院連合教職実践研究科准教授。臨床心理士。専門は臨床心理学、精神分析的心理療法。

［主な著訳書］
『学校教育相談』（分担執筆）ミネルヴァ書房　2002年
『精神分析における未構成の経験』（共監訳）誠信書房　2003年
『もろい青少年の心』（分担執筆）北大路書房　2004年
『医療現場のコミュニケーション』（分担執筆）あいり出版　2008年
『「困った人」の内面を読む』（分担執筆）あいり出版　2011年
『大学生の心の成熟と転落を左右する対人関係のもち方』（共著）あいり出版　2012年
『児童虐待・解離・犯罪』（共監訳）創元社　2012年

精神分析における解離とエナクトメント
対人関係精神分析の核心

2014年10月20日　第1版第1刷発行

著　者──ドンネル・B・スターン
監訳者──一丸藤太郎
訳　者──小松貴弘
発行者──矢部敬一
発行所──株式会社 創元社

〈本　　社〉
〒541-0047　大阪市中央区淡路町4-3-6
TEL.06-6231-9010(代)　FAX.06-6233-3111(代)
〈東京支店〉
〒162-0825　東京都新宿区神楽坂4-3 煉瓦塔ビル
TEL.03-3269-1051
http://www.sogensha.co.jp/

印刷所──亜細亜印刷 株式会社

©2014, Printed in Japan
ISBN978-4-422-11455-2 C3011
〈検印廃止〉
落丁・乱丁のときはお取り替えいたします。

装丁・本文デザイン　長井究衡

JCOPY 〈(社)出版者著作権管理機構 委託出版物〉

本書の無断複写は著作権法上での例外を除き禁じられています。複写される場合は、そのつど事前に、(社)出版者著作権管理機構(電話03-3513-6969、FAX 03-3513-6979、e-mail: info@jcopy.or.jp)の許諾を得てください。